山西省汾石高速公路
智慧化科技创新与工程实践

山西交控汾石高速公路有限公司
山西省智慧交通实验室有限公司　**组织编写**
山西省智慧交通研究院有限公司

人民交通出版社
北　京

内　容　提　要

智慧高速作为交通运输行业信息化、智能化发展程度最高的领域之一，是建设交通强国的必由之路。本书结合汾石高速公路智慧高速项目，系统总结了项目科研成果和生产实践经验。本书共分九章，主要内容包括绪论、技术基础、基础监测应用、运行管控应用、隧道管控应用、安全保障和数据增值应用、智慧能源应用、建设成效评价、发展愿景。

本书可供从事高速公路新改建项目、在役高速公路智慧化提升项目的管理与技术人员使用，也可作为高等院校相关专业师生学习参考用书。

图书在版编目(CIP)数据

山西省汾石高速公路智慧化科技创新与工程实践/山西交控汾石高速公路有限公司，山西省智慧交通实验室有限公司，山西省智慧交通研究院有限公司组织编写. 北京：人民交通出版社股份有限公司，2025. 3.

ISBN 978-7-114-20053-3

Ⅰ. U412. 36-39；U491-39

中国国家版本馆 CIP 数据核字第 2024XA5288 号

Shanxi Sheng Fen-Shi Gaosu Gonglu Zhihuihua Keji Chuangxin yu Gongcheng Shijian

书　　名：**山西省汾石高速公路智慧化科技创新与工程实践**
著 作 者：山西交控汾石高速公路有限公司
山西省智慧交通实验室有限公司
山西省智慧交通研究院有限公司
责任编辑：李伟杰　李　硕
责任校对：赵媛媛　魏佳宁
责任印制：张　凯
出版发行：人民交通出版社
地　　址：(100011)北京市朝阳区安定门外外馆斜街 3 号
网　　址：http://www.chinasybook.com
销售电话：(010)64981400,65290033
总 经 销：北京交实文化发展有限公司
印　　刷：北京市密东印刷有限公司
开　　本：720 × 960　1/16
印　　张：17
字　　数：236 千
版　　次：2025 年 3 月　第 1 版
印　　次：2025 年 3 月　第 1 次印刷
书　　号：ISBN 978-7-114-20053-3
定　　价：120.00 元

山西省汾石高速公路智慧化科技创新与工程实践

编写委员会

顾　　问：魏鹏举　刘瑞斌　魏网民　郝志强

主　　编：樊英华　卢永旺　闫毅志　张　军　郭俊凯

执行主编：闫毅志

副 主 编：王立志　曹学卫　李林林　李林荣　刘明亮
赵志勇　崔元龙　付玉强　刘志华　刘秀全
王　霆　赵小军

编　　委：吴宏涛　陈汝先　郭　锐　冯建通　刘小军
杨进平　成兵兵　丁聪敏　郭惠鹏　赵青岩
白　昀　贾鹏云　张生才　李　研　牛秉青
孙　恒　闫升华　梁嘉琪　孟　颖　张林梁
杨　莹　孙志杰　贾　达　王　磊　周伯宇
高浩森　汤　玮　申金坤　袁　峥　郭　强
罗　鹏　袁　伟　霍尚斌　秦四虎　李　升
李晓亮　李海峰　李孝勤　闫耀斌　王维辰
郑继斌　张　岩　周　庆　秦希尧

前　言

近年来，随着云计算、大数据、物联网、人工智能、5G、区块链等新兴技术的飞速发展，新一代智能建造、智慧运营和绿色节能等技术不断涌现，建设智慧高速公路已成为推动我国交通高质量发展的必由之路。打造以人为本、面向未来、先行示范的智慧高速公路工程是交通强国建设的重要组成部分，是提升公众出行服务水平、建设人民满意交通的重要支撑。

中共中央、国务院印发的《交通强国建设纲要》明确提出强化前沿关键科技研发，大力发展智慧交通，加强研发智能网联汽车技术（智能汽车、自动驾驶、车路协同），广泛应用智能道路，并构建先进的交通信息基础设施。《中华人民共和国国民经济和社会发展第十四个五年规划和2035年远景目标纲要》也强调在智能交通等重点领域开展试点示范，加快交通基础设施数字化改造升级，进一步推进交通运输低碳转型。高速公路是交通基础设施的重要组成部分，通过综合应用5G、物联网、大数据、人工智能等新兴技术进行高速公路智慧化建设，既能推动传统公路基础设施升级迭代、提升公众出行服务水平，也能促进交通运输的低碳发展，是加快建设交通强国的重要支点。当前，多省（区、市）积极开展了智慧高速公路的探索实践，对智慧高速公路建设的必要性已经形成共识，然而对智慧高速公路深层次认识尚未统一。

按照中共中央、国务院《交通强国建设纲要》的要求，山西省坚决贯彻落实党中央决策部署，坚定扛起全国交通强国建设试点省的重大责任，完善交通运输规划体系，推进重大交通基础设施项目建设，交通运输事业取得新进步，现代综合交通运输体系加快形成。2021 年 11 月，山西省发布《山西省“十四五”现代综合交通运输体系发展规划》，提出发展智慧交通新基建新技术，以数字化、网联化为重点，推动建设、养护、运行管理全要素数字化改造，优化完善交通服务和管理平台，提升交通运输智慧化发展水平，提升交通运输服务品质。高速公路智慧化是未来道路交通运输系统发展的必然趋势，是落实国家“交通强国”战略的重要内容。对于高速公路智慧化改造是交通参与体智能网联落地应用的前提与保障。高速公路场景化智慧改造可以离散把控高速路网实际运营关键节点，节点信息联动统一无疑能够提升高速运输的安全性与高效性，建立高速公路路域信息感-析-控-展生命线工程，有效降低智慧化改造的实施成本，实现智慧高速路的商业化应用示范，为全省科技创新驱动、产业转型发展提供新的突破口。

山西交控汾石高速公路有限公司结合汾石高速公路智慧高速项目，系统总结科研成果和生产实践经验，编著了本书。全书共九章内容，分析了国内外智慧高速公路研究现状，介绍了智慧高速公路的顶层设计，阐述了雷视融合、多源感知融合等关键技术及工程应用，展望了智慧高速公路未来的发展方向。第一章根据我国高速公路的发展现状，结合国内外智慧高速公路建设典型案例，阐明了智慧高速公路建设的背景与必要性，介绍了山西省高速公路发展概况和汾石高速公路建设概要。第二章阐述了汾石高速公路智慧建设过程中设计的关键技术，包括雷视融合、多源感知融合等。第三章从基础监测应用的角度出发，对汾石高速公路下堡特大桥、克俄特大桥健康监测系统、东山隧道健康监测系统、汾石高速公路边坡地质灾害监测系统、基于 InSAR 技术的采空区监测系统进行了详细介绍。第四章介绍了运行管控类的 3 个系统,具体包括地形复杂段落智能安全感知系统、高速公路智慧化综合管控平台、综合能源管理系统。第五章介绍了隧道管控类的东山隧道全息车辆过隧道自动感知和警示系统、基于数字孪生的东山隧道智慧管控系统。第六章结合汾石高速公路的安全保障,阐述了隧道智慧消防物联网平台、雾区引导防撞系统、"ETC +"应用、网络数据安全保障系统。第七章围绕能源领域,阐述了智慧高速公路能源方面的相关应用,介绍了光伏、氢能等新能源在智慧高速公路上的探索应用。第八章介绍了评价指标体系、评价指标权重和评价模型。第九章总结了现阶段智慧高速公路建设与运营中的关键问题,对智慧高速公路未来的发展方向进行了展望。

本著作中高速公路智慧化相关技术内容编制依托交通强国山西试点项目-智能网联重载货运车路协同发展、山西省重点研发计划项目-智能网联重卡编队车路协同关键技术研究与示范(202102070301019)、山西交控重点科技项目-高速公路视频大数据分析与应用技术研究(23-JKKJ-20)等项目技术成果,高速公路交能融合相关技术内容编制依托交通部科技示范工程-山西能源革命综合改革试点区汾石高速交能融合技术集成应用科技示范工程、交通部科技成果推广类项目-服务区"源-网-荷-储"一体化能源微网技术研究与近零碳技术集成应用等项目技术成果。

由于编者水平有限,书中难免存在不足之处,恳请广大读者批评指正。

编　者

2024 年 11 月

目　录

第一章　绪　　论

智慧高速公路作为智能交通领域重要的基础设施，已经成为世界主要国家争相部署的制高点。我国正处于由交通大国迈向交通强国的重要节点，交通运输行业进入高质量发展的新阶段，智慧交通作为交通运输行业信息化、智能化发展程度最高的领域之一，是建设交通强国的必由之路。着力发展以智慧高速公路为核心的现代化基础设施体系，成为解决交通运输行业痛点的重要手段之一。本章基于我国高速公路发展趋势，梳理智慧高速公路发展现状，明晰智慧高速公路发展需求。

1.1　我国高速公路发展现状

1.1.1　我国高速公路取得的发展与成就

自20世纪80年代我国高速公路建设起步以来，经历了探索与起步、路网初现雏形、跨越式发展等多个阶段，如今已形成了覆盖全国的密集高速公路网络。近十年来，我国公路建设发展取得历史性成就，国家公路网实现快速发展，总体适应了经济社会发展需求，为加快建设交通强国奠定了坚实基础。

1）高速公路设施网络不断完善

我国高速公路建设起步于1988年，截至2023年底，高速公路里程达到18.36万公里，稳居世界第一，其中，国家高速公路主线分段实施扩容升级。根据交通运输部统计数据显示，2022年全国高速公路里程达到17.1万公里，相较 2012 年全国高速公路里程增长 7.48 万公里。随着高速公路建设推进，如今全国高速公路覆盖范围广泛，整体增速有所放缓，如图 1-1 所示，这一成就标志着我国公路建设快速发展，为交通强国建设奠定了坚实基础。2019 年底，全国高速公路年平均日交通量为 2.79 万辆，年平均日行驶量约为 14.78 万车公里，有力支撑了我国经济社会的快速发展。随着路网的成熟完善，当前我国高速公路已经进入了发展平稳阶段。

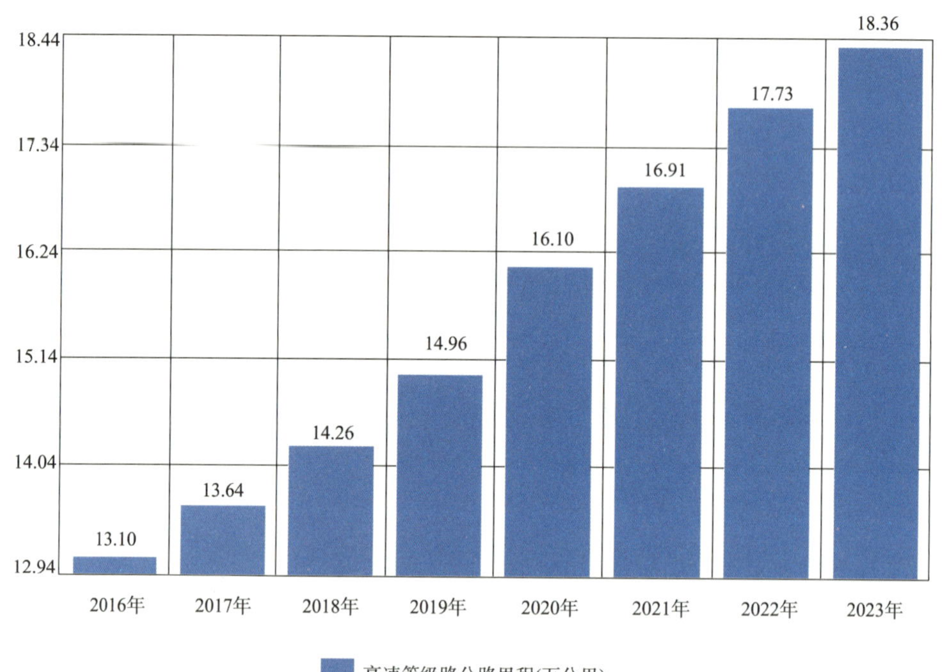

图 1-1 2016—2023 年中国高速公路里程统计情况

2）重大工程建设举世瞩目

集桥岛隧于一体的港珠澳大桥投入运营，南京五桥、芜湖二桥、武汉青山大桥等 10 余座跨越长江的通道相继建成，全长超 2500 公里的京新高速公路全线贯通，雄安新区“四纵四横”对外骨干路网基本形成……十年来，公路建设服务国家战略，一批标志性的重大项目不断涌现。如图 1-2 ~ 图 1-5 所示。

图 1-2 集桥岛隧于一体的港珠澳大桥

图 1-3 南京长江第五大桥

图 1-4　芜湖长江公路二桥

图 1-5　武汉青山大桥

3)高速公路建设技术迈上新台阶

随着高速公路建设、养护、运营体制不断完善,资金投入不断增加,2021年我国高速公路总体路况水平达到优等水平,公路技术状况指数(Maintenance Quality Indicatior,MQI)平均值为94.20,高速公路处于"畅通"和"基本畅通"状态的里程达80%以上。

港珠澳大桥、深中通道等项目攻克了大尺寸沉管隧道建造、运输、沉放等关键技术;秦岭天台山隧道、天山胜利隧道等在超长山岭隧道设计、施工等方面保持世界领先;超高强度钢丝等国产标志性材料装备都经受住了实战考验……十年来,高速公路建设不断攻坚克难,突破了一系列工程技术瓶颈,展示了我国在大尺寸沉管隧道建造、超长山岭隧道设计施工等方面的世界领先水平。如图 1-6 ~ 图 1-8 所示。

图 1-6　深中通道双向八车道海底沉管隧道

图 1-7　秦岭天台山隧道

图 1-8　天山胜利隧道

4)高速公路数字化、信息化、智能化发展

随着《综合运输服务“十四五”发展规划》(交运发〔2021〕111 号)的出台,我国高速公路行业进入了以结构调整、转型升级、提质增效为主要特征的信息化发展阶段。近几年,高速公路建设取得快速进展,与此同时,高速公路运营趋向技术化,推动公众出行交通信息服务平台、交通监控中心、交通政务服务平台、城市智能交通试点等平台建设,运用现代技术全方面推进交通信息化进程,提升管理效能。

监控、通信、收费三大系统在全国范围内已具有一定规模。全国各省(区、市)均已建成省级视频监控系统,部分省(区、市)还实现了视频的实时云传输。交通运输部与各省、市之间搭建了传输通信网,为高速公路运营管理、监控及收费系统提供话音、数据及图像信息传输通道。取消高速公路省界收费站工作已经全面完成,全国高速公路收费系统形成“一张网”,为高速公路数字化、信息化、智能化奠定了坚实基础。全国已建成国家级公路运行调度与应急指挥系统,有效保证了高速公路网的正常运行。

1.1.2 我国高速公路发展面临的问题与挑战

虽然我国高速公路近年来发展迅速，高速公路主干线已初具规模，但在便捷性和通畅性方面，与世界发达国家相比尚有一定的差距。经过30多年的大规模建设，我国公路里程已达543.68万公里（含高速公路里程18.36万公里）。我国公路网规模虽然居于世界首位，但面临着诸多问题和挑战。

1）高速公路建设体系尚未完善

我国高速公路建设初期以连接主要城市为主，最近几年才转向大规模跨省贯通，我国部分人口和经济总量已达到相当规模的地级城市，与省会城市之间以及地级城市之间尚缺乏高速公路直接的有效衔接。

2）高速公路交通拥堵及事故频发

道路安全事故频发，高速公路交通拥堵及安全事故时有发生，区域路网保安保畅压力日益凸显，高速公路事故数量和损失程度仍处于高位，高速公路事故起数及损失程度要明显高于其他道路交通方式。

3）高速公路建设养护成本增加

气候和欠养护导致的限制通行时有发生，用户出行体验欠佳。随着高速公路建设养护成本不断增加，传统的粗放式建设养护模式难以持续，高速公路里程增长日益趋缓，但公路客货运输总体上依旧保持增长态势。

4）高速公路碳排放总量较大

道路交通在交通全行业中的碳排放占比较高，绿色发展压力较大。受技术水平和能源结构限制，碳排放总量仍然较大。

5）高速公路配套服务需求增加

随着我国经济发展进入新常态，国民经济不断增长，社会运行对高速公路的配套服务需求不断增加，加上国家一系列推动基础设施建设、完善交通运输行业发展政策的实施，后交通服务市场逐渐形成，未来我国高速公路仍然具有较大的发展空间。

相关学术研究和国际经验均表明，积极且高效地建设智慧公路是解决上述问题和矛盾、构建智慧交通体系、践行交通强国战略的主要途径，有助于切实提升道路安全保障、运行效率、服务管理、绿色发展水平。因此,建设安全、便捷、高效、绿色的智慧高速公路,提升高速公路的智慧建设、养护、运营、服务水平,最大限度地提高高速公路运行效率、保障运营安全,是解决上述问题的必然选择。

1.2 智慧高速公路建设背景及必要性

从广义上讲,智慧高速公路是将信息化与智能化应用于交通规划、建设、运营、服务、监管等各环节的现代化公路;从技术层面上,智慧高速公路是把云计算、大数据、物联网、移动互联网、智能控制等技术加入到普通高速公路的建设中,为普通高速公路赋予智慧化的特征,从而实现提高服务水平、减少环境污染、提升行车安全性等目标的高速公路。智慧公路是运用新一代信息技术,设置智能设施与装备,以实现"零"拥堵、"零"死亡、"零"管制、"零"排放为目标,使得路网更加安全、便捷、高效、绿色、经济运行的高速公路。其中,四个"零"是智慧高速公路的建设目标,安全、便捷、高效、绿色、经济是建设理念,信息技术则是实现智慧高速的重要技术手段。

建设智慧高速公路是实现交通强国的重要内容。在以习近平同志为核心的党中央坚强领导下,在习近平新时代中国特色社会主义思想科学指引下,国家战略科技力量加快壮大,产业链韧性得到提升,改革开放向纵深推进。通过智慧高速公路建设,推进新一代技术在路网运行态势感知、数据融合分析、智能决策及"一张网"精准管控等方面的应用,有利于构建多维监测、精准管控、协同服务的交通信息基础设施,促进交通基础设施网、运输服务网、能源网与信息网络的融合发展,是响应国家政策号召、以科技创新力推动行业高质量发展的必然之举。

建设智慧高速公路是高速公路加快新旧动能转化和高质量发展的必然趋势。一方面,随着高速公路建设成本不断攀升,土地、环境等资源要素约束日趋紧张,我国高速公路建设难度逐年增大。为了满足日益增长的交通需求，部分地区高速公路建设逐步由传统物理扩容模式，向全寿命数字建养、全过程精准感知、路网级协同管控、全方位品质服务等智慧扩容方向发展。与传统高速公路基础设施建设不同，2022 年中央经济工作会议提出的“适度超前开展基础设施投资；加快数字化改造，促进传统产业升级”更加强调在双碳、高质量发展的国家战略下，聚焦发力减污、降碳、新能源、新技术、新产业集群等新型智慧高速基础设施建设。另一方面，自动驾驶、车路协同、云计算、大数据、人工智能等技术的发展对公路基础设施的智慧化提出了新的要求，为公路基础设施的精细化管理、交通状态的精确管控提供了技术保障和发展动力。

建设智慧高速公路是建设人民满意交通的迫切需求。2022 年中央经济工作会议指出，要坚持尽力而为、量力而行，完善公共服务政策制度体系，在人民群众最关心的领域精准提供基本公共服务。智慧高速的本质是利用“人的智慧思维 + 先进的信息技术手段 + 协同的运行机制 + 创新管理模式”，对公路的基础设施、管理和服务不断推陈出新，从而有效地解决群众出行最关注的安全、拥堵、成本和服务问题。通过集成应用先进的感知技术、传输技术、信息处理技术、控制技术等，构建开放共享的综合服务体系，以安全、便捷、高效、绿色为目标，结合多样、开放的运营管理与服务模式。发挥路网整体效益，为人和货物的快速运输提供可靠的网络化通行服务，为车车/车路交互提供实时的通信服务，为出行者提供伴随式的出行服务和全时可响应的救援服务，增强公众出行的获得感、满意度。

建设智慧高速公路是企业数字化转型和数字经济建设的重要内容。在传统高速公路建设过程中，高速公路建设运营主体面临新型技术运用缺失、自主创新能力不足、数字化基础设施建设不完善、数据价值变现率低、生产运营智能化能力不强等问题，严重制约了高速公路行业和企业的高质量发展。智慧公路建设是积极应对当前公路网在交通安全、运行效率、服务水平、管理能力等方面面临的诸多挑战，实现我国公路交通高质量发展的有效途径。通过智慧高速公路建设，可将传统产业领域和新型商业模式相结合，培育和发展新型经济体，打造高速公路领域的产业互联网、消费互联网，促进企业高速公路主业产业数字化、数字产业化，从而创造新的经济增长点，实现企业高质量发展。2022年中央经济工作会议指出要深化重点领域改革，更大激发市场活力和发展内生动力，运用市场化机制激励企业创新投入。发展智慧高速公路不但能够带动高速公路企业管理、技术、商业模式等创新突破，推动相关产业转型升级，还能“一业带百业”，助力新时代区域经济从数量型扩张向质量型发展升华。

智慧交通是贯彻落实国家安全战略、有效规避行业网络安全风险的重要体现。随着交通运输数字化、网络化、智能化建设进程加快，交通运输行业关键信息基础设施与关键数据资源遭受网络攻击逐步向高度性、靶向性、复杂化转变，安全风险日趋提升。交通运输关键信息基础设施和关键数据资源成为经济社会平稳运行的重要基础，遭受的网络攻击日益呈现高强度、靶向性、复杂化特点，安全风险日趋加大。习近平总书记多次强调推动移动通信、核心芯片、操作系统、服务器等科技制造领域的自主研发与应用，自主可控已经上升到国家战略高度。“十四五”时期，为积极应对国内外网络安全新形势和智慧交通发展趋势，交通运输行业应树立正确的网络安全观，统筹好安全与发展的关系，在推进智慧交通技术广泛应用的同时，高度重视关键信息基础设施保护，推进重要信息系统的国产密码应用，构建良好自主可控生态，实现网络安全核心技术自主可控。

我国高速公路建设相比于西方发达国家较晚但发展迅速，极大地方便了居民生活，深刻影响了国计民生的众多领域。随着我国国民经济的快速发展，公路客货运输量急剧增加，高速公路的广泛建设和快速发展成为解决主要干线公路交通紧张状况的有效途径，大大缩短了省际、城市之间的交通时间，加快了区域间人员、商品、技术、信息的交流速度，有效降低了生产运输成本，在更大空间上实现了资源有效配置，拓展了市场，对提高企业竞争力、促进国民经济发展和社会进步起到重要作用。随着路网的成熟完善，当前我国高速公路已经进入了发展平稳阶段，表现在高速公路总里程与新增里程增速的放缓。随着交通运输部《综合运输服务“十四五”发展规划》的出台，我国高速公路行业进入了以结构调整、转型升级、提质增效为主要特征的信息化发展阶段。高速公路行业将加快推进智慧交通建设，提高交通运输信息化发展水平，着力推进落实“互联网+”“大数据”等国家信息化战略任务。

1.3 智慧高速公路建设相关政策及要求

2018年2月，交通运输部办公厅发布了《交通运输部关于加快推进新一代国家交通控制网和智慧公路试点的通知》（交办规划函〔2018〕265号），涉及基础设施数字化、路运一体化车路协同、北斗高精度定位综合应用、基于大数据的路网综合管理、“互联网+”路网综合服务及新一代国家交通控制网等重点发展方向。

2019年7月，交通运输部为贯彻落实党中央、国务院关于推进数字经济发展的决策部署，促进先进信息技术与交通运输深度融合，有力支撑交通强国建设，印发了《数字交通发展规划纲要》（交规划发〔2019〕89号），提出“推动交通基础设施规划、设计、建造、养护、运行管理等全要素、全周期数字化”。

2019年9月，中共中央、国务院印发《交通强国建设纲要》（中发〔2019〕39号），明确提出大力发展智慧交通。推动大数据、互联网、人工智能、区块链、超级计算等新技术与交通行业深度融合。推进数据资源赋能交通发展，加速交通基础设施网、运输服务网、能源网与信息网络融合发展，构建泛在先进的交通信息基础设施。交通行业自此开启了由依靠传统要素驱动向更加注重创新驱动转变的新篇章。

2020年8月，交通运输部颁布《关于推动交通运输领域新型基础设施建设的指导意见》（交规划发〔2020〕75号），明确提出交通运输领域新型基础设施建设的发展目标——到2035年，先进信息技术深度赋能交通基础设施；基础设施建设运营能耗水平有效控制；科技创新支撑能力显著提升，前瞻性技术应用水平居世界前列。

2020年12月，交通运输部公布了包括山西省在内的21个省（区、市）作为第二批交通强国试点单位，聚焦落实《交通强国建设纲要》重点任务。据此，开展了一批智慧高速公路等新型基础设施建设重点工程，形成了可复制推广的应用场景，制(修)订了一系列技术标准规范。打造综合交通运输“数据大脑”，构建交通新型融合基础设施网络、部署北斗 5G(第五代移动通信技术)等信息基础设施应用网络、建设一体衔接的数字出行网络、建设多式联运的智慧物流网络、升级现代化行业管理信息网络，培育数字交通创新发展体系、构建网络安全综合防范体系。《国家综合立体交通网规划纲要》(中发〔2021〕5 号)和《交通运输部关于推动交通运输领域新型基础设施建设的指导意见》均提出，推进交通基础设施网与运输服务网、信息网、能源网融合发展。

2021 年 2 月，中共中央、国务院印发《国家综合立体交通网规划纲要》，旨在加快建设交通强国，构建现代化高质量国家综合立体交通网，支撑现代化经济体系和社会主义现代化强国建设。规划指出，到 2035 年，基本建成便捷顺畅、经济高效、绿色集约、智能先进、安全可靠的现代化高质量国家综合立体交通网，实现国际国内互联互通、全国主要城市立体畅达、县级节点有效覆盖，有力支撑“全国 123 出行交通圈”(都市区 1 小时通勤、城市群 2 小时通达、全国主要城市 3 小时覆盖)和“全球 123 快货物流圈”(国内 1 天送达、周边国家 2 天送达、全球主要城市 3 天送达)。明确提出“推动公路路网管理和出行信息服务智能化，完善道路交通监控设备及配套网络，加快提升交通运输科技创新能力，推进交通基础设施数字化、网联化。全方位布局交通感知系统，与交通基础设施同步规划建设，部署关键部位主动预警设施，提升多维监测、精准管控、协同服务能力”。

2021 年 3 月，中华人民共和国第十三届全国人民代表大会第四次会议通过《中华人民共和国国民经济和社会发展第十四个五年规划和 2035 年远景目标纲要》，明确提出“加快交通、能源、市政等传统基础设施数字化改造，加强泛在感知、终端联网、智能调度体系建设”。

2021 年 12 月，交通运输部印发《数字交通“十四五”发展规划》(交规划发〔2021〕102 号)，明确提出“加快推进交通新基建，推动新技术与交通基础设施融合发展,赋能传统交通基础设施,推动交通基础设施数字转型、智能升级,提升基础设施安全保障能力和运行效率”。总体来说,中共中央、国务院及交通运输部相关政策对交通基础设施的数字化、信息化、智能化高度重视,并主要规划了以下三个方向。一是推进利用新一代新兴技术全面提升基础设施“建、管、养、运、服”水平。积极构建现代化工程建设质量管理体系,推动公路建设施工及养护智能化,实现工程建设信息的全面感知、互联互通、智能处理和协同工作。加快绿色交通基础设施建设,将绿色低碳理念贯穿交通基础设施规划、建设、运营和维护全过程,降低全生命周期能耗和碳排放。推进绿色低碳交通发展,加强可再生能源、新能源、清洁能源装备设施更新利用,促进交通能源动力系统清洁化、低碳化、高效化发展。二是促进基础设施数字化转型升级。推进交通基础设施数字化、网联化,2035 年交通基础设施数字化率达到 90%。围绕公路“建、管、养、运、服”全生命周期发展,推进全路网感知、全天候通行、全流程管控、全过程服务,不断提升公路安全、效率、服务、管理水平,逐步实现公路交通行业数字化转型升级。三是加快智慧高速相关新型基础设施建设。

2022 年 1 月,国务院印发《“十四五”现代综合交通运输体系发展规划》(国发〔2021〕27 号),明确指出推动绿色交通基础设施建设,鼓励在交通枢纽场站以及公路、铁路等沿线合理布局光伏发电及储能设施,“让交通更加环保,出行更加低碳”。

《“十四五”现代综合交通运输体系发展规划》将发展目标确定为:到 2025 年,综合交通运输基本实现一体化融合发展,智能化、绿色化取得实质性突破,综合能力、服务品质、运行效率和整体效益显著提升,交通运输发展向世界一流水平迈进。国家公路网总里程达到 550 万公里,具体到高速公路来讲,“十四五”期间要实现 7 条首都放射线、11 条北南纵线、18 条东西横线,以及地区环线、并行线、联络线等组成的国家高速公路网的主线基本贯通,普通公路质量进一步提高。

2022 年 12 月,中共中央、国务院印发《扩大内需战略规划纲要(2022—2035 年)》(中发〔2022〕27 号),要求加快交通基础设施建设,完善以铁路为主干、以公路为基础、水运民航比较优势充分发挥的国家综合立体交通网，推进“6轴7廊8通道”主骨架建设，增强区域间、城市群间、省际间交通运输联系。加强中西部地区、沿江沿海战略骨干通道建设，有序推进能力紧张通道升级扩容，加强与周边国家互联互通。要完善公路网骨干线路，提升国家高速公路网络质量，加快省际高速公路建设，推进普通国省道瓶颈路段贯通升级。

2023年9月，交通运输部印发《关于推进公路数字化转型　加快智慧公路建设发展的意见》(交公路发〔2023〕131号)，提出了2027年和2035年的目标。到2027年，公路数字化转型取得明显进展；到2035年，全面实现公路数字化转型，建成安全、便捷、高效、绿色、经济的实体公路和数字孪生公路两个体系。分期实现公路全生命期“一套模型、一套数据”，深度应用数字化技术提升质量和效率，降低运行成本。提出运用现代数字技术赋能公路交通，提升感知、分析、决策支持能力，实现人、车、路、环境深度融合以及全业务流程数字化。明确建成实体公路和数字孪生公路，构建现代化公路基础设施体系，发展数字经济及产业生态；促进基于数字化的设计、施工方式和工程管理模式变革，以及相关业务流程再造、规则重塑、制度变革。明确提出“六提升、五推动、一筑牢”主要任务，包括提升设计施工、养护业务、路网服务、政务服务、技术标准、基础支撑等方面的数字化水平，推动智慧建造、智慧养护、智慧出行、智慧治理、标准升级，筑牢数字底座；强调“重安全、保畅通、提效率、优服务、降成本、减排放”。明确依托新改建工程和养护工程，遴选一批重要通道、重点区域路网、重点工程，将其优先纳入交通强国建设试点，力争形成一批场景明确、效益显著、经济适用、可复制可推广的试点成果和技术方案。

1.4 智慧高速公路建设现状

当前，信息技术的革命性发展正逐步颠覆传统高速公路交通运行管理模式与服务模式。车辆自动化、网联化、绿色化和共享化的“新四化”发展趋势，加速了基础设施与车辆、信息及能源的融合，公路与车辆的关系由以往的路面与车轮的力学关系变革为信息流交互的物联关系。现今国内外纷纷以智慧公路为切入点，开展关键技术研发、整体技术示范与推广等工作。本节主要介绍国内外智慧高速公路建设现状。

1.4.1 国外智慧高速公路建设现状

信息化、智能化作为推动传统交通向现代交通转型的重要手段，受到世界各国的普遍重视。智能公路在国外发展已久，在交通安全、治理拥堵、绿色环保方面发挥着作用。美国、欧洲、日本等国家和地区纷纷开展智慧高速公路有关研究与示范，探索实现高速公路“人、车、路、云”协同管控、创新服务与流程再造，促进路网科学管理、高效运行和优质服务。

国外将智慧高速公路定义为通过集成各式交通管理技术，持续监控道路与交通运行状况，采取主动交通管控等新技术，实现对事故和其他交通异常态势的快速响应、提高道路安全、交通效率和驾驶舒适性。美国、欧洲及日本等国家和地区也已经开始了此类尝试。目前，美国大力推进车辆自动化、出行安全化、车路协同化的发展方向，欧洲重点研究基于车路/车车合作的智能交通系统，日本致力推广基于电子不停车收费系统（Electronic Toll Collection，ETC）与车载导航集成的专用短程通信技术（Dedicated Short Range Communications，DSRC）的应用。但是，许多关键技术和问题仍在探讨、实验和测试阶段，尚未大规模推广和应用。

2004 年，美国首次在智慧高速公路领域大规模尝试车路系统集成计划（Vehicle-Infrastructure Integration，VII）。它采用信息与通信技术集成汽车和道路设施，通过该系统获取实时交通数据，对采集到的交通数据进行规划与诱导，提高安全性通行效率。2014 年 12 月，美国运输部印发《智能交通系统战略规划（2015—2019）》，其核心是汽车的智能化、网联化战略布局。自 2015 年来，美国运输部又开展了一项关于网联汽车的研究项目“CV Pilots”（Connected Vehicle Pilot Deployment Program），该项目旨在实现人、车、路之间安全、协同的无线通信，将在怀俄明州、纽约市和佛罗里达州部署网联汽车相关的技术方案，加快智能车路协同系统的进一步发展，提高车路协同系统的智能化程度(图 1-9)。2019 年,美国运输部印发《智能交通系统战略规划(2020—2025)》,继续通过智能交通系统(Intelligent Transportation System,ITS)技术提升行车安全性和通行效率。2020 年 8 月,密歇根州联合 Cavnue 公司宣布在安娜堡和底特律之间建立一条 40mile 长的网联自动驾驶汽车(Connected and Automated Vehicle,CAV)走廊,支持自动驾驶汽车在专用车道上行驶。

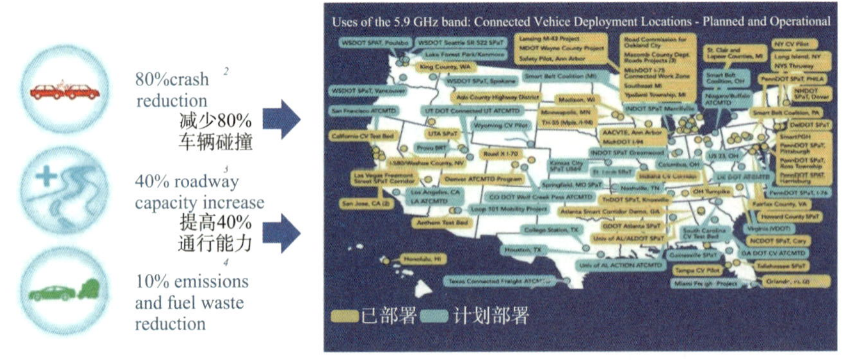

图 1-9　聚焦车辆碰撞防护,美国积极布设车路协同设备

(截至 2023 年 5 月,已覆盖 50% 的州域)

欧洲对车路协同与智慧高速公路的研究始于 21 世纪初,对智能车路协同系统的多个方向开展研究,提出了 8 个重要计划,包括 CVIS、SafeSpot、Coopers、COMeSafety、SEVECOM、DriveC2X、PRE - DRIVEC2X 和 CAR2CAR 等。自 2018 年开始,欧洲开展了面向协作式网联自动驾驶出行的“5G-CAR-MEN”(5G for Connected and Automated Road Mobility in the European UnioN)项目,项目起点位于德国慕尼黑,途经奥地利,终点位于意大利博洛尼亚,总长度约 600 公里,建设了网联协作和自动化出行(Cooperative Connected and Automated Mobility,CCAM)管理平台,支持混合无线接入网、分布式和多层网络嵌入云,支持协作驾驶、状况感知、视频流媒体和绿色驾驶 4 类典型应用。同时,欧洲通信标准研究所和欧洲 ITS 协会等制定并颁布了一系列欧洲标准和相关协议框架。总的来说,欧盟高度重视车路协同技术协议和标准的制定,欧洲关于智能车路协同系统的研究主要集中在体系框架和标准、通

信标准化和综合运输协同信息安全技术的研究上，目的是推进智能车路协同系统的实用化，保证系统的安全性。横跨荷兰、德国和奥地利欧洲三国的C-ITS走廊，如图1-10所示。

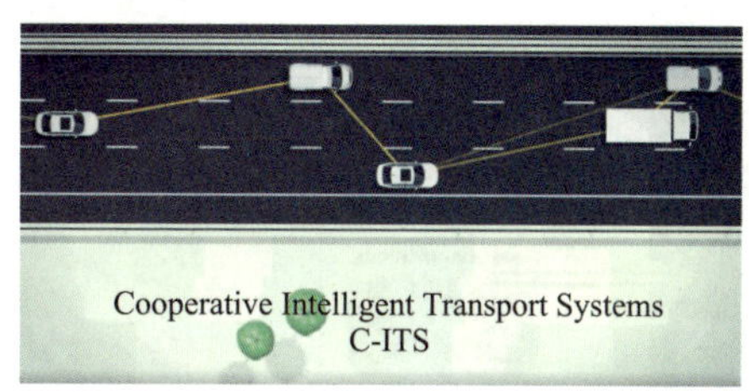

图1-10　横跨荷兰、德国和奥地利欧洲三国的C-ITS走廊

20世纪90年代末期，日本开始重点研发车路协同技术和辅助安全驾驶技术，并围绕车路协同开展多项研究。2006年，日本开展了"Smartway"项目，该项目奠定了日本车路协同系统的体系框架和平台结构基础。此后，日本还大范围部署路侧信标（ITS－SPOTs），整合车辆导航系统、车辆信息通信系统和ETC，同时升级综合车载终端，采用5.8GHzDSRC技术实现车路交互，开发道路交通情报通信系统（Vchicle Information and Communication System，VICS），开展先进安全车辆（Advanced Safety Vehicle，ASV）、ETC等项目的研究，提供收费和信息服务，并收集车辆行驶数据辅助交通管理。2020年，日本发布了《日本国土交通白皮书2020》，总结了"MasS出行即服务"、高速公路ETC2.0、机动车出行诱导、自动驾驶等智慧交通技术在日本的应用情况，并引入了基于人工智能的绿色慢行及伴随式出行服务等新型智慧交通服务模式。日本车路设备演进如图1-11所示。

综上所述，各国和地区在智慧高速公路建设方面均有各自的特点和进展。美国注重车联网和自动驾驶应用，欧洲强调网联化与标准化，日本则着重于车路协同和智能驾驶，而韩国则大力发展智能交通系统。国际发达国家对智慧高速公路相关领域的研究主要集中在道路信息数据获取专用无线通信技术以及道路信息发布等方面。车车或车路合作式智能交通系统将是未来智慧交通核心和发展方向。这些努力不仅提升了高速公路的智能化水平，也为全球智慧高速公路的发展提供了有益的经验和借鉴。

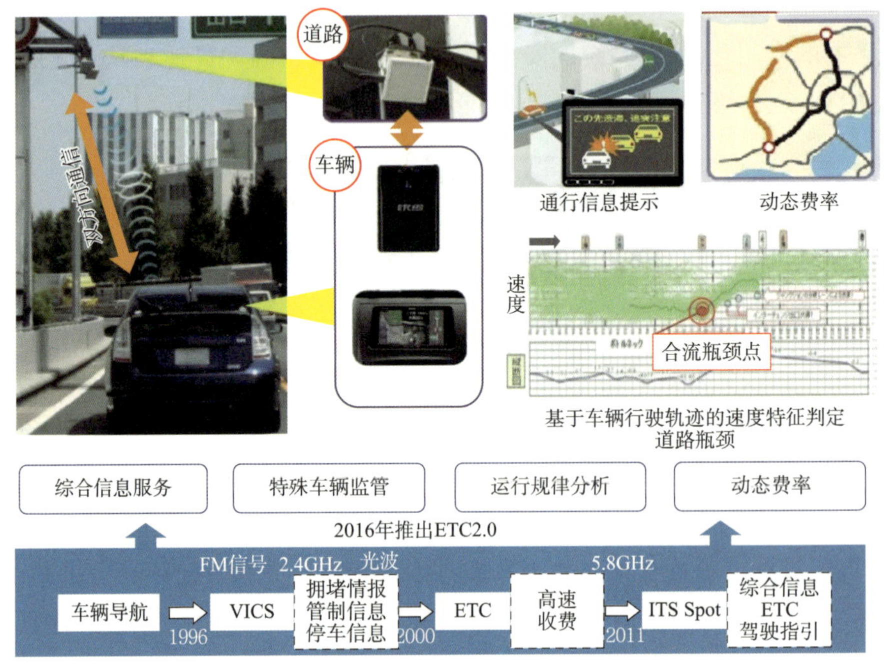

图 1-11　日本车路设备演进

1.4.2　国内智慧高速公路建设现状

与欧、日、美等国际发达国家和地区相比，我国较晚地启动智慧交通系统发展，总体而言，我国在智慧高速公路建设技术的具体应用上，精细化程度还远远不够。虽然国外比较早就开始了智慧高速公路的建设，但是经过多年经济社会的高速发展后，我国在智慧高速公路的建设方面也取得了十分不错的建设成果，现在智慧高速公路技术体系已经基本建立。在智慧高速公路领域，国内近三年来开展了示范工程建设和大量研究工作。浙江杭绍甬高速是我国第一条智慧高速公路(图 1-12)，目前已建成通车。除此之外，5G 网络作为新基建的重要组成部分，对智慧高速公路的建设和发展起到了很大的促进作用。江苏省第一条全覆盖 5G 网络的智慧高速——五峰山过江通道公路(图 1-13)已建设完成，成为江苏首条全覆盖 5G 网络的公路交通设施，为下一阶段的智慧高速公路建设提供保障。

图 1-12　浙江杭绍甬高速路线图

图 1-13　五峰山过江通道公路

1) 国内智慧高速公路建设情况

国内对智慧高速公路的定义为：智慧高速公路是以多维状态感知、多源信息融合等手段对高速公路运行状态进行智能感知为基础，为运营方提供智慧化的监测、应急、养护、运维、决策能力，为交通管理方提供智慧化交通管控能力，为公众提供智能化安全、高效、绿色的出行体验，具备数字化、网联化、智能化等特征的高速公路。

我国的交通信息化智能化经过20多年的发展，也取得了积极的成效。自20世纪80年代以来，我国建设了高速公路监控、通信、收费三大系统，为高速公路信息化、智能化奠定了坚实基础。2015年，ETC全国联网，将高速公路信息化与网络化推向了新的阶段。自2018年以来，国家及各省（区、市）相继出台了智慧交通领域相关规划及行动方案，各省（区、市）积极推进试点工作，把握新技术发展和创新应用趋势，开展了一系列智慧高速公路试点项目建设，建设内容包括自动驾驶和车路协同服务探索、基于北斗高精度定位的自由流收费、基础设施数字化、新一代国家交通控制网、特殊气象条件下基础设施运行监测和应急指挥调度、路网监测大数据挖掘应用以及路运一体化管理与服务等方面。交通运输部公路科学研究院智能交通研究中心对国内智慧高速公路试点内容和前景进行了形象的总结。

2020年以来，为探索形成交通强国建设的有效模式和路径，推进开展交通强国建设试点工作，交通运输部确定了河北雄安新区、辽宁、江苏、浙江、山东、河南、湖北、湖南、广西、重庆、贵州、新疆、深圳13个地区开展第一批交通强国建设试点，力争用1～2年时间取得试点任务的阶段性成果，用3～5年时间取得相对完善的系统性成果，打造一批包括智慧公路、智慧港口等在内的先行先试典型样板，并在全国范围内有序推广。2021年2月，交通运输部批复天津、山西、内蒙古、吉林、上海、安徽、福建、江西、广东、四川、云南、陕西、宁波、厦门等地21家第二批交通强国试点单位，试点省份（单位）扩容至34家。浙江、江苏、山东、北京等省（市）相继发布了智慧高速公路建设指南，指导智慧高速公路建设由试点示范向规模化应用迈进。当前，我国已经建成的具有代表性的智慧高速公路示范工程有江苏省五峰山未来高速公路、山东省京台（泰安至枣庄段）改扩建（以下简称“京台泰枣段”）智慧高速公路（图1-14）、浙江杭绍台智慧高速公路（图1-15）、延崇高速河北段智慧高速公路（图1-16）等，各工程结合路段实际特点，利用地理信息系统（Geographic Information System，GIS）、建筑信息模型（Building Information Modeling，BIM）、5G、北斗、无人机等新型技术装备，围绕智能感知、准全天候通行、智慧隧道、智慧服务区、车路协同和云控平台等内容开展示范应用建设。

图 1-14 “京台泰枣段”智慧高速公路

图 1-15 浙江杭绍台智慧高速公路

图 1-16 延崇高速河北段智慧高速公路

从目前建设情况来看,我国智慧高速公路的发展存在下列特征:

(1)从建设内容来看,智慧高速公路呈现出跨行业、多元融合的特征。技术上,智慧高速公路涉及路桥主体、电子通信、计算机软件、运载工具、交通工程等多个领域;业务上,涉及公路设计、建设、管理、养护、运营、服务全生命周期;实施上,兼具工程、传统信息化项目和科研项目成果转化应用的特点,具有业务类型多、技术集成度高等特征。

(2)从覆盖范围来看,智慧高速公路具备运输服务优质化、先进技术集成化、基础设施数字化、感知网络泛在化、管理服务平台化、车路信息协同化6个特征。运输服务上,以更加安全、便捷、高效、绿色的人员出行和货物运输为建设目标。技术应用上,强调对现有感知、通信、人工智能和绿色能源等先进技术的集成应用、实现整体智慧能力。设施管理上,以“数据链”为主线,基于GIS、BIM等技术,实现交通基础设施规划、设计、建造、养护、运行管理等全要素、全周期数字化。路网管控上,构建全要素感知、全网络覆盖、全天候应用的泛在监测感知网，实现公路“一张网”运行管理与“一站式”出行服务的全面智慧应用，推动高速公路基础设施网与能源网、信息网、运输服务网融合发展，支撑自由流收费、车路协同、自动驾驶等路侧设施智能化、网联化升级改造与场景应用落地，实现“人-车-路-环境信息”的智慧协同运行。

(3)从设施寿命周期来看，智慧高速公路属于以信息装备为主体的新型基础设施，其与以土木工程为主体的传统基础设施存在较大差异。传统的土木基础设施注重安全、耐久和适用，其寿命周期长达几十年乃至近百年，以大中修、养护等方式保持性能。新型基础设施相对而言迭代更快，外场设备寿命通常在5~8年之间，且以更换为主、维修为辅。

(4)从试点建设情况来看，现有试点均以路段级试点示范项目的形式开展，面临着技术成熟度差异性大、经济效益不确定性高、运营模式和盈利模式不清晰等问题。由于缺乏标准和统一的深度集成技术方案，导致设计和施工过程中存在信息互联互通不够、数据基础及共享程度不高、业务协同不足等问题，形成了“散装的智慧高速公路”，影响和制约了建设效果的实际体验。

(5)从项目实施模式上看，试点项目多数以工程形式开展，少数项目按照科研项目形式开展。通过具体实践，反映出试点工程项目具有强烈的跨区域、跨部门等特点，给技术方案设计、建设协调机制、设计施工变更、管理体制以及相关政策保障措施等带来了体制机制和具体操作层面的挑战。

我国多省市从理论研究、技术研发到工程实践多维度探索智慧高速公路建设，已显现初步成效。据不完全统计，我国智慧公路示范工程总里程接近7000公里。其中，已启动44条智慧公路新建或公路智慧化改造项目，总计里程约5400公里；待启动智慧公路项目16个，智慧化提升里程约1500公里。我国智慧高速项目分布如图1-17所示。京津冀地区正积极构建区域性智慧高速网络，旨在完善综合运行协调与应急指挥，推进京津冀地区信息资源共享，深化行业大数据应用。江苏构建智慧公路“3张网”“2个中心”，已建成通信网、道路网、能源网“3张网”和指挥控制中心、云数据中心“2个中心”，开发了新一代国家交通控制网实体原型系统，搭建完成16种测试标准工况场景及8种新型C-V2X场景。浙江构建智慧高速公路“1+X”总体架构,其中,“1”是基础设施的建设,“X”是依托数字化基础设施,扩展出多种智慧应用场景。广东注重高速运营管理提升,在省公路交通数据中心的基础上,建成了统一的省交通数据中心和省交通系统(云浮)数据备份中心,并提供主题分析和决策支持服务,搭建了省交通 GIS 公共服务平台,基本建成了覆盖高速公路、国省干线公路重点路段、“两客一危”车辆等动态运行监测体系。重庆强化省际大数据智能化管理,建成川渝交通大数据共享中心,建立协同联运的交通管理运行机制和信息动态交换机制,推动建立常态化联动监管机制。河南打造高速公路综合智慧管理新模式;充分结合 5G、北斗高精度定位、大数据、车路协同等新技术,开展多项技术创新应用,打造“看得清、少拥堵、更安全”的高速公路综合智慧管理新模式,大力推动信息技术在智慧公路领域的深度应用。吉林稳步提升高速公路智慧化服务能力。福建研发智慧公路建设监管一体化平台。上海持续加强智慧设施建设和智慧化管理。山东加快推进高速公路建设和科研攻关。此外,四川、贵州及湖北等地均已着手推进智慧高速公路项目落地。

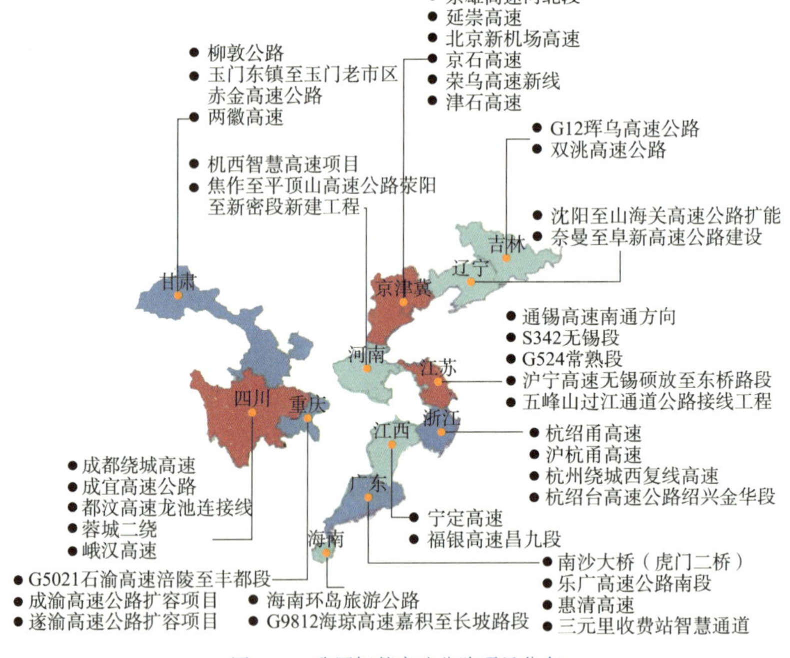

图 1-17　我国智慧高速公路项目分布

2)国内智慧高速典型案例(表1-1)

(1)延崇高速公路

延崇高速公路是2022年冬奥会交通保障体系建设重点工程,主线全长114.752公里,其中北京段33.2公里,河北段81.552公里,为双向四车道高速公路标准,于2020年1月正式通车。

国内已有智慧高速公路概况　　表1-1

高速公路名称	建设进度	里程(km)	主要应用场景
宁定高速公路	2017年12月运营	254	聚焦应急指挥调度、道路运营管理搭建综合运营管理平台
北京新机场高速公路	2019年7月通车	27	针对恶劣天气环境,搭建了事故多发路段的主动式防冰融雪预警平台
延崇高速公路	2020年1月通车	115	面向冬奥会实际应用场景,聚焦道路智慧诱导服务,实现部分路段车道级交通流管控
京雄高速公路	2021年1月雄安段通车	100	建设智慧驾驶专用车道,支持准全天候快速通行、自动驾驶与车路协同
京礼高速公路	2021年建成后通车	115	部分路段加装智慧灯杆和凝冰融雪功能
荣乌新线智慧高速公路	2021年5月完工	73	面向货运车辆在关键路段搭建复杂气象条件下准全天候通行系统
五峰山高速公路	2020年7月开工	36	部分路段路侧搭建5G基站,同时开展智慧服务区建设
杭绍台高速公路绍兴金华段	2020年6月通车	90	面向车路协同式安全预警与控制服务,预留相关系统功能接口,功能尚未实现
沪杭甬高速公路	2021年底建成	248	面向车路协同+5G的高等级智慧路,但是目前尚未工程落地
杭绍甬高速公路	2022年亚运会前通车	174	部分路段实现伴随式信息化走廊、车道级主动管控等应用场景
山西五盂高速公路	2020年12月已建成	15	实现全路段车辆轨迹跟踪和重点路段车路信息实时交互

延崇高速公路河北段以“智慧设施、智慧决策、智慧管控和智慧服务”为手段，以建设“三示范、三体验、五亮点、三服务”的智慧公路为目标，开展基础设施数字化、路云一体化车路协同、北斗高精定位综合应用、基于大数据的路网综合管理和服务等内容建设。

北京段重点从自动驾驶和车路协同方面开展示范工程建设，围绕延崇高速公路管理、服务及奥运会需求，开展高速公路基础设施数字化、基于大数据的路网综合管理、智慧服务区与换乘枢纽系统、自动驾驶与车路协同、北斗高精度定位综合应用等业务场景建设，主要打造全要素的基础设施数字化、支持“自动驾驶与车路协同”的智能化创新示范路和信息服务示范路三个业务场景。

(2)京雄高速公路

京雄高速公路是交通运输部新一代国家交通控制网和智慧公路的试点项目，采用双向八车道，全长约102公里，其中河北段75公里，于2021年5月全线开通；北京段27公里，其中六环至京冀界段在2022年12月通车，五环至六环段于2023年12月正式通车运营。

河北段以高速公路大数据挖掘与综合利用为核心，以“准全天候、精准化”的出行服务和“科学决策、智能管控”的综合管理为主线，运用新一代信息技术与公众服务和运营管理需求融合，构建京雄高速公路“11456”智慧交通体系，建设智能感知与车路协同系统、北斗高精度定位、准全天候通行、基于大数据的路网综合管理系统和高精度地图等内容。其中最有特色的是在内侧车道设置了长达54公里的自动驾驶专用车道。

北京段建立了智慧高速监控中心，引入5G专网，利用北斗高精度定位、高精度数字地图、可变信息标志等，为车主提供车路通信、高精度导航和预警等服务；全线实现气象数据采集，提供精细化气象预警预报信息，实现多种气象灾害的监测与预警；利用APP、交通广播、可变信息板、行车安全诱导系统等多种渠道，提供差异化的综合道路交通服务，实现由事件被动响应向风险主动干预的转变。另外，在起点主线收费站设置了4条潮汐车道，以提高上下班高峰期的通行效率。

(3)河北京哈高速公路

京哈高速公路河北段全长220.985公里,共设置13个收费站,采用双向六车道标准设计。主要探索准全天候通行的运行机制和构建"12345"智能化管理体系,分别是建设1个数字孪生智慧高速基础底座,构建准全天候通行云控和服务2个平台,打造AI地图、数据3个中台,建设信息感知、边缘计算、管控诱导、支撑保障4类设施,实现精准管控水平、道路通行效能、交通安全水平、通行费增收能力、客户通行体验5个方面的提升。

通过智能化建设,以科技赋能有效破解京哈高速公路大流量运行、交通事故多发、特殊车辆管控难、恶劣天气下通行缺少安全保障、智能管控平台欠缺、路况信息缺少共享等诸多问题,最终实现"全量感知、全线可控、全端触达、全天通行"和非特殊情况不管控、不分流的智能化建设目标,以及"可测、可视、可控、可服务"的智能化服务目标。

(4)天津津蓟高速公路(图1-18)

津蓟高速公路全长118.5公里,双向4车道,主要实现全路段快速通行、全天候安全保障和全过程智慧养管三个层面的智慧化应用,并建立了智慧高速公路综合运行管理系统。

图1-18　天津津蓟高速公路

全路段快速通行方面,通过精准感知运行态势,在因事故拥堵造成缓行时开启硬路肩,作为通道提高通行效率;减少ETC故障影响带来的收费站拥堵,同时提高收费效率。全天候安全保障方面,通过雨雾天安全通行、匝道分合流诱导、事故快速处置等减少交通事故的发生。全过程智慧养管方面,通过配备机电设施、智慧巡检车、隧道机器人等,减少上路作业的频次,分析智能养护决策,探索夜间养护作业,减少白天对车辆的影响,减少因养护带来的交通阻断和交通影响,实现降本增效。智慧高速公路综合运行管理系统,通过强化“事件秒级主动发现”场景快速感知和出行 APP 一键救援功能,实现事故快速发现处置,减少事故对交通运行产生的影响。

(5)江苏沪宁高速公路(图 1-19)

沪宁高速公路江苏段全长约 274 公里,双向 8 车道,沿线设有长深、常台、京沪、沪武等互通枢纽 12 个,连接 7 座跨江大桥。针对沪宁高速公路大流量路段拥堵问题,开展多源全景感知、车道主动管控、匝道红绿灯及转向专用车道的设计、构建综合管控平台 4 个方面的智慧化改造。

图 1-19　江苏沪宁高速公路

在多源全景感知方面,在实验路段布设交调设备、智能卡口监控、毫米波雷达、高清监控摄像机、环境气象监测站,构建以毫米波雷达、视频监测等多元感知手段为核心的监测体系。

在车道主动管控方面，提出动态应急车道、动态可变限速、分车道、分车型管控等车道管控策略。车道内车流保持连续或一致的速度行驶时，车道通行能力将处于较高水平，情报板动态发布，自拥堵点上游逐级降速，减缓车流汇集。车道信息由原来的断面级细化到车道级，路段指令由原来的互通级细化到公里级，逐步实现智慧管控。通过精准可变的限速方式引导车辆行驶，实现车道通行能力的最大化。

在匝道红绿灯及转向专用车道的设计方面，设置了红绿信号灯、车辆检测器、雷达、抓拍等设备，通过标志牌、地面文字标线、物理隔离等辅助设施实现了汇入车辆的间歇性、拉链式交替放行，平衡入口匝道处高速公路上、下游交通量，减少无序交织带来的拥堵和安全隐患。

在综合管控平台建设方面，依托大流量管控云平台、苏交控指挥调度云平台、AI^2 事件检测预警三个信息化平台实现业务流程的升级，提升道路的通行能力。同时在三大平台的基础上，创新了“疏两头、控中间”和“车道＋匝道”两种管理管控模式。

(6)江苏五峰山高速公路

五峰山高速公路位于江苏中轴线，是江苏省首条新建双向 8 车道高速公路，全长约 33 公里(不含公铁合建段)，设计车速为 100～120km/h，共设 6 处互通式立交、4 处匝道收费站和 1 处服务区，于 2021 年 6 月建成通车。

智慧化建设方面，围绕全天候安全保障、全方位出行服务、全数字运营养护、全寿命绿色建管 4 个方向，包含了 29 个典型应用场景。

(7)浙江沪杭甬高速公路(图 1-20)

沪杭甬高速公路全长 247.9km，共设 15 个互通出入口和枢纽。在智慧化建设方面，通过增加前端感知设备、建设高速智慧大脑、加强各方联勤联动、实施醒目工程、完善诱导系统等建设内容，实现基础设施数字化、出行服务精准化、车路感知协同化、客货运输绿色化、数据处理智能化和关键技术化。

图 1-20 浙江沪杭甬高速公路

(8)浙江杭绍台高速公路绍兴金华段(图 1-21)

杭绍台高速公路绍兴至金华段长 115.368 公里，路段高达 80.3% 的桥隧比，于 2022 年 2 月全线通车。

图 1-21 浙江杭绍台高速公路绍兴金华段

杭绍台高速公路绍金段以高速安全行车及最终实现“无人驾驶”为导向，首创“1 个云计算平台 +3 套智能支撑引擎 +3 个移动端 APP，支撑 N 个业务应用和智慧化场景”。以“1 + N”的建设模式，打造“智慧隧道”“智慧服务区”“准全天候通行”“车路协同”为核心的4大特色场景。在采集整合原有信息资源基础上，通过建设智慧高速云平台，搭建智慧基础设施，协同建设5G基础设施，构建道路信息交互平台等方式，逐步打通不同平台间的信息瓶颈。

主线应用AI识别系统替代人工巡检，异常事件秒级发现、联动处置，实现对风险、事故苗头的超前预控；嵊州谷来段、新昌回山段近10公里路段启用“智能雾灯”实时监测天气状况，在特殊气象条件下，为驾驶人提供精准预警和警示，实现“准全天候驾驶”；依托安装隧道应急逃生“智能诱导指示系统”2800余套，突发事件发现率从“分”级提升到“秒”级，实现隧道全覆盖式智能诱导。引入智慧照明，安装智慧景观灯，实现隧道自动调光和6种灯带模式切换，有效缓解隧道内行驶的视觉疲劳，提高驾驶体验感；服务区布设智慧路桩、智慧道钉、智能停车系统等11种丰富的外场设施，实现资源科学调配，升级驾乘出行体验。

(9)山东京台高速公路泰安至枣庄段(图1-22)

京台高速公路泰安至枣庄段全长189公里，桥梁41公里，占比23%，为双向八车道“改扩建+智慧高速”项目，于2021年9月正式通车。

图1-22 山东京台高速公路泰安至枣庄段

京台高速公路泰安至枣庄段以“全天候通行、全路段感知、全过程管控”

为目标，重点打造车路协同、智慧服务区、安全通行、智能养护和伴随式信息服务 5 项主要功能。

打造了 20 公里全面支撑自动驾驶试验路段；通过设置的情报板、车载智能终端、“e 高速”App 等多源信息发布手段，丰富服务信息内容和显示载体，发布交通运营服务信息，为公众提供全方位的出行信息服务；融合应用主动发光标志、雨夜标线、雾区智能诱导、融冰除雪等设施设备，提高道路轮廓可视性，实现路域范围内“雨雪冰雾夜”等特殊环境状态感知、安全预警、融冰除雪及行车诱导全链条保障；在宁阳服务区内设置多种感知设备，连接智能管控平台，综合多种信息发布手段，实现智能 AI 分析、智能停车诱导、智慧餐厅、智慧卫生间、光伏绿色能源智能管控、ETC 无感支付等功能，打造安全、绿色、高效、智能服务区。

1.5 山西省高速公路发展概况

交通是国民经济的战略性、先导性、基础性产业，是要素空间流动的“血脉”，也是数字经济、新基建发展的重要先行领域。高速公路是一个地区综合发展的体现，其建设和运营涉及地区经济和社会生活的各个方面。山西省，作为我国北方重要的能源和工业基地，现正致力于通过扩展其高速公路网络，提升区域交通的便捷性和效率。特别是山西省目前在建的 10 条高速公路，预示着一个潜在的交通革新时代的来临，这不仅可以为居民生活带来便利，更有望在经济、社会和文化层面产生深远的影响。本节对山西省高速公路发展现状进行介绍，总结山西智慧高速公路相关政策，并对汾石高速公路建设作简要介绍。

1.5.1 山西省高速公路发展现状

1）高速公路里程与覆盖情况

截至 2022 年底，山西高速公路通车里程已达 6010 公里，公路网密度达

93 公里/百平方公里,实现了全省 96.6% 的县通高速公路。全省 96.6% 的县通高速公路,显示出高速公路网络在山西境内的广泛覆盖。预计到 2024 年底,山西省将实现全省 117 个县(市、区)全部通高速公路的目标,这标志着山西省高速公路建设取得了显著进展。

此外,随着交通基础设施的不断完善,高速公路与普通国省道、农村公路等交通网络相互衔接,形成了较为完善的交通体系,为山西省的交通运输提供了有力保障。

2)重点建设项目

"十四五"期,山西省共谋划重大交通建设项目 174 个,总投资 9069 亿元。山西省全力推动重点公路工程建设,截至 2023 年 6 月底,全省交通运输固定资产投资完成 281.1 亿元,同比增长 11.3%,其中高速公路完成 144.3 亿元、普通国省道完成 54.5 亿元。

1993 年 6 月,太旧高速公路开工建设,截至 2020 年底高速公路建成通车 5754km,山西省高速公路经历了从无到有,从"人"字骨架、"大"字骨架、2 纵 11 横、11 环到 3 纵 12 横 12 环,从一路一公司、全省联网到取消省界主线收费站实现全国"一张网"运行的发展历程。

2024 年山西开展建设太旧高速扩容改造工程和繁峙至五台、应县至繁峙、古交至方山等 6 个高速公路项目,建成临猗黄河桥、晋阳高速改扩建等 5 条高速公路,全省高速公路出省口达到 31 个。山西省在建高速公路项目具有重要的战略意义,这些项目不仅将填补现有路网的空白,更将加速省内外的经济交流和文化交流,提升山西在全国乃至全球的连接性。"县县通高速"是支撑以县城为重要载体的新型城镇化建设的重大任务。汾石高速公路的完工,山西省加入全国"县县通高速"的行列,这标志着省内所有县市都将通过高速公路系统相连,为地区发展带来前所未有的机遇。

沙黎沟大桥盖梁最后一兜混凝土顺利浇筑,昔榆高速公路 LJ10 标 15 座桥梁下部结构施工全部完成;长城一号旅游公路左云段立石大桥首片空心板梁成功架设,进入主桥安装阶段;209 国道吕梁改线工程羊走岭隧道右洞顺利贯通……随着一系列项目扎实落地，山西省重点公路工程建设有力发挥稳增长、促转型、惠民生作用。

在建高速公路，如祁离高速公路和昔榆高速公路等，不仅服务于省内的城市间快速通行，也将山西与邻省的重要节点连接起来，加强了山西在国内交通网络中的战略地位。例如，祁离高速将作为太原至吕梁的直通道路，极大地缩短了两地之间的行车时间，提升了交通的便捷性，这对于促进地区经济一体化具有重要作用。昔榆高速则连接了太原、晋中和石家庄，这不仅填补了太原西南方向的高速公路空白，也为晋冀两省的经济交流提供了新的动力。长延高速的建设更是体现了山西省在克服自然地理挑战上的决心。尽管只有48公里长，但由于途径的太岳山地势险峻，建设过程中需要建设长隧道，这在技术和资金上都是巨大的挑战。然而，一旦完成，它将成为连接东西方向的重要通道，增强省内城市间的互联互通。

除了这些区域连接性的提升，太原的二环高速公路的完善也预示着太原城市能级的提升。随着二环高速公路的闭合，太原将形成更加高效的城市交通环路，这不仅提高了城市内部的交通流畅度，也为城市外围的经济开发区提供了更快速的交通服务。青银二广高速公路联络线的建设则是策略性的布局，它不仅连接了两条国家大动脉，更是将太原建设成为具有“两环八射”的现代化高速路网的典范。这样的配置不仅极大地提高了太原的区域吸引力，也为山西省的整体经济发展提供了新的增长点。

这些项目的实施，无疑将使山西省的交通基础设施更加完善，对于提升地区经济发展、促进社会就业以及提高居民生活水平都将产生深远的影响。通过有效的路网连接，山西不仅能够加强与内陆及沿海地区的经济联系，也能在更大范围内发挥其作为能源重镇和文化宝地的独特优势。

在山西省这些关键高速公路项目的逐渐推进和完工下，山西不仅将彻底改写其交通后进的历史，也将为省内及与邻省的经济发展注入新的活力。这种全方位的高速网络将极大地增强山西的区域联动效应，提升其作为交通枢纽的战略地位。

3）规划与发展目标

山西省人民政府在《山西省省道网规划（2021—2035年）》（以下简称《规划》）中对高速公路网规划进行了调整，旨在进一步优化和完善高速公路网络。到2025年，省内国家高速公路网基本建成，省级高速公路网进一步加密，普通国省道网布局基本形成，为构建发达的快速网、完善的干线网提供基础保障，有效支撑山西转型出雏型。《规划》期限为2021—2035年，远期展望至2050年。

到2025年，省内国家高速公路网基本建成，省级高速公路网进一步加密，普通国省道网布局基本形成。到2035年，国省道总规模将由2020年的1.83万公里增至2.78万公里。其中，普通国省道规模将由12552公里增至19393公里。全面建成发达的快速公路网、完善的干线公路网，服务黄河流域、汾渭平原、京津冀及周边"2+26"城市等重点区域发展。

到2027年，山西高速公路通车里程将突破7000公里，将基本形成内畅外联、四通八达的高速公路网，这为山西省的经济社会发展提供了强有力的交通支撑。

1.5.2 山西智慧高速公路相关政策

山西省作为交通强国试点单位之一，全力推进智慧交通的相关建设。近年来，山西省委、省政府及交通运输厅等相关单位出台了一系列交通相关政策，着力加强政策引领，不断强化规则统筹，同时优化完善投资方式，强化智慧交通投入的渠道，涵盖企业自筹、企业投资等多种方式，从政策资金等角度为智慧交通行业的发展提供了有力的保障。

2021年11月，山西省发布《山西省"十四五"现代综合交通运输体系发展规划》（晋政发〔2021〕33号），提出发展智慧交通新基建新技术，以数字化、网联化为重点，推动建设、养护、运行管理全要素数字化改造，优化完善交通服务和管理平台，提升交通运输智慧化发展水平，提升交通运输服务品质。2022年11月，山西省交通运输厅印发《山西省交通运输领域新型基础设施建设行动方案》，方案提出到2025年，交通新基建取得阶段性成果。在智慧公路、智慧枢纽、新能源汽车配套设施等领域，打造一批交通新基建重点工程，形成一批可复制、可推广的应用场景，制(修)订一批技术标准规范，促进交通基础设施网与运输服务网、信息网、能源网融合发展，交通基础设施运行效率、安全水平和服务质量有效提升，交通运输新型与传统基础设施建设融合发展格局基本形成。2022 年 12 月，山西省委、省政府印发《山西省综合立体交通网规划纲要》，提出到 2035 年，基本建成布局完善、便捷顺畅、经济高效、绿色集约、智能先进、安全可靠的现代化高质量综合立体交通网。

1.6 汾石高速公路建设概要

1.6.1 工程基本概况

汾阳至石楼高速公路是山西省“4 纵 15 横 33 联”高速公路网调整规划第 9 横的重要组成部分。起点位于汾阳市三泉镇，设枢纽互通与汾平高速公路相接，终点位于石楼县罗村镇，设石楼东互通与国道 340 相接。该项目路线全长 82.364 公里，途经汾阳(7km)、孝义(22.7km)、交口(42.4km)、石楼(10.2km)四个县(市)，采用双向四车道高速公路标准，设计速度 100km/h，路基宽度 26m，分离式路基为 13m。全线共设互通立交 7 处，特大桥 2 座，特长隧道 1 座，桥隧比 36.3%，总占地 9532 亩。该路段建成后，可实现两条国家高速公路网之间的顺畅转换，进一步补充和完善晋西北区域高速公路网。同时，该路段的建设将拉近太原市与交口、石楼、永和、大宁、蒲县等革命老区的联系，增强太原都市圈对其辐射带动作用，有利于推进吕梁山区集中连片特困地区扶贫开发。

2024 年 12 月 25 日，汾石高速公路正式建成通车(图 1-23)，这一里程碑事件标志着石楼县不通高速公路的历史正式结束。同日，浮山到临汾高速公路也顺利通车，山西省 117 个县(市、区)提前一年达成“县县通高速”的宏伟目标，全省高速公路总里程一举突破 6450 公里，为区域发展注入强大动力。

图 1-23　汾石高速公路通车仪式

汾石高速公路设服务区、隧道管理站、路段管理分中心各 1 处,养护工区 2 处、收费站 5 处。建设内容涵盖 3 条连接线、2 处枢纽、5 处互通立交(图 1-24)等,总投资达 117.14 亿元,其建设规模与投资力度彰显了对区域交通改善的坚定决心。

a)

图　1-24

b)

c)

图 1-24　汾石高速公路互通立交

汾石高速公路位于吕梁山腹地，地形地貌复杂（图 1-25）、桥隧比例高（图 1-26）、林木茂密，相当于在群山之间“啃”出一条高速公路，此条线路的建设难度非常大，施工难度甚至超过高铁线路。自2021年6月开工以来，全体参建人员同心协力、全力攻坚，历经三年半的艰苦奋战，成功攻克地质复杂、施工难度大、环保要求高等一系列挑战，围绕“品质、平安、绿色、智慧、清廉”的汾石高速公路建设理念，确保了项目如期高质量完工，圆满完成建设任务。

图1-25 吕梁山地形地貌

图1-26 桥隧工程

汾石高速公路在建设中积极引入智慧交通理念，将 BIM、AR 等前沿技术贯穿于设计、施工、运营的全流程，打造出集多种功能于一体的智慧综合管理体系，实现科学高效的指挥调度与资源协同，成为山西省智慧高速建设的示范标杆。在环保方面，汾石高速公路充分发挥交口服务区所在地光照资源充足的优势（图 1-27），构建“源网荷储一体化”的智慧能源微网，实现服务区 100% 绿电供应，通过开发利用清洁能源，实现整个服务区工作、生活的近零碳运行，为全省绿色交通发展树立了新典范。

图 1-27　光照优势地段

在山西省委、省政府的坚强领导和省交通运输厅的精心指导下，山西交控集团勇担交通强省建设“主力军”重任，坚持高起点谋划，高标准推进，严格抓质量、守安全、促进度，全力以赴确保项目建设提速增效。

汾石高速公路建成通车，不仅是全省高速公路发展史上的一件大事要事，更是沿线群众翘首以盼的一件喜事盛事。这是一条通达路，结束了石楼县不通高速的历史，标志着全市乃至全省提前一年实现“县县通高速”（图 1-28）；这是一条致富路，串联城市与农村，沟通资源与市场，将带动沿线乡村旅游、特色农业等产业蓬勃发展，为吕梁市巩固脱贫成果、推进乡村振兴注入强劲动力；这是一条开放路，打通了吕梁市“一纵四横”高速路网的关键节点，畅通了市域经济发展的循环脉络，对吕梁更好融入山西中部城市群建设、服务构建“双循环”新格局，具有重大意义。

图 1-28　车辆从石楼东高速口上高速

汾石高速公路通车后，石楼至汾阳、太原的通行时间大幅缩短，分别从 2.5h、4.5h 减少到 1h、2h，是打通吕梁革命老区对外开放的又一重要通道。这将有力推动国家和山西省高速公路网络的完善，全面提升互联互通水平，促进区域经济社会的快速发展，并显著提升交通公共服务水平，为沿线居民带来更多的发展机遇与生活便利，为山西省的高质量发展增添新动能，也为全国交通基础设施建设贡献了“山西智慧”与“山西方案”。

“县县通高速”是山西省贯彻落实习近平总书记以人民为中心的发展思想和党的二十大扎实推进共同富裕，实施新型城镇化要求的战略性、基础性民生工程。“县县通高速”是落实重大国家发展战略、发挥山西交通区位优势、助力山西省转型发展的重要举措，对于完善山西省高速公路网、改善区域交通条件、加快山西新型城镇化建设和乡村振兴、助力地方经济社会发展具有重要意义。山西省委、省政府高度重视，2021 年提出了到 2025 年全面实现“县县通高速”的发展目标，2024 年将“县县通高速”纳入 15 件省级民生实事强力推动。山西省交通运输厅认真落实省委、省政府决策部署，持续把“县县通高速”作为一号工程紧抓不放。2024 年实现石楼、浮山最后两县通高速（图 1-29），创造了高速公路建设“山西速度”，山西省全境正式步入高速时代。

图 1-29　山西省“县县通高速”贯通仪式石楼主会场

从 1996 年山西第一条高速公路——太旧高速公路建成通车，到 2024 年底，山西全省域实现“县县通高速”，通车总里程达 6400 公里，经过 28 年的建设，山西高速公路从无到有、从线到网、从快到好，累计建成高速公路出省大通道 31 个。山西省交通运输厅党组书记、厅长郭丙福说：“纵贯南北、横跨东西、覆盖全省、衔接重要枢纽节点的山西高速公路网络基本建成，已成为支撑全省高质量发展的主动脉”。“县县通高速”较原规划时间提早一年实现目标，为全省发展搭起了一条条助力腾飞的纽带，它将串联起城市与乡村、沟通起资源与市场、连接起现在与未来，为山西省高质量发展注入强劲动力。

1.6.2　路段特点

目前，该路段存在着以下特点：

（1）汾石高速公路交通重载运输突出，山西省是煤炭大省，是全国单位 GDP 货运强度最高的省份，目前山西省重载环境突出，汾石高速公路承担着重载运输的极大压力。智慧交通发展方向的提出，为汾石高速公路重载交通安全、效率的发展带来了新的机遇与挑战。

(2)汾石高速公路地处黄土高原,天然黄土质地疏松,孔隙发育,极易受到雨雪侵蚀,使得在该地区修建公路时出现了大量规模巨大、设计影响因素复杂、施工条件困难的黄土路基工程。道路运营中黄土路基工作性能难以得到保证,成为长期困扰建设人员的一大难题。智慧交通的发展为黄土地质的监测与预警带来了新的发展方向。

(3)山西省煤炭资源丰富,煤炭开采以井下作业为主,地下煤矿被开采后形成采空区,汾石高速公路全线采空区分布总长度为29.3km,影响桥梁19座,影响路基工程15km,对高速公路和其他地面建筑物的建设与安全使用会产生非常大的威胁。智慧交通的发展为采空区的监测与处置提供了新的思路。

(4)汾石高速公路包括桥梁53座,其中特大桥2座、大桥43座、中桥5座、小桥3座;隧道5座,其中特长隧道1座、长隧道1座、中隧道1座、短隧2座。桥隧比达35.53%。地形复杂,构造物较多,存在较大安全隐患。智慧交通的发展为桥隧的管控提出了新的解决方案。

(5)汾石高速公路部分地区容易出现大雾天气和团雾微气候,恶劣气候会对交通产生较大威胁。智慧交通的发展为恶劣气候的预防监测提供了新的方法。

1.6.3 系统建设原则

汾石高速公路智慧系统建设以信息技术为先导,优化整合不同的科技资源,建设纵向贯通、横向集成、互联互通的信息系统,促进现场勘查与处置、探测与监控等相关技术的综合应用。在建设整个系统时,本着“技术先进、系统实用、结构合理、产品主流、低成本、低维护量”的基本原则,进行系统构架。

(1)技术的先进性

整个系统选型、软硬件设备的配置均要符合高精新技术的潮流,关键的系统数字化,压缩、解压、码流、传输均采用国内外工程建设中被广泛采用的技术与产品。在满足功能的前提下,系统设计具有先进性,并且在今后一段时间内保持一定的先进性。

(2)架构合理性

采用先进成熟的技术来架构各个子系统组成稳定可靠大系统,使其能安全平稳地运行,有效地消除各子系统可能产生的瓶颈,选用合适的设备来保证各子系统具有良好的扩展性。稳定性和安全性是项目组最关心的问题,只有稳定可靠的系统才能确保各设备的正常运行;只有良好的数据共享,实时的故障修复,实时备份等才能形成完整的管理体系。

(3)经济性

在满足系统功能及性能要求的前提下,尽量降低系统建设成本。采用经济实用的技术和设备,利用现有设备和资源,综合考虑系统的建设、升级和维护费用,不盲目投入,先重点、后一般,分期投入、分期建设。

(4)实用性

在设备选型时,主要依据实际情况,结合目前我国市场上占有率较高的各类产品,选择具有最优性能价格比和扩充能力的产品。

(5)规范性

控制协议、编解码协议、接口协议、视频文件格式、传输协议等符合相关国家标准、行业标准。前端设备的选型能够充分考虑与中心平台及本地监控监测设备的兼容性。

(6)可维护性

所设计的系统和采用的产品应该是简单、实用、易操作、易维护。系统的易操作和易维护是保证非计算机专业人员使用好该系统的条件。同时,系统应具备自检、故障诊断及故障弱化功能,在出现故障时,能得到及时、快速的维护。

(7)可管理性

前端现场设备,各分系统集中于中心统一控制,实施对所有远端设备的控制、设置,以保证系统的高效、有序、可靠的发挥其管理职能。

(8)安全性

对系统采取必要的安全保护措施,防止病毒感染、黑客攻击,防雷击、过载、断电和人为破坏，具有高度的安全和保密性。

汾石高速公路智慧系统总体架构包括基础监测类、运行管控类、隧道管控类、安全保障类、数据增值类、智慧能源类 6 部分，如图 1-30 所示。

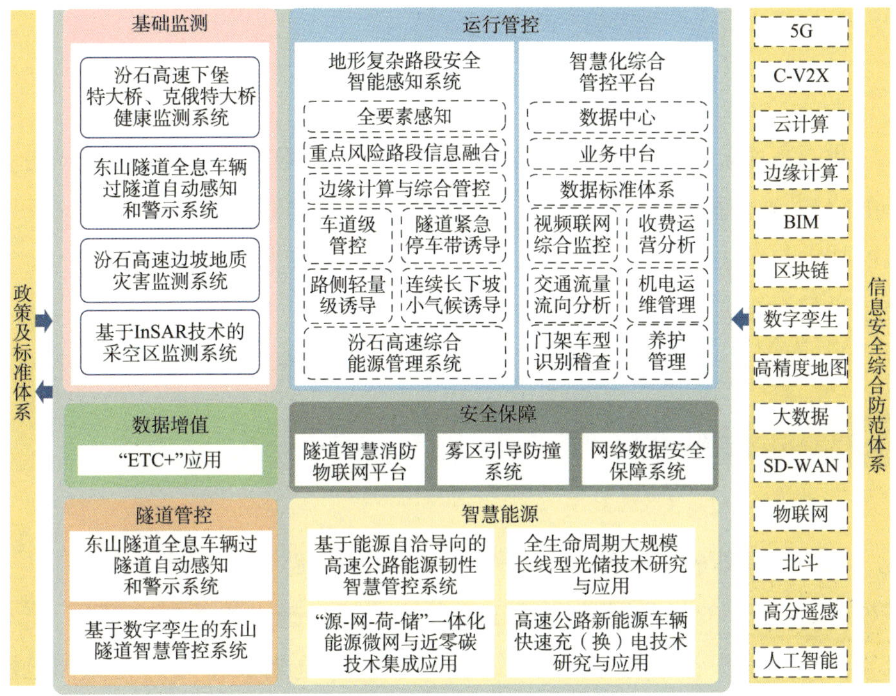

图 1-30 汾石高速公路智慧系统总体架构

第二章 技术基础

我国高速公路信息化发展迅速，尤其是近年来智慧高速建设，带动更多新的感知、通信控制等技术在高速公路的应用，并出现了大量不同层面和阶段的技术与解决方案。本章重点对汾石高速公路智慧化建设中采用的关键技术进行介绍。

2.1 雷视融合数据标定

随着自动驾驶单车智能过渡到车车协同、车路协同的多智能体，基于多模式、多场景的物联网前端感知融合技术显得越来越重要。其中，毫米波雷达和摄像头各有优势，但各自存在局限性：毫米波雷达具有探测范围广、受天气影响小、可探测距离、速度等深度信息优点，但具有易受杂波干扰、出现虚假目标现象的缺点；而摄像头优点是可获取丰富的目标特征信息，缺点是易受光照等环境变化的影响。所以，毫米波雷达与摄像头数据融合被广泛应用，毫米波雷达与摄像头的标定精度直接决定了融合数据的质量，是数据融合的关键。目前雷达与摄像头的联合标定方法包括静态离线标定与动态在线标定两大类：静态离线标定，是如姚文韬等研究人员使用一块平面标定板并测量参数完成标定，这种方法通常采用传统标定板对摄像头进行相机内外参标定，相机标定繁琐；又如罗逍等提出以车辆纵向对称平面为基准，选取若干组对称点完成标定，该方法需要人为选取雷达点云与摄像头的配准，导致标定点选取受人为因素干扰，影响标定的精度。动态在线标定，是如郭卿利用在线实时标定系统进行联合标定时,采用人工调试参数并判断标定效果的办法,但同样会引入人为误差且标定繁琐,一旦设备的安装位置发生微变,就会影响融合效果。本文结合毫米波雷达和摄像头各自的优点,设计并实现了一种动态在线自动联合标定方法与系统。

2.1.1 联合标定原理

本文所设计的标定方法可完成图像坐标系与世界坐标系的相互转换。首先,需要自动获取摄像头和毫米波雷达关键点的一一对应关系,采集目标车辆的关联标定点集,进行关联标定点集的联合标定,实现两种传感器之间的自动空间对齐。对应的系统架构如图 2-1 所示。

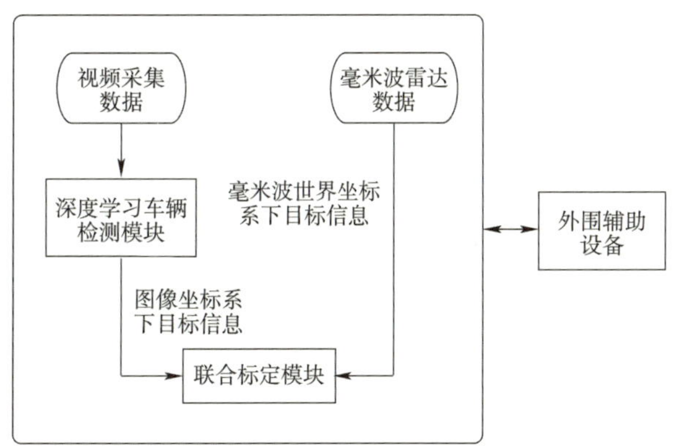

图 2-1 毫米波雷达与摄像头联合标定系统架构图

1)系统原理

如图 2-1 所示,该系统采用模块结构化设计,主要由视频数据采集、深度学习车辆检测模块、毫米波雷达数据采集与联合标定模块组成。系统通过架设在电警杆的摄像头采集视频数据,并将视频数据输入到深度学习车辆检测模块;深度学习车辆检测模块根据车辆深度学习识别模型,判断车辆在图像坐标系下的像素位置信息。在实时检测识别到车辆后,依据动态跟踪技术,可得到跟踪后车辆目标位置信息。其中深度学习的车辆检测模型可采用 Sequeezenet-SSD、Mobilenet-SSD、Cascade-RCNN 或 VGG-Repulsionloss 等模型。由于需要在边缘端进行处理,本文采用轻量级的 Mobilenet-SSD 模型。联合标定模块根据目标车辆在图像坐标系下的像素坐标和毫米波雷达探测到车辆的世界坐标系下的数据，进行关联配准，完成自动联合标定功能。

2)数据配准

首先，对需要进行数据配准的区域进行位置参数设置。根据车路协同道路实施的具体情况。对视频和雷达共同覆盖区域进行区域划分、最少平均划分出9个区域。将9个区域中心点在世界坐标系下的位置信息保存，作为保证自动获取摄像头和毫米波雷达关键点数据配准的评判依据。其中，中心点在世界坐标下的位置信息依据人工的初步测量，精度保证米级就可满足要求，无需高精度定位，不影响联合标定精度。其次，在毫米波雷达与摄像头的数据配准中，将三维世界坐标系降维到二维，与图像像素坐标系二维保持一致，在车路协同应用中，可忽略世界坐标系统中高程信息，不会影响数据融合。系统中的联合标定模块，分别通过两个线程摄像机线程和雷达线程，采集深度学习模型检测到的图像坐标下的目标信息，以及毫米波雷达探测的世界坐标系下的目标信息，因为雷达与摄像头的帧频不同，为了实现时间同步，需先将雷达与摄像头通过 NTP 时钟同步的方式与该系统进行时钟同步。然后，采用以雷达 10Hz 为基准、视频进行录制的方式进行。当联合标定模块接收到雷达数据时，雷达结构化数据中包含有雷达探测目标的时间戳，根据该时间戳，对同时录制的视频进行该时间戳的图像帧抽取，并进行深度学习车辆检测，实现时间同步，其时序图如图 2-2 所示，当 9 个区域中心点的世界坐标确定为初始参数后，根据雷达结构化数据中目标位置信息来判断与 9 个中心点的空间关系，当目标关键点与其中一个中心点 A 点位置信息小于 1m 时，即抽取该时间戳的图像帧进行深度学习车辆检测，并将该雷达目标关键点与 A 点相对应的像索坐标距离最小的深度学习检测目标进行关联，实现自动获取摄像头和毫米波雷达关键点的一一对应，当 9 个中心点的数据都已完成关联后，即完成了采集目标车辆的关联标定点集。

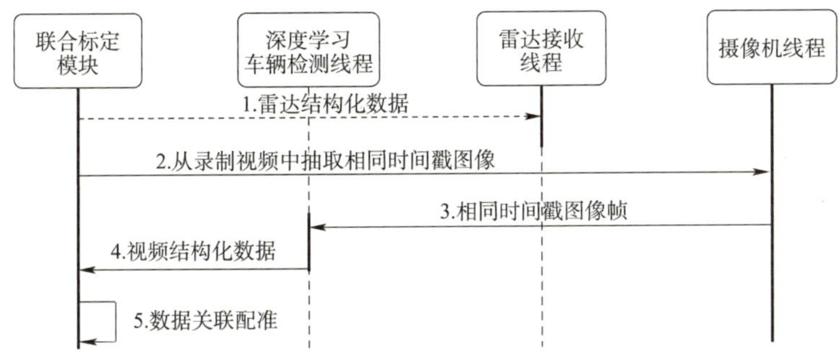

图 2-2 雷达数据与视频数据的关联配准时序图

3)联合标定方法

在关联标定点集中,图像坐标系下关联目标车辆像素坐标表示为(u_n,v_n),世界坐标系下关联目标车辆坐标表示为(x_n,y_n)。其中,$n \in (1,N)$,N为区域中心点个数。在该联合标定模型中,像素坐标与世界坐标存在单应性关系,即两个平面之间的映射关系[9,10],可以通过单应矩阵(Homography)H 来描述,毫米波雷达检测的道路平面与图像平面间的映射关系如式(2-1)所示。

$$\begin{pmatrix} u \\ v \\ 1 \end{pmatrix} \approx \begin{pmatrix} h_1 & h_2 & h_3 \\ h_4 & h_5 & h_6 \\ h_7 & h_8 & h_9 \end{pmatrix} \begin{pmatrix} x \\ y \\ 1 \end{pmatrix} \tag{2-1}$$

H 是一个 3×3 的坐标转换矩阵。因为单应矩阵公式中是≈,单应矩阵 H 可以乘以任意非零常数。根据第 3 行,去掉非零因子即为式(2-2)、式(2-3)。

$$u = \frac{h_1 x + h_2 y + h_3}{h_7 x + h_8 y + h_9} \tag{2-2}$$

$$v = \frac{h_4 x + h_5 y + h_6}{h_7 x + h_8 y + h_9} \tag{2-3}$$

令 $h_9 = 1$,h_9 为非零值。整理得式(2-4)、式(2-5)。

$$h_1 x + h_2 y + h_3 - h_7 xu + h_8 yu = u \tag{2-4}$$

$$h_4 x + h_5 y + h_6 - h_7 xv + h_8 yv = v \tag{2-5}$$

由于联合标定集合中有 n 个点,$n \geqslant 9$。整理得,采用 DLT 线性变换法[11]将式(2-4)、式(2-5)变换以单应性矩阵元素为未知数的方程组,如式(2-6)所示。

$$\begin{pmatrix} x_1 & y_1 & 1 & 0 & 0 & 0 & -x_1u_1 & -y_1u_1 \\ 0 & 0 & 0 & x_1 & y_1 & 1 & -x_1v_1 & -y_1v_1 \\ \cdot & \cdot & \cdot & \cdot & \cdot & \cdot & & \\ x_n & y_n & 1 & 0 & 0 & 0 & -x_nu_n & -y_nu_n \\ 0 & 0 & 0 & x_n & y_n & 1 & -x_nv_n & -y_nv_n \end{pmatrix} \begin{pmatrix} h_1 \\ h_2 \\ h_3 \\ h_4 \\ h_5 \\ h_6 \\ h_7 \\ h_8 \end{pmatrix} = \begin{pmatrix} u_1 \\ v_1 \\ \cdots \\ u_n \\ v_n \end{pmatrix} \tag{2-6}$$

式(2-6)可以进一步改写为式(2-7)。

$$\mathrm{AL} = \mathrm{b} \tag{2-7}$$

在得到矩阵 A 和矩阵 b 后,可直接求解 L,L 为 8 ×1 向量。如式(2-8)所示。

$$\mathrm{L} = (\mathrm{A}^{\mathrm{T}}\mathrm{A})^{-1}\mathrm{A}^{\mathrm{T}}\mathrm{b} \tag{2-8}$$

当求得向量 L 后,通过世界坐标系下目标车辆位置信息,推导出图像像素坐标系下的投影误差,根据非线性最小二乘 LM 算法迭代出最优解,求取式(2-9)的最小值。

$$F = \begin{bmatrix} \mathrm{A}_1\mathrm{A}_1^1 \\ \mathrm{A}_2\mathrm{A}_2^1 \\ \mathrm{A}_3\mathrm{A}_3^1 \\ \cdots \\ \mathrm{A}_n\mathrm{A}_n^1 \end{bmatrix} \tag{2-9}$$

式中,$\mathrm{A}_n\mathrm{A}_n^1$ 是像素点 A_n 与通过 L 求得像素点 A_n^1 的距离,n 为联合标定集中点的个数。

4)动态在线标定

当得出最优后,可使毫米波雷达与摄像头之间的数据相互转换,保证了两种传感器融合的数据准确性和稳定性。但是,在实际城市道路车路协同应用中,由于雷达体积小,并且安装靠近L型立杆的位置,所以安装位置不易发生变化。但是摄像头体积大,并且安装在L型电警杆横杆上中间位置,难免会受到除尘炮雾车、大风等因素影响,导致安装位置发生微动,直接影响两种传感器融合的数据正确性。例如A时间点摄像头受到除尘炮雾车影响发生微动后至B时间点,摄像头的视野范围已经发生变化,如图2-3所示。在该系统中,会根据式(2-9)中距离偏差的值来判断安装位置是否发生变化,并进行重新自动联合标定,直到标定误差值满足要求精度范围内为止。该自动联合标定方法,在车路系统应用中具有非常好的鲁棒性。

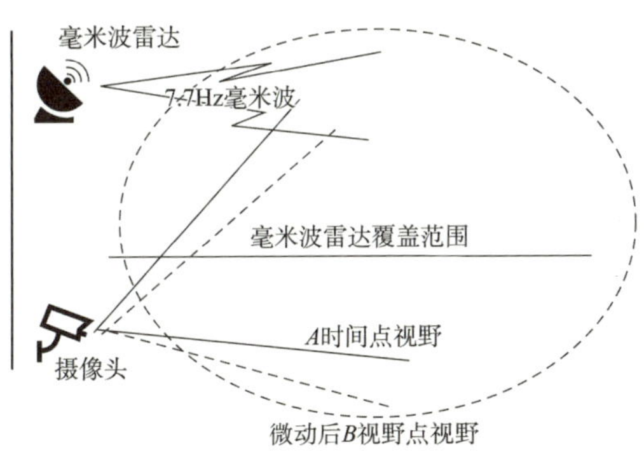

图2-3 摄像头微动后视野变化示意图

2.2 结构健康监测技术

2.2.1 传感器技术的发展和应用领域

传感器技术是结构健康监测系统中最为关键和基础的组成部分之一。传感器可以实时采集桥隧结构的各种参数和信号,如应力、应变、振动、温湿度等,为结构健康状况的监测和评估提供了基础数据。传感器技术的发展不仅提高了监测数据的准确性和精度，还推动了结构健康监测系统的智能化和自动化发展。

2.2.2 传统传感器技术的发展

传统的结构健康监测传感器主要包括应变计、加速度计、位移传感器、温湿度传感器等。这些传感器通过直接测量结构体的物理参数，如应变、振动、位移等，获得结构体的健康状态信息。传统传感器技术稳定可靠、成本相对较低，已在桥隧监测中得到广泛应用。主要传感器介绍如下：

(1)应变计是最常见的结构监测传感器之一，主要用于测量结构材料的应变状态。应变计可以通过电阻应变原理、电容应变原理、光纤光栅等不同的工作机制，实时监测结构的应变变化，为结构的受力状况提供重要信息。

(2)加速度计主要用于测量结构的振动状态。通过监测结构的振动加速度，可以了解结构体的自然频率、共振情况，以及外部引起的动态荷载情况，从而评估结构的安全性。

(3)位移传感器用于测量结构体的位移变化。位移传感器可以通过电容原理、激光测距、GNSS 定位等技术，实现对结构体位移的精确测量，为结构的变形和位移情况提供准确的数据支持。

(4)温湿度传感器通过对环境温湿度的监测，可以分析环境温度对结构静力响应的影响，以使基于静力测试的识别方法能更准确地反映结构基准状态；可以分析环境温度对振动特性的影响，以使基于振动测试的损伤检测方法能更准确；可以预测可能出现的极限环境温度荷载。同时，空气湿度对结构的耐久性影响较大，因此将环境温湿度纳入到监测系统中具有重要意义。

2.2.3 新型传感器技术的发展趋势

随着科技的不断创新和进步，新型传感器技术在结构健康监测领域不断涌现，为监测系统的发展带来全新的机遇和挑战。打破固有模式，结合实际需求，将多种新型监测手段应用于汾石高速公路中。打造基于多种创新方法、理论与技术的成套智慧管控系统,提高智慧管控系统的创新性与实用性,促进桥隧智慧管控的发展与桥隧安全的保障。

1)MEMS 光纤传感技术

MEMS 光纤传感技术作为一种新型的监测技术,具有测量精度高、长期零点稳定、温度漂移微小、焊接操作简便、动态特性良好、本质安全、长期稳定、响应速度快等优点,可以从低温到高温在很宽的温度范围内正常工作,不受电磁干扰及雷击损伤,测量精度及分辨率不受光源波动及传输线路弯曲损耗的影响,可直接通过光纤进行信号远程传输。汾石高速公路首次将 MEMS 光纤传感器应用于结构监测中,具有广阔的应用前景。

2)无线传感器网络技术

无线传感器网络技术是近年来快速发展的一项技术,其与传统有线传感器相比,具有部署方便、成本低、数据传输稳定等优势。无线传感器网络可以将大量的传感器节点分布在结构体的各个部位,通过网络协同工作实现对整个结构的全方位监测,为结构健康监测系统的智能化和大数据分析提供了技术支持。

3)超限车辆自动化识别

重型货车超限危害巨大。超限车辆容易引发交通事故,大幅度降低了车辆通行安全系数;同时超限车辆还容易造成交通拥堵,引发环境污染。针对超限运输的问题,传统管理方法是依靠路政部门拦截车辆进入治超站内接受检查并当场处罚的执法工作方式。而这种工作方式在时间、人力、物力上都是一种极大的浪费。桥隧智慧管控系统将采用车辆牌照识别技术,通过车辆提取、图像预处理、特征提取、牌照字符分割识别等技术,提取车牌号码,并与大件运输档案库车牌进行对比,实现低成本、大规模的货车超限自动识别。

传感器技术作为结构健康监测系统中至关重要的一环,在结构安全、运维管理、灾害预警等方面都发挥着重要作用。随着新型传感器技术的不断发展和应用,结构健康监测将迈向更高的精度、智能化和大数据化,为交通基础设施的安全运营和可持续发展提供更为坚实的技术支持。

2.2.4 数据采集与处理方法

数据采集与处理是结构健康监测系统中的核心环节，它直接关系到监测数据的准确性和实时性。数据采集系统负责实时采集结构体的各种参数和信号，而数据处理则负责对采集到的数据进行预处理、特征提取、数据分析等操作，为结构健康状况的评估提供依据。

2.2.5 数据采集系统的设计

数据采集系统是结构健康监测系统的重要组成部分，它负责实时采集结构体的各种参数和信号，如应力、应变、位移、振动等。数据采集系统的设计需要考虑传感器类型、信号质量、数据传输等因素，以保证数据的准确性和稳定性。同时，为了提高数据采集的效率，可以根据实际情况采用分布式或集中式的数据采集系统。

2.2.6 数据预处理方法

数据预处理是数据处理的重要环节，它包括数据清洗、去噪、平滑、归一化等操作，以提高数据的准确性和可用性。常用的数据预处理方法包括滑动平均滤波、中值滤波、差分算法等。通过这些方法可以去除数据中的噪声、干扰和异常值，提高数据的可信度和可用性。

2.2.7 特征提取方法

特征提取是结构健康监测中常用的数据处理方法之一，它通过对监测数据进行分类、识别、提取关键特征等方法，为后续的分析和评估提供依据。常用的特征提取方法包括基于统计的特征提取、基于模型的特征提取、基于机器学习的特征提取等。通过这些方法可以提取出与结构健康状况相关的特征参数，为评估结构的健康状况提供更加全面和准确的数据支持。

2.2.8 数据分析方法

数据分析是结构健康监测中不可或缺的一环，它通过对监测数据进行深入挖掘和分析，发现隐藏在数据中的规律和趋势，为结构的维护和维修提供科学依据。常用的数据分析方法包括时间序列分析、聚类分析、分类分析等。通过这些方法可以对监测数据进行分类、识别、预测等操作，为结构的健康状况评估和预防性维护提供更加全面和准确的数据支持。

除了以上提到的数据采集与处理方法外，近年来人工智能技术也在结构健康监测中得到了广泛应用。例如，基于机器学习的异常检测方法可以快速准确地识别出异常数据和潜在风险，提高监测的准确性和效率。同时，深度学习技术的发展也为结构健康监测提供了新的思路和方法，如基于深度学习的结构损伤识别、裂缝检测等算法，为结构的健康状况评估提供了更加智能化和自动化的手段。

数据采集与处理方法是结构健康监测系统中至关重要的环节，它涉及到数据的准确性和实时性、数据的可信度和可用性等多个方面。随着科技的不断创新和进步，数据采集与处理方法也在不断发展和完善，为结构健康监测提供了更加科学和可靠的技术支持。

2.3 能见度监测技术

2.3.1 激光能见度监测技术

激光雷达能见度测量是随着激光技术和雷达技术的产生与发展而出现的新型能见度观测技术。激光雷达能见度测量基于后向散射原理，通过接收到的大气回波信号进而观测能见度。早在 1962 年，意大利 Fiocco 等利用世界上第一台红宝石激光器成功探测了 80 ~ 140km 高层大气的散射特性。自 1969 年罗马大学 Bertolotti 与 Muzii 等首次提出通过测量激光在大气传播过程中的后向散射光强实现能见度的反演后，基于各类新型光学器件和结构方案的激光雷达能见度测量技术与装置不断推陈出新，取得了长足的进步。国内，中科院大气物理所在研制出了第一台探测大气平流层气溶胶的激光雷达之后，又研制了可用于探测斜程能见度的激光雷达。尽管如此，受限于系统成本、操作复杂程度等问题，现阶段国内外的机场高速公路等主要领域仍较多地选用传统的透射式、前向散射式能见度仪。因此，研制低功率、低成本、安全高效的激光雷达能见度测量系统十分必要。

1）技术原理

基于后向散射原理，当激光雷达的发射脉冲在大气中传输时，与大气中各种介质相互作用，产生后向散射信号。通过探测并反演后向散射信号，可以得到整个有效探测距离内的能见度分布信息，包括云、烟、海、雾等特征信息。如果将激光雷达进行扫描，则可以获得整个扫描区域内的能见度信息。后向散射原理如图2-4所示，基于后向散射的探测系统如图2-5所示。

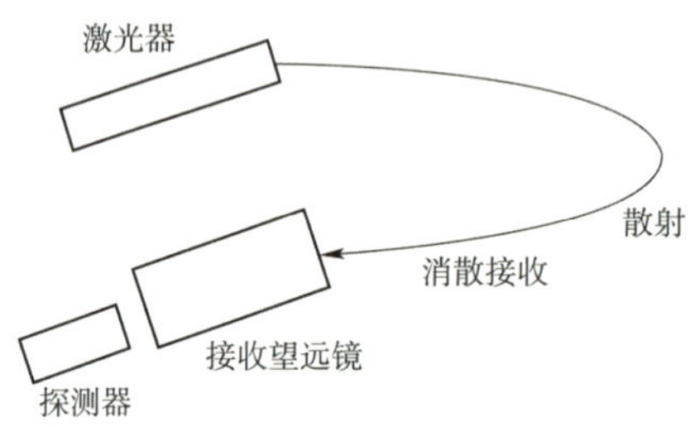

图2-4 后向散射原理图

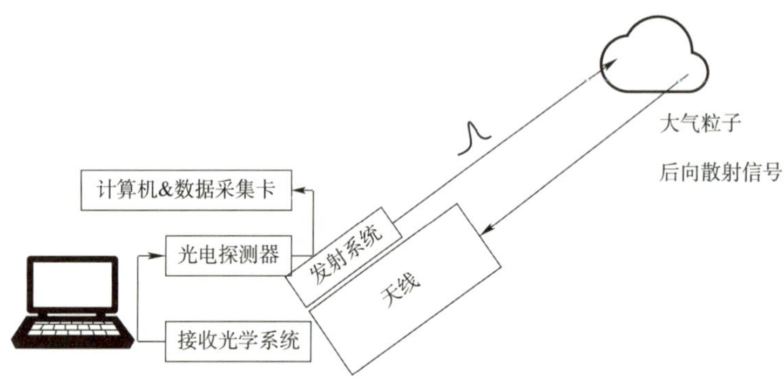

图2-5 基于后向散射的探测系统图

2）技术优缺点

（1）技术优点：测量范围广、时空分辨率高和抗干扰能力强，与透射式和前向散射式等几种常见的能见度测量方法相比，激光雷达可实现大气水平、斜程、垂直能见度的全方位立体式探测，拥有显著的技术优势。

(2)技术缺点：存在体积大、造价高、操作复杂、反演算法难度大等问题，仅由少数部门研究使用。

近二十年，中科院安徽光机所、中国海洋大学及南京大学等都曾致力于激光探测能见度的研究，并先后成功研制了多种激光雷达用于测量大气能见度。2007 年中国海洋大学的孙兆滨等研制出了发射波长为 532nm 的微脉冲能见度激光雷达，用于水平能见度的探测。2008 年中国科学院安徽光学精密机械研究所的岳斌等研制出了一种便携式激光雷达能见度仪，采用的脉冲半导体激光器工作波长为 905nm，发射频率为 5000HZ，单脉冲能量为 1.2 ~ 22μJ，该激光雷达能见度仪已装备到安徽省高速公路全天候实时监测预警系统。2014 年中国科学院安徽光学精密机械研究所的吕立慧等使用收发一体 Y 型光纤的收发同轴结构，设计了一种新型的微脉冲激光雷达用于测量水平大气能见度。2009 年中国民航大学的冯帅等研制了一台小型激光雷达能见度仪，选用半导体激光器作为激光发射光源，反演算法为 Fernald 方法。2017 年，希腊的 Pantazis 等开发了一种 3D 扫描激光雷达来探测水平、倾倒和垂直能见度，该系统采用从垂直到水平扫描模式。

2.3.2 国内技术发展趋势分析

激光雷达利用粒子的后向散射测量能见度，它机动、灵活、探测范围广，是唯一一种有希望能测量斜程能见度的方法，多年来，很多学者都致力于此项研究。自 20 世纪 80 年代开始，德国、俄罗斯和我国就先后有样机问世，然而，由于后向散射和消光系数之间不是连续成正比关系，使得反演问题的解决存在一定困难。我国中科院大气物理研究所的邱金桓等人以水泥跑道为背景，对斜程人眼视觉对比感阈做修正，取得了很大进展，用该算法的激光雷达与热气球上的人眼目测进行数据比对，结果显示有很好的相关性，但在雾、雪等坏天气下的能见度反演仍存在较大误差。随后数年间技术不断迭代算法持续更新，如今已逐渐形成可靠成熟的应用技术，可广泛服务于航空、交通、航运等领域，激光雷达能见度探测技术将是技术发展的主导趋势。

由上可见,国内主要以改进激光雷达设备和应用算法为技术发展方向。

2.3.3 国外技术发展趋势分析

国外有很多种类型和型号的天气现象探测仪器,主要应用在气象、民航、交通、水文、农业和科学研究等诸方面,应用非常广泛。但是利用光学方法测量的天气现象目前都局限在以下两个方面:一是所有形式的液体和冷冻体的降水,如雨、毛毛雨、雪、雪球、雪粒、冰粒和冰雹等;二是空气中遮挡视线的悬浮物,如朦胧雾、大雾、薄雾、灰尘、烟气等。

目前国外能见度探测的实现方式主要有以下三种:

1)前向散射能见度仪+感雨传感器

在前向散射能见度仪的基础上,增加一个感雨传感器,通过对两种信号进行综合处理和判断,识别出当时的天气现象。其代表产品有:芬兰VAISALA公司生产的FD12P、PWD20和PWD10天气现象监测仪(Present Weather Sensor),其中FD12P能识别11种降水类型并测量降水强度,报告50种代码。

2)前向散射+后向散射

在前向散射能见度仪的基础上,增加一个后向散射传感器,利用后散射量与前散射量的比率识别天气现象。其代表产品是英国BIRAL公司生产的VPF-730(图2-6)。如VPF-730采用45°的散射角,可以输出降水类型、降水量、强度、能见度、视障类型、降水总量等天气现象信息。

图2-6 英国BIRAL公司生产的VPF-730能见度/天气现象仪

3)直接透射式

利用运动粒子通过光束时引起探测器上的光闪烁效应识别天气现象。其代表产品是德国 CLIMA 公司生产的 Laser Precipitation Monitor。Laser Precipitation Monitor 可以报告现在天气代码;测量降水粒子的大小、降落速度;探测降水类型和降水强度;报告 WMO 现在天气 4680 电码表中的 25 种。

由上可见,国外主要从功能多样化、设备整合化的角度出发,以多参数互相修正提高准确度的方式推动技术发展。

2.4 视频数据智能识别技术

2.4.1 视频数据智能识别追踪技术

依托高速公路隧道、服务区、收费站、ETC 门架等不同场景的监控视频数据,以“两客一危”、六轴篷布车辆、四轴蓝牌货车等重点营运车辆为研究对象,构建目标标签图谱驱动的深度学习模型,对重点车辆信息和事件进行识别。通过单摄像机下的目标跟踪技术与跨摄像机下的多目标再识别技术,实现车辆在单摄像机下的场景和位置识别、单摄像机下目标车辆行驶过程的运动预测、多摄像机下同一目标的匹配关联,实现重点车辆在多摄像机视角下的轨迹重建。综合整体视频的目标识别、事件识别和重点车辆轨迹等结构化数据,实现交通路网的态势感知。视频数据智能识别追踪技术流程如图 2-7 所示。

2.4.2 视频大数据挖掘分析与归集

基于视频监控系统收集的大量交通参数和基础数据,开展视频大数据价值信息提取技术研究,构建时间序列的交通过程聚类分析模型,提取分析交通参与目标如交通流量流向、密度、车辆速度、收费站大流量期内的车辆队列长度、事故次数等结构化价值信息，实现高速公路交通事件分析和预警、整体路段的安全诱导管控和分析评价，指导高速公路管理部门全面掌握运行状况，提升管控效能。视频大数据价值信息提取与交通状况分析管控流程如图 2-8 所示。

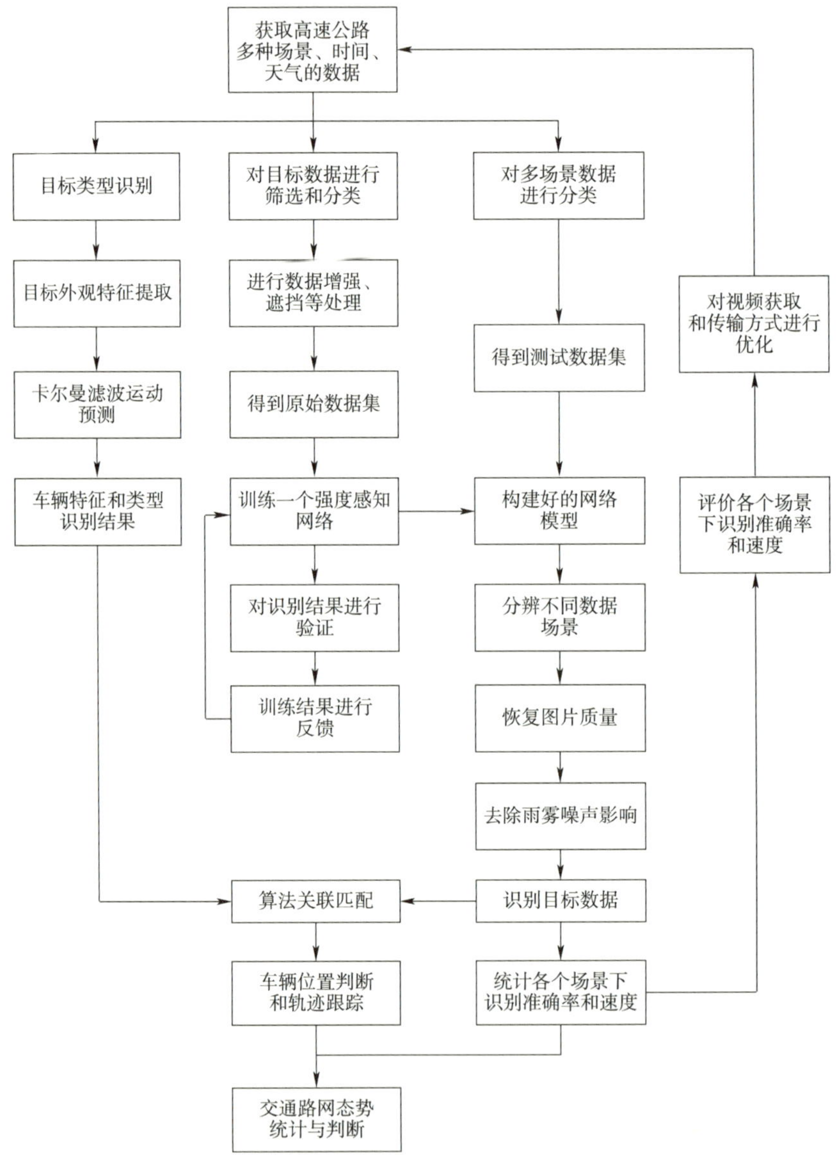

图 2-7　视频数据智能识别追踪技术流程图

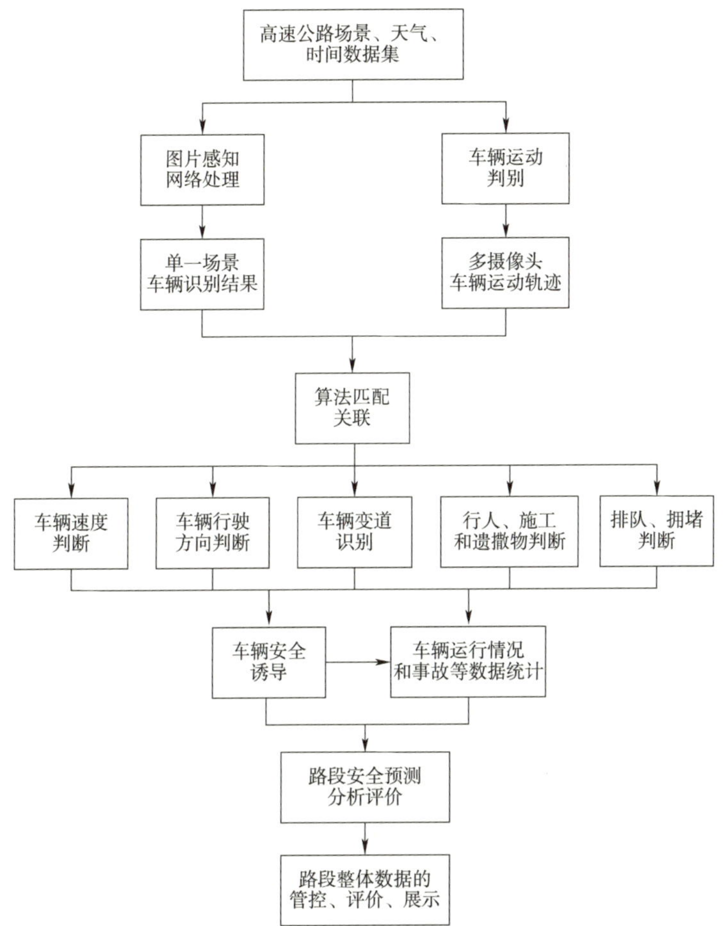

图 2-8 视频大数据价值信息提取与交通状况分析管控流程图

通过高速公路视频大数据分析与应用技术的研究，建立先进的视频大数据分析平台，对数据进行综合分析管理。

(1)提高道路安全性和减少事故。智能识别技术能够实时监测交通情况，快速发现交通违法行为和异常情况，如超速、闯红灯、逆行等，从而及时发出预警，减少交通事故的发生。此外，该技术还可以对交通事故进行及时记录和处理，为事故调查和责任认定提供重要依据。

(2)提高道路通行效率。智能识别技术可以实时监测交通流量和路况，为交通管理部门提供实时数据支持。基于这些数据，交通管理部门可以优化交通规划，调整交通信号控制策略，有效疏导交通拥堵，提高道路通行效率。

(3)提升交通管理水平。智能识别技术可以实现对高速公路上车辆、行人、路况等信息的全面监控和分析,为交通管理部门提供全面的数据支持。这些数据可以用于评估道路承载能力、优化交通规划、制定交通政策等,提升交通管理水平。

(4)降低人力成本。传统的高速公路监控需要大量的人力进行巡逻和监控,而智能识别技术可以实现对高速公路的全天候、全方位监控,降低了人力成本。同时,该技术还可以自动记录和处理交通违法行为及异常情况,减少了人工干预和执法难度。

(5)推动智能交通发展。高速公路监控视频数据智能识别技术是智能交通系统的重要组成部分,它的应用推动了智能交通的发展。随着技术的不断进步和应用场景的扩展,未来智能识别技术将在更多领域得到应用,为交通管理和社会发展带来更多便利和效益。

推进智慧高速建设、消除数据孤岛、挖掘数据价值,实现对高速公路运行态势的全面感知、综合研判;提升运营管理效能,有效整合高速运营各类信息资源,实现全方位监测,保障高速路网运营各项工作稳定进行;全面监测应急事件态势、救援资源分布,缩短响应时间,助力管理者监测应急事件态势、调用救援资源;进行全时空态势分析研判,全面掌握高速运营管理数据变化态势,提升高速数据分析研判的能力和效率;提升出行综合服务水平,满足公众出行的多样化、个性化服务需求,提高服务的主动性、精准性和实时性;减少交通拥堵和事故发生率,提升交通安全和畅通程度,为广大驾驶员和乘客提供更安全、舒适的出行环境。

2.5 BIM + GIS 技术

2.5.1 BIM 技术及 GIS 技术简介

GIS(地理信息系统),是指用于采集、存储、处理、分析、检索和显示交通元素相关的空间数据的计算机系统。与普通地图相比,GIS 具备的先天优势是将数据的存储与数据的表达进行分离,因此基于相同的基础数据能够产生出各种不同的产品。

精确到厘米的高精度交通 GIS 地图,基于云服务架构,结合物联网等技术,全面整合高速公路基础设施、外场设备采集数据、车辆定位数据、收费流水数据等,对道路监控、车辆动态管理、事件应急处置的综合集成化呈现,通过对海量数据的整合处理、挖掘分析与实时发现,为应急指挥、领导决策、公众参与提供服务。

提供数据加载、数据转换、类型转换、数据浏览和编辑、地图制作、场景操作、布局排版等功能。提供空间数据库引擎 SDX +,提供地图服务、空间数据访问与管理、智能缓存技术,还提供集群服务。提供在线实现高级网络分析功能,当发生交通突发事件时,实现事件地点最新视频监控画面自动调取,匹配最近应急资源(如人员、车辆、物资等),对事件全程监控并提供快速有效的处理辅助手段。

BIM(Building Information Modeling),即建筑信息模型,是以建筑工程项目的各项相关信息数据为基础而建立的建筑模型,通过数字信息仿真模拟建筑物所具有的真实信息。它覆盖了从设计、施工到运营协调、项目信息的整个集成流程,使得项目各方可以更好地理解工期、现场实时情况、成本和环境影响等项目基本信息。

2.5.2 BIM + GIS 技术融合的应用

将 BIM 和 GIS 技术相融合,可以实现地理信息与建筑信息的无缝对接,为高速公路管理提供更加全面、准确的数据支持。这种融合主要体现在以下几个方面:

1)交通规划与设计

BIM 和 GIS 的融合使得高速公路的规划者能够更准确地模拟交通流,评估交叉口的效率,以及预测潜在的交通问题。通过集成两种技术,设计者可以在规划和设计阶段就考虑到各种因素,如地形、建筑物、交通设施等,从而优化设计方案。BIM 模型提供了详细的建筑和设施信息，而 GIS 则提供了这些设施在地理空间中的位置信息。这种结合使得设计者能够更全面地了解项目环境，避免在后期出现冲突或问题。

2）基础设施管理

BIM 与 GIS 的结合有助于实现高速公路基础设施的高效管理。例如，可以实时监控道路、桥梁、隧道等交通设施的状态，及时发现并处理潜在的安全隐患。通过 BIM 模型，可以精确地模拟设施的维护过程，预测维护成本，并制定合理的维护计划。同时，GIS 可以帮助确定设施的地理位置，为维护人员提供准确的导航信息。

3）实时交通监控

结合实时数据，BIM 和 GIS 可以提供高速公路的实时监控。这有助于交通管理者快速响应交通事故、拥堵或其他突发事件，优化交通流。通过集成交通流量、速度、拥堵状况等实时数据，可以构建出高速公路的动态模型，为交通管理者提供决策支持。

4）智能导航与交通优化

利用 BIM 和 GIS 的空间数据，智能导航系统可以更准确地规划路线，避免拥堵，提高交通效率。通过分析历史交通数据和实时数据，可以预测未来的交通状况，并提前制定交通优化策略。

5）数字孪生技术应用

BIM 和 GIS 的结合为数字孪生技术在高速公路领域的应用提供了基础。通过构建高速公路的数字孪生模型，可以实现对高速公路的全面监控和管理，提高运营效率和安全性。数字孪生模型还可以用于模拟和预测高速公路的运行状况，为决策者提供数据支持。

总之，BIM + GIS 技术的融合在智慧高速上的应用广泛而深入，为高速公路的规划、设计、管理、监控和优化提供了有力的支持。

2.6 多源感知融合技术

信息融合起初称作数据融合(Data Fusion),起源于1973年美国国防部资助开发的声纳信号处理系统,在20世纪90年代,随着信息技术的广泛发展,具有更广义化概念的"信息融合"被提出来,多传感器数据融合MSDF(Multi-sensor Data Fusion)技术也应运而生。

各种不同的传感器,对应不同的工况环境和感知目标。比方说,毫米波雷达主要识别前向中远距离障碍物(0.5~150m),如路面车辆、行人、路障等。超声波雷达主要识别车身近距离障碍物(0.2~5m),如泊车过程中的路沿、静止的前后车辆、过往的行人等信息。两者协同作用,互补不足,通过测量障碍物角度、距离、速度等数据融合,刻画车身周边环境和可达空间范围。数据融合主要优势在于充分利用不同时间与空间的多传感器数据资源,采用计算机技术按时间序列获得多传感器的观测数据,在一定准则下进行分析、综合、支配和使用。获得对被测对象的一致性解释与描述,进而实现相应的决策和估计,使系统获得比它各组成部分更为充分的信息。

一般地,多源传感器数据融合处理过程包括6个步骤,首先是多源传感系统搭建与定标,进而采集数据并进行数字信号转换,再进行数据预处理和特征提取,接着是融合算法的计算分析,最后输出稳定的、更为充分的、一致性的目标特征信息。

利用多个传感器所获取的关于对象和环境的全面、完整信息,主要体现在融合算法上。因此,多传感器系统的核心问题是选择合适的融合算法。对于多传感器系统来说,信息具有多样性和复杂性,因此,对信息融合方法的基本要求是具有鲁棒性和并行处理能力,以及方法的运算速度和精度。目前主流数据融合算法包括贝叶斯统计理论、神经网络技术以及卡尔曼滤波方法。

多源感知信息融合技术,解决数据多源异构数据融合问题。利用毫米波雷达、摄像机、激光雷达、气象传感器、水膜传感器等路侧及车载传感器采集多维度多尺度车路协同数据，深度融合移动群智数据及现有交通信息数据源，构建实时多源数据处理融合集成技术，保证车辆轨迹、轴载、路面状况等信息的多元化、超高精度采集，进一步融合集成包括各类交通使用者的交通信息、交通控制设施信息、施工作业信息、气象环境信息。

单一监测方法获得的参数可靠性不高，需要研究多源信息的融合与参数最优估计方法。需要通过合理布设交通信息采集设备，主要包括毫米波雷达、摄像机、激光雷达、气象传感器、水膜传感器等多传感器设备，同时整合现有交通信息数据源，保证道路使用者轨迹信息的多元化、超高精度采集。构建和开发实时多源多维度多尺度数据集成技术，进一步集成包括各类交通使用者的交通信息、交通控制设施信息、施工作业信息、气象环境信息，以数字化信息集成和数据处理，即交通信息管理（Transporfation Information Modeling，TIM）为核心，构建可扩展可复制的车路协同数据平台，保障车路协同安全风险评估与预警防控相关数据的时效性及准确度。多源感知信息融合技术路线如图2-9所示。

2.6.1 多源数据获取技术

结合道路交通管理与道路安全的实际需求和雷达探测技术的优势，采用毫米波雷达、摄像机、激光雷达、气象传感器、水膜传感器等路侧及车载传感器采集方式，实现多维度、多尺度获取全息全程的车路协同环境数据及新型混合交通流运行数据，形成面向人工驾驶汽车交通流数据采集系统。

基于高精度地图技术，快速获取高精度路网数据。包括设计特征要素（如道路几何线形、横纵坡坡度、曲率等）、环境特征要素（如实际路段气候状况、路面湿滑及霜冻影响状况等）、交通运行特征要素（包括各车辆运行状况、路段交通风险态势等）三方面为核心的物理要素框架。设计要素主要通过毫米波雷达、摄像头、激光雷达等多元传感器进行获取。环境特征要素感知主要通过气象传感器、水膜传感器获取，以特殊路段为重点监控对象，实现覆盖路域全部关键风险点位的高速环境特征感知。交通运行特征要素的感知，主要通过超视距感知技术与相关系统实现。

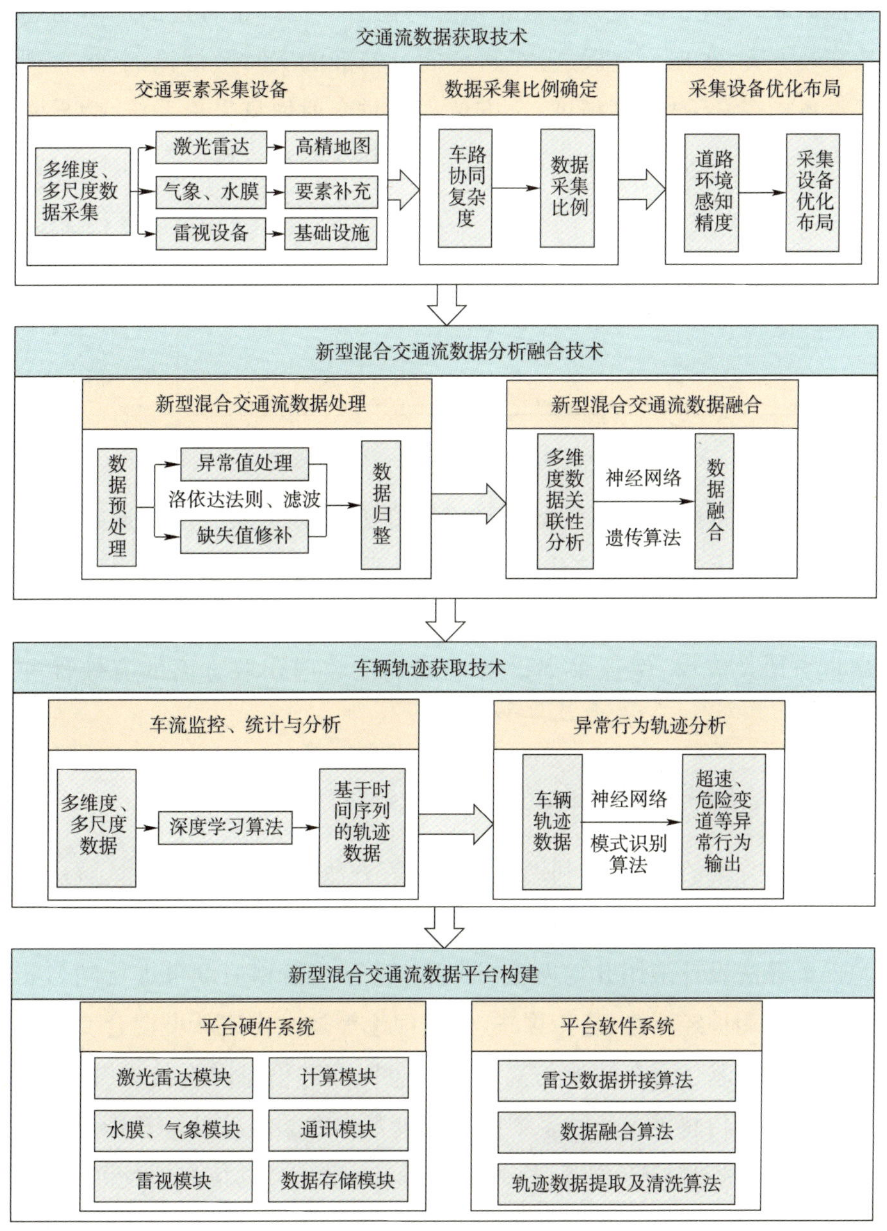

图 2-9　多源感知信息融合技术路线

基于雷达的路侧多目标车辆轨迹识别装置（图 2-10），通过研发“广域毫米波雷达＋视频检测”(雷视)结合的运行监控装置,从而实现车辆信息的轨迹特征提取,实现了跨装置的数据跟踪与融合。提出了合理的广域雷达布设及安装方案,实现全路段、各车道全面且精准的实时数据检测,结合视频采集设备构建全天候、高精度、全方位和实时交通信息采集系统,为异常交通行为的辨识、短临预测和分类分级预警提供了数据支撑。

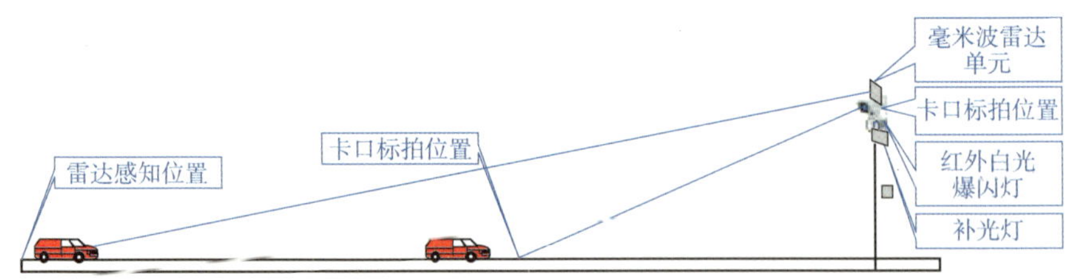

图 2-10　基于雷视系统的机动车监测示意图

基于路侧智能信息模块的道路几何信息感知采集——交通数字孪生一体化感知技术装备,确定道路设计特征要素、环境要素及交通运行特性参数后,基于道路环境感知中各类参数的精度,进一步优化了数据采集设备布设方法及流程,保证采集设备及系统在数据获取方面的有效性和准确度。

2.6.2　多源数据交通流数据分析融合技术

在数据采集的基础上,利用链接预测等方法的数据修复技术,解决了因传感器精度误差等原因造成的缺失、异常数据问题。多尺度道路网的几何信息匹配算法设计采用几何匹配,即通过计算几何相似度来进行同名实体的匹配。利用神经网络、遗传算法、模糊理论等技术构建新型混合交通流数据融合机制。基于行车轨迹与高精度信息匹配的信息融合技术,挖掘车辆轨迹数据和多传感器采集的多维度多尺度数据的关联特性。基于道路几何信息特征(特别是隧道、急弯、长大纵坡等特殊路段)的信息匹配系统,进一步研究基于多元传感数据的数据融合与集成方法,建立高速公路多源信息感知系统,形成结构化数据集。

利用广域微波雷达高精度、高检测距离等特性,干线车辆轨迹检测设备实现设备检测范围内的车辆轨迹数据的准确提取,在高速环境下单个设备(图 2-11)有效检测距离达 250 ~ 300m;构建了覆盖主线全域的车辆轨迹追踪系统,该系统利用微波雷达检测获取的车辆轨迹数据,基于机器学习算法对雷达群组数据进行数据匹配、拼接,实现了相邻雷达监测区域的车辆轨迹匹配衔接,通过插值和平滑处理获取完整行车轨迹与速度、加速度运行特征。此外,结合卡口数据进行车牌匹配,实现了对智能网联重载货车的全域连续追踪。

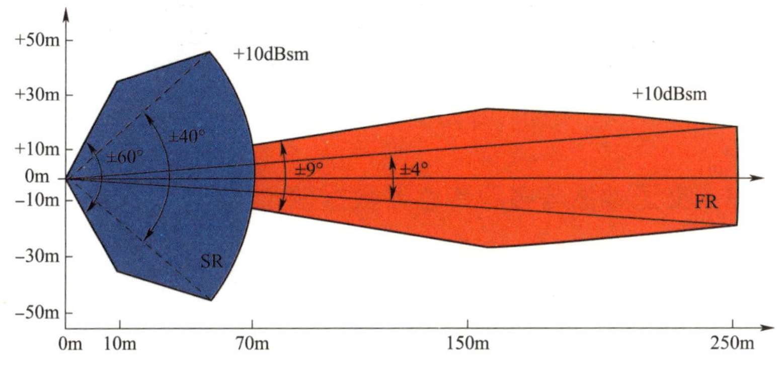

图 2-11 雷达单体硬件参数图

在轨迹提取的基础上,系统进一步实现了事件感知和预警功能,在全域车辆轨迹追踪系统的基础上,通过对车辆轨迹的实时获取以及车辆驾驶行为的捕捉和研判,结合视频数据进行事件确认、追溯,实现对高速公路全路域内的各车辆的全域连续追踪和驾驶行为监管;实现了事件感知和预警功能,在全域车辆轨迹追踪系统的基础上,通过对车辆轨迹的实时获取以及车辆驾驶行为的捕捉和研判,准确检测包括违章停车、应急车道占用、突发拥堵等高速公路高风险事件,捕捉低速行驶、超速驾驶、连续变道等高危险性车辆个体驾驶行为,并依此通过实时事件预警、驾驶人危险驾驶行为档案建立、违章抓拍等措施,实现高速公路紧急事件的高效处理,以及危险驾驶行为的有效监管。具体系统和设备如图 2-12 所示。

图 2-12　毫米波雷达硬件设备现场测试

2.6.3　交通数据与多源传感器数据融合

通过分析数据的存储容量、存储形式及格式要求,构建数据采集的统一接口,主要包括毫米波雷达数据模块、激光雷达数据模块、气象传感器数据模块、水膜传感器模块以及通过卡口抓拍单元抓拍前端的车牌、车辆图片,车辆结构化数据,毫米波雷达收集车辆位置,以及车辆结构化数据,通过工控机进行数据简单处理及关联后通过交换机转发至交通智能监控中心。

数据收集完成后将数据计算模块接入数据平台。工控机将前端产生的图片和毫米波雷达及结构化数据进行初步处理,并将视频数据和毫米波雷达数据进行关联后通过交换机转发至终端服务器存储设备,同时存储设备将交通数据转发至数据特征提取设备,数据特征提取设备从存储设备的URL 地址中下载数据,进行建模分析,将建模完成后的数据和结构化分析字段存储到相应的车辆行为存储设备中,进行各类大数据的存储和应用。其中车辆的二次结构化数据将保存在交通智能监控中心,实现数据对车辆二次结构化数据的汇聚和应用。最终将所有结构化数据集成至数据中台进行进一步处理和分析。

2.7 机电通信网技术

通信系统是公路工程平稳运行的核心内容之一。它以信息传递为基础,实现了对过往车辆的安全控制与科学管理。在高速公路机电系统中,通信系统是以太网技术、SDH 光传送技术为核心,实现对数据、图像、语音信息的精准识别与管控,从而提高高速公路运行的稳定性。宽带大、兼容性强是以太网的主要特征,千兆以太网技术应用后,可实现图像、语音、视频数据的快速传输。高速公路收费站收费系统采用以太网接口和 SDH 光传输系统,提高了运行稳定性,工作效率明显提高,通过监控系统、收费系统、终端设备与光纤线路的协调完成了快速信息传输。

2.7.1 高速公路机电通信系统基本结构

高速公路机电通信系统基本结构包括软件、硬件和数据传输系统。

1)系统硬件

机电通信系统的硬件主要由电源、接入网、应急电话、交换系统 4 大部分组成。电力系统的主要部件是 220V 的电压,作为高速公路机电通信系统供电设备。接入网则以中心网络与周边网络作为连接桥梁,实现通信业务的同步协调,其最核心部分为光纤路终端。交换系统以符合 V5 协议的局域网为基础,通过模拟中继线路的方式进行连接。而应急电话系统可为高速公路突发状况提供及时通信,为事故处置、现场调度提供便利。

2)系统软件

机电通信系统的软件由电源、接入网、应急电话、交换系统 4 大部分组成。系统软件是以硬件作为基础的。系统软件包括安全维护、数据业务、事故报警、资源配置等模块,通过软件设置实现对应功能。上述软件的系统运行为通信系统的稳定提供了保障,并满足了相关运行功能的需求。

3)数据传输系统

在高速公路机电通信中,数据传输是整个通信系统的核心和重要组成部分。按传输方式不同,分为有线传输、音频电话传输、光纤传输、模拟传输4种。由于不同的传送方式,其作用和用途也有很大的差别,电缆主要是进行数据的传输,光纤主要是用来传送影像资料,而语音电话则是用来传送数据资料。表2-1为高速公路机电通信系统的基本组成内容。

高速公路机电通信系统结构组成 表2-1

序号	硬件组成	软件系统	数据传输类型
1	电源设备	资源配置系统	电缆传输
2	接入网	安全维护系统	音频电话传输
3	交换系统	数据业务系统	光纤传输
4	应急电话系统	事故报警系统	模拟传输

通信系统主要功能如下:

(1)业务电话。通信系统的重要组成部分,各部门业务联系的常用手段,可实现公网、内网间信息传递,为资源共享奠定基础。

(2)主干线传输。可在局域网、长途网实现信息传递、数据传输,主要由交通通信网主干线组成,在道路交管部门信息传输中应用广泛。

(3)紧急电话。内部专用,多用于呼救、紧急救援等警情。

(4)指令电话。可分为无线电话、有线电话两种,用于交通管理和调度指挥,包括选呼、全呼、组呼三种功能模式。

(5)数据与图像传输,包括收费系统、监控系统、视频传输系统等,可实现画面实时电视呈现,具备交通监视能力。

(6)广播。包括道路信息广播、交通广播。

(7)通信电源及管道。电源系统包括直流电、交流电、机房系统;通信管道包括HDPP管道和HDPP硅管。

2.7.2 高速公路机电通信系统中关键技术

1)分组传送网技术

为满足分组业务流量的统计复用传送与突发性要求,常选用分组传送网技术(PTN 技术)。在底层光传输媒介、IP 业务二者之间设置 1 个层面,在不影响高速公路机电通信系统的条件下,可扩大自我操控空间。与自动交换光网络技术相比,分组传送网技术具有实用、可靠、投入成本低等多种优势特点。

2)自动交换光网络技术

在我国高速公路机电通信系统中,自动交换光技术是一种常见的技术。第一,使用自动交换光技术,可减少故障问题的搜索时间,快速排查高速公路中产生的各种故障问题,可显著提升高速公路机电通信系统的运行效率。第二,自动交换光网络技术,具有十分强的信息筛选能力,可管理机电通信系统的故障问题,提高机电通信系统的安全性。第三,自动交换光技术具有较强的拓扑能力与较高的自动化能力,可拓扑到网络中具有使用价值的资源,从而及时、主动查找到机电通信系统中存在的各种故障问题;但是在使用这种技术时,需设置一定数量的数据节点与光缆路由出口。

3)ATM OVER SDH 技术

SDH 技术具有信息传输量大、稳定性强等多种优势特点,被广泛应用于多个行业领域中。而在高速公路机电通信系统中,使用 ATM OVER SDH 技术,可借用 SDH 技术传送大量的 ATM 信息,并优化机电通信系统的使用性能,降低信息传输成本,提高信息的传输速度。在互联网的数据组网中,ATM OVER SDH 技术具有非常好的发展前景,在高速公路机电通信系统中,该技术的发展前景也是非常好的。

4)RPR 通信技术

RPR 是一种综合服务网络技术,该技术的发展基础为异步传输与 Ethernet 技术。一般来说,RPR 属于地址处理层,在环形服务网络中常采用 RPR 地址处理层,围绕信息数据中心构建城域服务网络,可帮助运营商快速检测故障问题。在环形网络拓扑结构中,可使用 RPR 通信技术,即便光纤断开,也可快速恢复正常,并且还具有成本低、简单、数据传输速度快等特点。在 RPR 通信技术中,主要采用分组交换点构成的环形结构,一般采用光纤连接各节点。在拓扑结构中,主要利用方向相反的外环与内环传输数据信息。一般来说,RPR 通信技术的优势主要体现在空间可复用、提高带宽使用率、开展电信保护、使用统计复用技术等方面。

5)DWDM 技术

高速公路通信系统十分复杂,故常需使用 DWDM 技术来支撑其正常运作。为确保光纤的传输效果,需利用 DWDM 技术充分融合光纤通信中复杂的信息数据,并在源节点和目标点之间设置多个虚拟光纤。利用 DWDM 技术,在较短时间中,1 根光纤可传输 8 路视频信息数据或 4 对双向信息数据,并且可快速提高信息数据传输速度,使其达到 23G/h,1 根光纤可以 8T/s 速度来传输信息数据。在 DWDM 信息网络中,可采用数字信息数据网、以太网传输数据信息,信息数据传输流量可达到 2.8G/h,能快速满足客户的带宽要求。DWDM 技术具有自愈恢复功能与环路保护功能,并且其整体组网模式具有灵活、简单等特点。但是 DWDM 技术也存在一些缺陷,在传输业务过程中,DWDM 技术呈透明状,同一个波长仅可提供 1 种业务,信息数据的封装缺乏相应的标准,信息数据的保护能力较差,故在低速场合中,可采用 DWDM 技术。此外,与其他同步数字相比,DWDM 技术不具备价格优势。通过对多个影响因素进行分析,若某种场合具有较大的扩容需求与跨平台信息数据共享需求,网络安全要求高,也可采用 DWDM 技术。

2.7.3 现代通信技术在高速公路机电系统中的应用

1)数字地图技术

目前,我国已经进入数字化社会,各行各业正在广泛使用数据技术来处理各种数据信息,尤其是数字地图技术。在国外发达国家中,数字地图技术的发展时间相对较长,发展较成熟,现已被广泛运用在各行各业中,相比之下,国内数字地图技术的发展时间就较短,尚不成熟,尚未深入研究高速公路中的数字地图技术,无法充分发挥出数字地图技术的指向性功能。

2)GPRS 无线通信技术

在我国公路网体系中,高速公路属于高等级公路,具有方便、高效、安全等特点,便于人们出行。但是,国内经济的发展速度越来越快,车流量呈不断上升趋势,导致高速公路交通堵塞问题变得愈加严峻,相应地,交通安全隐患问题发生率呈不断上升趋势。为解决以上问题,提高高速公路的行车安全性,有必要构建完善的高速公路交通指挥监控系统。在过去,因受到多种影响因素的限制,监控系统尚不完善,存在较多问题。在最近几年中,随着我国科学技术水平的不断提高,出现了 GPRS 无线通信技术。与传统有线通信技术比较,GPRS 无线通信技术具有更多优点,可降低投资成本,加快数据信息的传输效率。与此同时,GPRS 无线通信技术并不会受到外界天气情况好坏的影响,所以在未来发展中,GPRS 无线通信技术的发展前景非常广阔。

3)ITS 技术

在现阶段中,ITS 是一种先进的技术,在闭路电视监控、ETC 中常使用 ITS 技术。ITS 技术可结合使用计算机处理技术、现金电子控制技术等,工作效能非常高,因此,ITS 应用于公路交通运输管理系统中,能显著提高系统运行效率。此外,驾驶人使用 ITS 技术,可及时、快速地获取精准的导航等实时信息,提高公路交通的运行效率与通车安全。

4)RPR 技术

RPR 技术具有使用成本低、快速传输数据信息等多种优点。RPR 技术是一种环形结构,是由分组交换点组成的,使用光纤来连接各种节点,可同时向外环、内环两个方向传输数据信息。RPR 技术的主要优点表现在以下 4 个方面。一是可重复利用空间;二是可进行即插即用;三是可保护电信,快速提高带宽的使用率;四是主要采用统计复用技术等。使用 RPR 技术,可迅速恢复连接断开或失败的光纤,非常适用于环形网络拓扑结构。

2.8 道路感知联动信息发布技术

道路感知联动信息发布技术是一种集成了多种感知技术和信息发布手段的综合系统,旨在提高道路交通的智能化、安全化和高效化。道路感知联动信息发布技术通过运用先进的传感器、数据处理技术和信息发布平台,实现对道路交通状况的实时监测、分析和信息发布。该技术能够有效整合道路感知数据,如交通流量、车辆速度、拥堵状况等,通过智能分析和处理,为驾驶员和交通管理者提供实时、准确的路况信息,指导交通出行和决策。主要硬件设备包括:

1)毫米波雷达

80GHz 毫米波雷达专用于交通流量监测场景,具有高精度、低功耗、高稳定性等特点,可同时跟踪多个车辆目标,检测目标的速度、位置信息。该雷达主瓣波束探测距离可达 280m,波束方位角 ±11°,副瓣波束探测距离 50m,波束方位角 ±45°,可基本实现对于 4 车道收费广场的覆盖。

使用毫米波雷达作为主传感器,在场区收费门架中央位置与匝道口位置安装毫米波雷达。匝道口雷达对于由匝道进入收费广场的车辆数目、通行速度,或极端情况下匝道上车辆排队长度进行检测;场区雷达则对于收费广场内车辆排队长度、通行速度进行检测。由于雷达波束俯仰角度限制,在雷达下方 28m 范围内存在覆盖盲区,使用广角摄像机采集收费广场收费站侧 30m 范围内的视频数据对于雷达进行补充,从而完成场区全域的车辆分布与车辆通行的数据采集。在收费站内,使用路侧安装激光车检器的方式,对每个收费车道站内通行速度进行检测,监控站内车道通行流量,作为数据补充与校验,保证检测准确性。布设示意图如图 2-13 所示。

2)广角摄像机

400 万像素广角桶型摄像机具有 180°水平视场与 90°垂直视场,较宽的视动态范围与良好的防水性能适应于交通流量监控等户外使用场景。

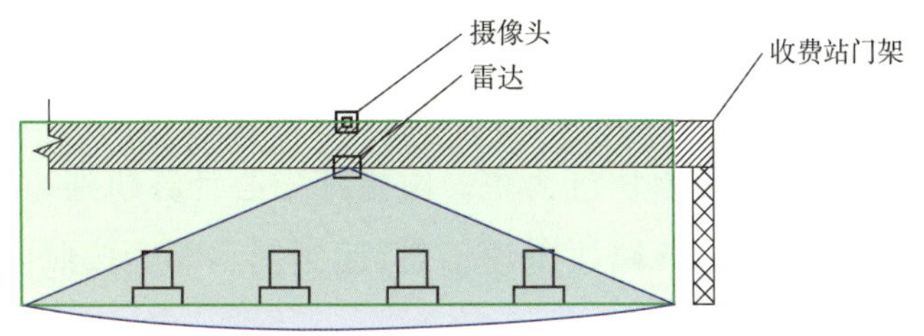

图 2-13 雷达摄像头门架安装示意图

为避免车辆遮挡造成的检测问题，摄像头安装高度要求 6 ~ 8m，可针对多个车道的车辆，同时进行轨迹跟踪及事件监测；设备位置通常固定于多个车道宽度方向的中心位置，即道路上方龙门架的中心位置。

3）LED 显示屏

结合毫米波雷达和摄像机得到的数据，实现对收费站出口拥堵时间进行实时播报，坚持预防与应急相结合的方式，及时发现拥堵问题，进行干预与提示，并在高速公路出口处实施引导。

通过 LED 屏对拥堵情况进行播报，展示出一个较为合理的拥堵时间，让驾驶员可以选择行驶方向，降低拥堵程度。布设于收费岛上方或路侧，提醒来车前方排队时长。

该技术具体应用于两种系统，分别为高速轻量化信息展示系统以及高速公路指挥中心信息展示系统。

（1）高速轻量化信息展示系统。

高速轻量化信息展示系统依托信息发布载体 LED 可变情报板，通过显示各类图像和文字，通告各种交通情况和气象信息，发布交通指令，为驾乘人员提供伴随式服务，保证交通行车安全。根据使用的场景不同，高速公路轻量化信息展示系统构成如下：

①轻量化多功能龙门架。

高速公路轻量化多功能龙门架具有一体化结构设计，美观且安装方便，既不影响正常的交通通行，又可以适时灵活拆卸组装及运输，搭载可变电子显示屏可以方便醒目地展示信息细节，可进行交通法规、交通知识的宣传，达到减少高速公路重现性阻塞，减少高速公路非重现性事故的影响，提高行车安全的目的，从而有效疏导交通，提高高速公路的使用效率。

②可变限速显示屏(板)。

可变限速显示屏大多设置在一些道路状况复杂或特大型桥梁的重点路段,多以圆形或单臂悬挂单块屏为主。由指挥中心计算机通过通信网络实行远程控制,传送并显示该路段限速信息,起到提示车辆按照限速行驶、保证行车安全的作用。

③移动导向指(警)示屏。

移动导向指(警)示装置可以安装在高速公路路侧或移动设备上,通常加以醒目的高亮度标志,用以警示和引导后续其他车辆,避免意外事故的发生,保证高速公路施工作业人员和车辆及正常行驶的其他车辆的安全。

④服务性显示屏。

服务性 LED 显示屏可安装在收费站区、服务区前段,通过各类 LED 显示屏为过往驾乘人员提供实时路况和服务等各类信息,方便驾乘人员的出行,提升路段的管理水平和外在形象。

(2)高速公路指挥中心信息展示系统。

高速公路指挥中心信息展示系统依托高速公路全信息智慧化端云协同展示系统,通过端云协同工作方式,做到对高速公路的常态监测,为建设单位、执法单位、养护单位提供实时的现场数据展示,实现多协同管理机制更加的健全,为一些应急措施的即时研制提供便利。可以解决路侧端驾乘人员缺乏伴随式服务问题和高速公路指挥中心信息展示缺乏端云协同和多层次立体化细节不全面的问题,结合路侧端和指挥中心信息,使两端信息展示互通,具有协同性、标准性、一致性,具体如下:

①针对现有高速公路缺乏对驾乘人员的伴随式服务问题,全信息高速公路 LED 发布方案包括的系统布设示意如图 2-14 所示。

如图 2-14 所示,从左到右依次为高速公路门架式 LED 可变信息屏、高速公路 LED 可变限速屏、移动式交通信息屏、高速公路服务性显示屏。高速公路门架式 LED 可变信息屏布设在高速公路主线容易发生堵塞或事故的位置,提醒驾驶员交通路面状况、行车注意事项、车道级限速等直观清晰的信息。高速公路 LED 可变限速屏布设于高速公路隧道、桥梁及特殊复杂路段,可以起到对复杂路段不同时间段及不同状态下的限速提示的作用,相比于传统限速标志具有更加清晰显示的效果,更有助于提醒驾驶人当前路段的限制速度。高速公路路侧移动式交通信息屏布设在突发状况路段,弥补了固定式可变情报板受限于道路施工地点不确定或者距离较远,不易发挥功效的不足,可随时随地放置在目标现场进行信息显示,提示前方路况。高速公路服务性显示屏应用在高速公路收费站区、服务区,可以对各类设施状态及服务信息进行提示。

a)

b)

c)

d)

图 2-14　高速公路路侧 LED 发布系统组成

②针对现有高速公路指挥中心缺乏端云协同、多层次立体化信息细节展示问题,高速公路指挥中心信息展示方案所包括的系统布设示意如图 2-15 所示。

图 2-15　高速公路指挥中心信息展示系统

高速公路指挥中心信息展示系统应用在高速公路指挥中心,可以帮助指挥中心对高速公路数据进行实时监测和融合分析,从而实现指挥中心对高速公路的常态监测和数据可视化大屏展示,更好地监测和指挥。

2.9 基于交通能源自洽的“源网荷储”技术

交通能源自洽是通过交通资产的能源化,实现交通能源自给自足。在交通承载的可再生能源自然禀赋得到充分利用的情况下,交通系统不再仅是能源的负荷,同时还是能源的生产者和对外服务者。多能互补是可再生能源发展的衍生物,从能源供给侧、用户需求侧、能源输配侧实现多能互补和融合等,按照能源形式的供给和消纳特性的不同,优化冷、热、气、电、氢等多种类型能源的生产和利用的综合互补,实现能源、经济、环境的协调发展。通过区域综合能源系统来实现多种能源形式的互补和耦合,从而提升传统能源的利用效率和可再生能源的大规模消纳,已成为当前的研究热点之一。“源-网-荷-储”是通过源源互补、源网协调、网荷互动、网储互动和源荷互动等多种交互形式,以一种更经济、更高效和更安全的方式,提高电力系统功率动态平衡运行。它本质上就是一种实现能源资源最大化利用的运行模式和技术。基于“源-网-荷-储”的交通自洽能源系统加入服务车辆充电的功能,以交通资产能源化、能源供给自洽化、能源管理弹性化为主要指标,建设分布式能源网络、道路交通网络、信息通信网络,具备“源-网-荷-储”相关功能,最终实现公路交通发展的绿色化、高效能、高弹性。以“源-网-荷-储”规划构建交通与能源一体化融合,实现交通供用能多源互补、协调、灵活、自洽。“源”强调光伏、风电、地热等分布式可再生能源,形式包括电、热、气等,旨在实现交通综合供能的低碳化;“网”是指供应交通的灵活柔性供能网络,旨在实现交通供能的智能化;“荷”包含了交通工具耗能和交通枢纽站点客流需能,存在明显的动态变化特征;“储”体现多种储能配合交互,是架起可再生能源不稳定供能与动态变化交通负荷的桥梁。

2.9.1 技术来源

该系统的技术来源是基于电力系统的“多能源集成互补示范”相关成

果，吸纳借鉴在公路领域开展的风光电互补的试点应用经验，提出系统的实施交通能源自洽的“源网荷储”技术体系。

经查阅相关资料和走访调研了解，2016 年，国家能源局为推动电、热、气等多种能源系统的互补融合，提出了要尽快推进多能源集成互补示范工程的建设，从而提高能源利用效率，满足供需互动，实现能源、经济与环境的协调发展。2017 年，国家能源局首次组织开展了多能互补系统集成优化的示范工程项目，入选项目共 23 个，其中涉及终端一体化系统集成供能方面的项目有 17 个，占比 73.91%；综合能源系统基地风光水火储多能互补系统示范项目有 6 个。国家电网公司、清华大学、中国电力科学研究院有限公司等电力科研单位在青海、新疆等地开展了“多能源电力系统互补协调调度与控制技术及应用”的研究与应用，围绕多种能源、资源的不确定性与调控灵活性之间的平衡机理及同质化表征方法，从多能源电力系统规划设计、优化调度、协调控制 3 项关键技术着手，以多能互补方式提高可再生能源消纳能力，提升电力系统运行灵活性。该项目相关成果已推广应用于青海、新疆、甘肃、宁夏、山东等国内多个新能源高占比省份，在实现最大化消纳新能源的同时，有效降低了电网调度决策风险。2021 年，国家发改委和能源局提出充分发挥多能互补系统集成优化和源网荷储一体化在保障能源效率和安全发展中的作用，积极探索具体实施路径。2022 年 3 月 22 日和 2022 年 4 月 2 日，国家发改委、科技部等发布的“十四五”科技规划提出要加快能源产业的数字化和智能化升级，实现源网荷储互动、多能协同互补及用能需求智能调控。研究并发展多能互补的能源系统，促进可再生能源消纳，提高能源系统综合效率，进而推进能源系统转型，已被提升至国家战略的高度，但目前我国的多能互补能源系统研究尚处于示范应用阶段。首批多能互补示范工程项目见表 2-2。

首批多能互补示范工程项目 表 2-2

编号	工程名称	申报单位	项目建设地
1	靖边光气氢牧多能互补集成优化示范工程	陕西光伏产业有限公司	陕西省榆林市靖边县延长中煤榆林能源化工园区

续上表

编号	工程名称	申报单位	项目建设地
2	延安市新城北区多能互补集成优化示范项目	大唐陕西发电有限公司、国家电力投资集团公司	陕西省延安市新区
3	安塞区多能互补集成优化示范工程	陕西延长石油矿业有限责任公司、深圳能源售电有限公司	陕西省延安市安塞区
4	新疆生产建设兵团第十二师一〇四团多能互补集成优化示范工程	新疆兵电能源研究院股份有限公司	新疆生产建设兵团第十二师
5	神华富平多能互补集成优化示范工程	神华富平综合能源有限公司	陕西省渭南市富平县
6	韩城龙门开发区多能互补集成优化示范工程	陕西陕煤韩城矿业有限公司	陕西省韩城市龙门经济开发区
7	青海省海西州多能互补集成优化示范项目	鲁能集团有限公司	青海省海西州蒙古族藏族自治州格尔木
8	青海海南州水光风多能互补集成优化示范工程	青海黄河上游水电开发有限责任公司	青海省海南州

调研广西大新经龙州至凭祥段，桂林至钟山高速公路绿色能源自洽供给等项目，站区用电设备的动力用电、互通照明用电以及满足公路的运营管理所需的办公和生活用电。其中，桂林至钟山高速项目于恭城南服务区（K94）、恭城南互通（K101）、潮田服务区及陈家隧道建设风光储一体分布式能源微网，并将恭城南服务区东、西两侧建成微网群系统，实现这一区域的电能协同调度功能。以陈家隧道风光储一体的微网系统“孤岛运行”模式为例（图 2-16），该系统主要包括分布式电源，用电负荷和微网控制系统三大部分。分布式电源包含光伏发电、风力发电及储能系统，用电负荷为隧道照明及监控用电。微网控制系统能统一管理其内部所有分布式电源和负荷。安装于储能集装箱内的能源管理系统采集储能电站、低压进线柜、DCDC 变流器、风电逆变器及负荷回路的电气量及开关量数据，通过分析数据，调整微网的运行模式，可实现功率调节、充放电逻辑切换等功能。

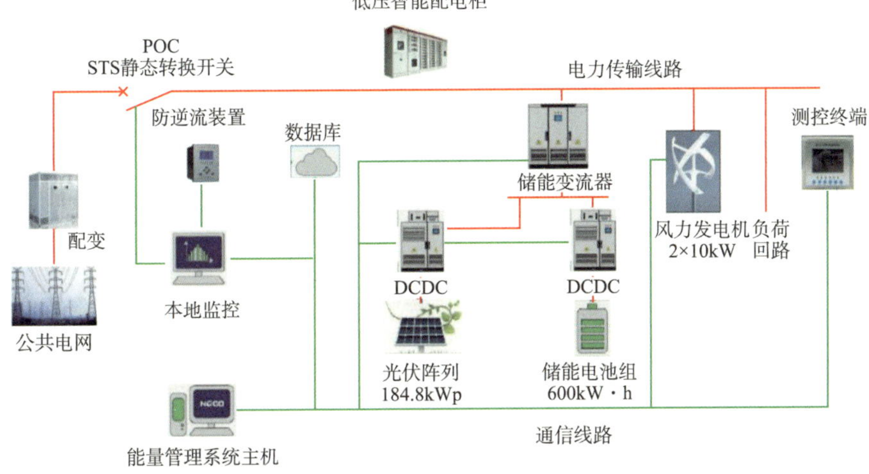

图 2-16　陈家隧道微网系统一次拓扑示意图

调研济南东服务区"零碳智慧管控系统"(图 2-17),涵盖了光伏、储能、微网、照明、暖通空调和污水处理等所有间接碳排放源数据互通和集中管理,创新了能源的可视化监管和智慧化管控方法,对整体能源流动进行实时监测、分析和智慧管控。充分利用高速公路边坡、停车场和屋顶等区域,建成了总装机容量 3.2MW 的光伏电站,配套 3.2MW·h 储能设备,实现了日均发电量 10000kW·h 以上,远超日均用电量 6000kW·h,年节约标煤 1200t,可实现服务区 100%绿电供应。

a)　　b)

图 2-17　济南东服务区"零碳服务区"鸟瞰图及智慧光控平台界面图

2.9.2　技术特点

交通能源自洽的"源网荷储"技术的特点体现在:

(1)物联网技术整合:利用物联网技术将高速公路设施中的各种设备、传感器和监控系统连接起来,形成一个智能化的网络。这样可以实时监测和感知设施的能源使用情况,以及交通流量、道路状况等信息,为能源管理和维护提供更全面的数据支持。

(2)能源数据采集和分析:通过在高速公路设施中安装各种传感器和仪表,可以实时采集设施的能源数据,如用电量、照明亮度、空调温度等。将这些数据进行分析和整合,可以更好地了解能源的消耗情况,找出能源浪费的问题,并提出优化方案。

(3)能源监控和自动调节:基于感知技术,高速公路设施可以实现能源的监控和自动调节。通过对能源使用情况进行实时监测,可以根据实际需求进行能源的分配和调节。例如,根据交通流量和天气条件自动调节照明和空调的使用,在交通用能负荷较大或特殊的无风无光天气下,全域柔性互联电网可依托内部的储能设施,以及大电网的电力支撑,适度接受大电网供电,从而满足各类设施的用能需求,保障用能安全。在远期未来正常情况下,路域交通用能与新能源将实现基本平衡。此时,大电网将仅提供应急备用,全域柔性互联电网内部可实现高度的用电自洽。

(4)预测和优化算法:结合数据采集和分析,可以利用预测和优化算法对高速公路设施的能源使用进行优化。通过对历史数据和实时数据的分析,可以预测未来的能源需求,并提前做出调整,以减少能源的浪费和降低成本。

(5)用户综合能源管理应用:通过对工业负荷、公路设施负荷、用能单位的能耗设备数据进行采集,实时监测各能耗使用情况,对能耗数据进行统计、分析、预测及告警,根据系统分析结果提供节能优化调度策略与设备控制,实现数据中心有效节能的目的。通过应用大数据、云计算等信息技术与能源物联网技术的融合,挖掘各类工业负荷不同工况下各类设备运行特性,实现各类能源设备物理出力状态的数字孪生;采用综合能源系统能源设备能效优化技术创新,从全局最优角度实现综合能源系统多类型设备的能效优化,以经济高效的设备运行策略满足用户用能需求,实现用户用能成本的有效降低。

2.9.3 技术成熟度

根据对当前项目技术应用的梳理，认为在公路全线应用基于能源自洽的源网荷储技术已经比较成熟，将高速公路主体工程与清洁能源、电气化交通等基础设施进行一体化规划设计、一体化建设施工、一体化运营管理。

2.10 公路绿色建筑与绿色碳汇技术

绿色建筑为实现更高的资源节约目标、环境效益等，采用了更为先进、复杂的绿色技术以及更高的设计标准，以满足绿色建筑考核标准。绿色建筑采用了减碳技术后，相较于一般建筑设计标准可以减少建筑全生命周期内的碳排放量，从而产生减碳的经济效益。绿色碳汇是指主要通过植树造林、植被恢复等措施，吸收大气中的二氧化碳，从而减少温室气体在大气中浓度的过程。由于碳汇林能够充分发挥森林植物光合作用以固定大气中的二氧化碳、改善生态环境，通过密植碳汇林、扩大碳汇库可有效发挥森林固碳作用。在植物物种的选取上，充分考虑其碳汇能力，对于汽车排放产生的二氧化碳、二氧化硫等气体将发挥很强的去除效果。根据相关资料显示，1 万平方米草地一年吸收二氧化碳约为 33 吨，树木每生长 1 立方米的蓄积，平均吸收 1.83 吨二氧化碳，释放 1.62 吨氧气。一棵树木大约一年可吸收 4 ~ 18 千克二氧化碳，汾石高速公路全线每年可吸收二氧化碳近 147584.8 万吨。

2.10.1 技术来源

公路绿色建筑和绿色碳汇是基于建筑领域相关成果，借鉴了交通运输部“十三五”期间设立的 3 批 33 条绿色公路典型示范工程在绿色建筑和碳汇方面的相关技术成果，集成创新应用于该示范工程。

绿色建筑发展起步于建筑节能，根据不同的关注焦点和目标，目前行业将绿色建筑类型细分为节能建筑(超低能耗建筑)、碳中和建筑(零碳建筑)、健康建筑等。此外,根据技术路线可以将其总结分为被动建筑和主动建筑。以被动式建筑为例,在房屋设计建造阶段,充分考虑建筑构造优化,根据照明需求合理部署建筑阳面与阴面各房间功能,充分利用太阳光线,以减少对主动照明的依赖;安装导光板、散射板等将太阳光引入室内,提高房屋亮度,减少灯具使用;尽可能减少电源与负荷的距离,降低由输配电造成的损耗。

在公路领域应用绿色建筑和绿色碳汇技术还处于起步阶段。在绿色建筑方面,湖北省京山三阳至钟祥客店公路、重庆潼南至荣昌高速公路、莆炎高速公路三明段绿色公路、广东省韶新高速公路、松原至通榆(吉蒙界)段高速公路等项目在混凝土原料环节中加入了大量的粉煤灰、电石渣等工业固废,并利用 CCUS 技术将工业排放的 CO_2 捕捉并加入到混凝土生产过程中,在降低能耗的同时也可以形成碳的闭环使用;在服务区,建筑用房采用保温性、自洁性、耐酸碱性等性能较高的气凝胶绝热涂层/气凝胶保温板材以及传热系数较低的门窗,达到高效的保温隔热性能,降低对主动式制冷供暖设备的依赖,少或不使用主动供应的能源,同时使建筑达到舒适温度的要求。在绿色碳汇技术应用方面,山东济南东服务区提出林业碳汇提升系统,通过增植 19000 余平方米竹林、乔木等绿植,使服务区绿化覆盖率达到 33% 以上,提高服务区绿化固碳能力和生态功能。由中国五冶承建的济南至潍坊高速公路项目,充分利用互通区、服务区、管养场区、主线景观绿化工程的植物固碳能力,边坡喷混植生绿化约 16 万平方米,其中中央分隔带绿化长度约 17354 米,边坡左右两侧绿化长度 42071.3 米。如图 2-18 所示。

2.10.2 技术特点

公路绿色建筑和绿色碳汇的技术特点体现在:

(1)更高效的计算碳排放。建立更加高效的碳排放计算方法,为服务区改造提出数据支撑和量化思路。

图 2-18　济潍高速在绿色碳汇技术的实践

(2)力学和通风散热要求。光伏组件在新建服务区中作为外围护结构,如屋顶或墙面。在保证光伏元件自身功能不受影响的前提下,还需要具备一定的承重、抗风压和抗冲击能力。提高被动式节能,如改变屋顶、墙体和门窗的热工性能,这样主动技术设计低碳指标就会大大降低。光伏电板的发电效率会随着温度的升高而降低,在服务区建筑中不仅要满足服务区自身的通风要求,还要考虑相关组件的通风降温,同样需要满足对应条件。

(3)采光需求和光伏性能需求。需要对具体的使用位置、遮挡条件等因素作处理,做到组件尽可能多地吸收太阳能,最大效率发挥其应有的作用。作为服务区建筑,为了给来往驾乘人员提供便利外,更应该充分考虑构件的反光性,不能对环境造成光污染。改变光伏构件的色彩,多种不同尺寸的光伏组件合理搭配,提高光伏性能需求。

(4)改善建材结构。在建材生产阶段,大量使用可再循环材料、可再利用材料和绿色建材。

(5)安装维修和设计美观要求。服务区光伏发电除了考虑常规的系统电路走线,使用过程中的清洁、保养、更换等条件,还要考虑到后期的局部光伏构件的可替换性和易操作性。

(6)提升绿化固碳效果。采取大范围的屋顶绿化、墙体的垂直绿化和场地绿植设计等措施,丰富绿植形式,增加固碳效益。利用现有技术手段外,在满足建筑进行屋顶、立面、场地绿化过程中,大量使用绿色植物。通过光合作用,形成天然氧吧,降低碳排放。绿植的使用可以吸收水分,实现湿度平衡,调节由于使用光伏板材带来的热辐射,起到降温作用。植物固碳释氧值见表2-3。

植物固碳释氧值 表2-3

植物种类	整株平均固碳量(g/d)	整株平均释氧量(g/d)
乔木	429.18	312.13
灌木	169.25	123.09
常绿植物	298.76	217.38
落叶植物	403.64	293.56

2.10.3 技术成熟度

经调研,绿色建筑的相关技术已较成熟,可以在高速服务区、办公场所开展集成应用。

2.11 高速公路大规模光伏系统建设及运维技术

随着光伏设施并网建设成为趋势,交通与能源得到深度融合发展,一些公路运营机构将分散的建设项目整合,实现光伏发电项目的专业化、规模化发展,充分利用公路路域土地开发太阳能资源,对平衡公路行业能源需求具有重要意义。

2.11.1 技术来源

高速公路大规模光伏系统建设及运维技术是基于现有公路建设光伏应用的情况，结合高速公路线性特点开展大规模应用，其中包括充分考虑环境、运维等多方面因素形成全生命周期解决方案。

经调研，光伏发电应用于公路监控系统、照明系统、收费站供电、路侧绿化带灌溉等。安装场地涵盖了公路服务区、收费站建筑屋顶、停车场车棚、路面、声屏障、公路边坡等。公路光伏发电多属于分布式发电，发电设施直接布置在配电网或分布在负荷附近，具有经济、高效、可靠的特点。2016 年，江西省高速公路投资集团有限责任公司利用路域闲置土地资源，采用“优先自用，余量上网”的模式，投资 8 亿余元建成分布式光伏发电场，累计投运站点 132 个，装机容量超 12.7MW，年均发电量达 1600 万千瓦时。2018 年，山西路桥股份有限公司开始在榆社东收费站进行光伏发电项目试点，并推动全省高速公路收费站、服务区分布式光伏发展规划的编制。2019 年，湖北省 101 个高速公路沿线分布式光伏发电站建成并网运营，涵盖了沿线 50 个收费所、32 对服务区屋顶和 19 座隧道。2021 年，山东高速集团有限公司在荣乌高速公路威海段首次成功开发了边坡光伏发电试验项目，试验段总里程约 2.3km，总装机容量达 2.01MW，年均发电量超过 200 万千瓦时。2022 年，河北省在荣乌高速公路雄安新区段充分利用新线路基中央分隔带、填方路基高边坡侧、隧道进出口等区域布置光伏设施，目前，该项目已成功并网发电。四川省攀大高速公路光伏发电项目投产，日均光伏发电量达 1.2 万千瓦时，完全覆盖了 41km 路段内的能耗需求，且剩余电量实现百分之百并网。

在充分了解上述公路光伏应用情况的基础上，对山东枣菏高速公路源网荷储一体化项目建设开展深入调研（图 2-19）。该项目由中国能建葛洲坝交投公司投资、广东省电力设计研究院、中国能源建设集团山西电力建设有限公司联合体 EPC 总承包。该项目通过“交能融合一体化智慧管理平台”，实现源网荷储一体化调度，高速服务区、收费站、停车区等场景成为绿电自洽的微电网。依托高速公路内联电网，系统对全域约178km清洁能源、储能系统和可调负荷进行全局优化调度，降低高速公路碳排放和用能成本。系统能够对公路车流量、服务区客流量、新能源车充电需求进行预测，自动生成绿电调度策略，实现交通智慧运维。

a)

b)

图2-19　枣菏高速公路源网荷储一体化项目路域光伏金乡Ⅲ段实景图

2.11.2　技术特点

公路交通具有长线形特征，大规模在沿线的边坡上建设光伏电站很少。通过示范应用，解决高速公路光伏电站建设的选址、稳定性要求、运维等问题，研究在进行分布式光伏开发过程中，需要解决接入困难、对既有边坡稳定性造成影响等问题，探索完整的新一代大规模长线型光伏开发技术，为未来大范围应用于高速公路沿线提供了可行的技术路径。

2.11.3　技术成熟度

经调研了解，在国家和行业的政策支持下，光伏上下游近几年发展迅速，相关配套技术及产品比较完善，在高速公路应用成为行业关注的热点。但目前仍存在应用规模不大、智慧化水平不高、布局不均衡、可复制推广经验不多等突出问题。

2.12 公路充(换)电技术

充(换)电技术已成为一项服务新能源交通运输的前沿技术。充电和换电都是电动汽车的能源补充方式,各有其适用领域和消费群体。电动汽车换电模式是指通过集中型充电站对大量电池集中存储、充电、统一配送,并在换电站内对电动汽车进行电池更换服务。换电模式通过将新能源汽车的电池进行更换,以满足车主的续航需求,是一种将车和电池分离进行补能的模式。不同于充电桩充电模式,换电模式可以降低用户初始购车成本,节省车主的补能时间。充电模式和换电模式示意如图 2-20 所示。

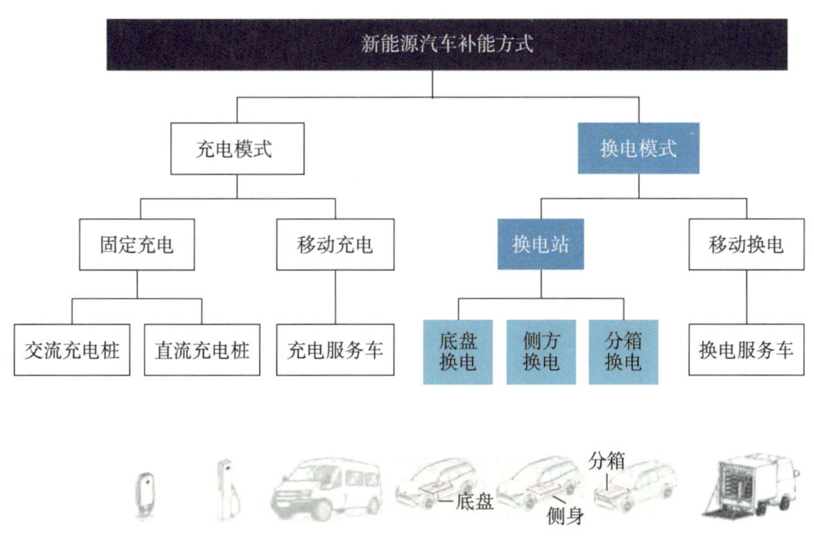

图 2-20　充电模式和换电模式示意图

2.12.1　技术来源

充(换)电相关技术主要集中在车辆主机厂和电池及换电供应商,该示范工作在高速公路布设充(换)电系统是在与相关技术方合作的基础上,通过结合高速公路的应用需求开展集成创新。

经调研,2011 年国家电网工作会议上就曾确定“换电为主、插充为辅、集中充电、统一配送”的新能源汽车基本运营模式,而这一阶段由于新能源汽车数量不足、换电生态尚未建立等原因被搁置。2019 年 6 月,国家发改委、生态环境部和商务部重新提及推广新能源汽车电池租赁等车电分离消费方式,鼓励企业研制充换电结合的新能源汽车产品。2020 年 4 月,《关于调整完善新能源汽车补贴政策的通知》明确支持“车电分离”等新型商业模式发展。2021 年,首个国家标准《电动车换电安全要求》发布,工信部与国家能源局开展新能源汽车换电模式应用试点工作。随着行业政策推动逐步完善与发展,我国换电站发展迅速,如图 2-21 所示。

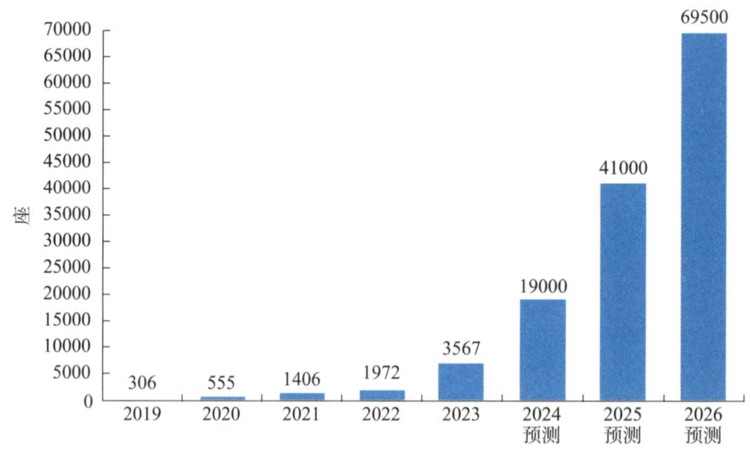

图 2-21　我国换电站发展走势图

调研各换电企业的情况,借鉴其在换电技术、商业模式的做法,引入第三方换电运营商(图 2-22),集成到高速用能体系当中。所有的换电用电池包都统一集中储存、充电,然后运送至各区域的换电站供电动载具更换电池,换电站采用慢充给电池包充电。退役后的动力电池由电池回收企业统一回收,部分满足储能系统性能要求的动力电池进入储能系统的电池组部分。换电模式下,更换下的电池可以以慢充方式充电,有助于提高动力电池的生命周期。

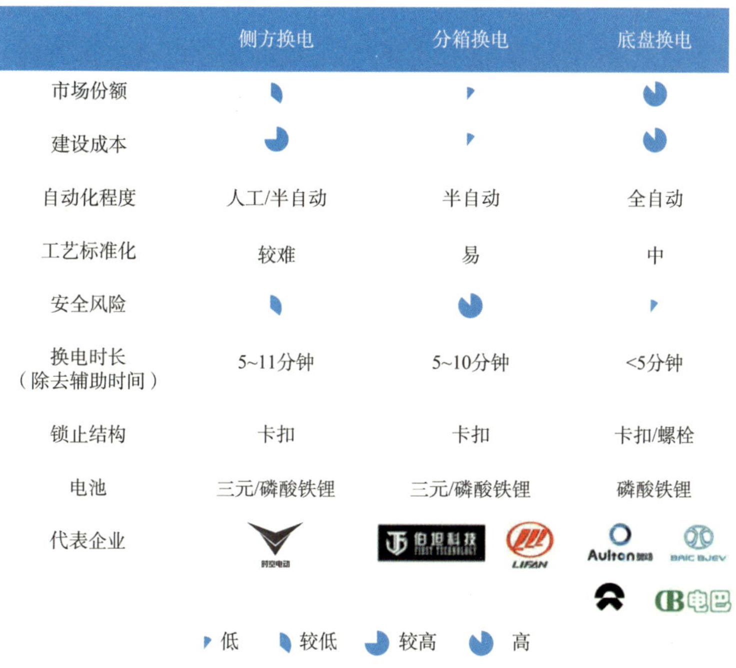

	侧方换电	分箱换电	底盘换电
市场份额	较低	低	高
建设成本	较高	低	高
自动化程度	人工/半自动	半自动	全自动
工艺标准化	较难	易	中
安全风险	较低	高	低
换电时长（除去辅助时间）	5~11分钟	5~10分钟	<5分钟
锁止结构	卡扣	卡扣	卡扣/螺栓
电池	三元/磷酸铁锂	三元/磷酸铁锂	磷酸铁锂
代表企业	时空电动	伯坦科技、LIFAN	Aulton、BAIC BJEV、电巴

图 2-22 目前市面上第三方运营商主要换电模式对比图

2.12.2 技术特点

公路充(换)电技术的特点体现在:

(1)对服务区的新能源汽车充能站内部进行研究,建立包含风、光、氢、气、热储的新能源汽车充能站的概念,推动可再生能源(风力、光伏)就地消纳,对含有多能源微网的新能源汽车充能站的系统总体框架与工作原理进行分析,建设服务区充换电网络,解决目前可再生能源并网与输送的难题。同时,可再生能源为新能源载重汽车提供能源支撑,完善绿色出行公路基础设施建设。如图 2-23 所示。

(2)可实现电动汽车有序充电,提高充电设施的整体成效。根据车载充电需求、自身负荷状态和电网监控调控指令,按预定的功率分配控制策略,动态调整各车辆充电的最大输出功率,在保障使用安全的情况下,将充电功率有序分配到各充电车辆,提高服务区充电的吞吐率。

(3)在服务区构建新能源汽车换电体系,培育光伏发电-储能系统-换电一体化产业新业态,适应新能源发展要求,能够优化电动汽车补能技术,实现电动汽车在高速公路运输领域的跨越式发展。高速公路充(换)电设施设计方案如图2-24所示。

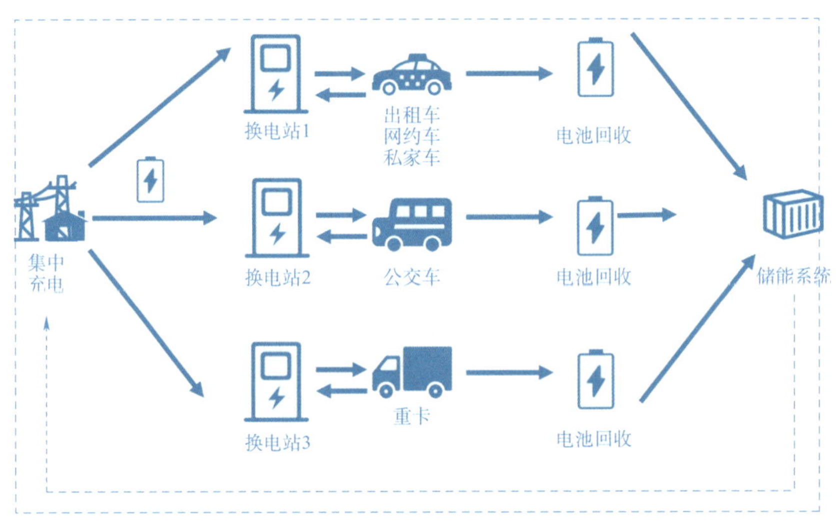

图2-23　结合公路新能源应用的充(换)电体系图

图2-24　高速公路充(换)电设施设计方案图

2.12.3 技术成熟度

充(换)电模式目前已经相对成熟,经调研和对技术实施情况进行分析,单纯的充电或换电站正朝向(换电 + 充电)补能站方式发展,“充(换)电一体站”模式可在成本没有明显抬升的情况下在单位占地面积下提供更高的服务能力。以电网负荷为 630kVA 的标准充电条件为例,假设为 10 个车位的面积布局 8 根超冲桩与蔚来换电站 +4 根超冲桩的配置相比。采用 8 根超冲桩的充电站可以在满容量下充满 8 部 80 度电池的新能源车;而充换电一体站中的换电站按 5 分钟服务一台车可服务 12 车次,其中 4 根超冲桩可为 4 部车补能,总服务车辆为 16 辆。充换电一体站可以在相同占比面积下达到超冲站效率的 1.6 ~2 倍以上的满负荷服务能力。

换电站本身就是储能设备,而且充(换)电一体站拥有更低的成本。换电站具有储能性质。换电站可以配合电网调峰,在用电波谷的时候给电池充电,在用电波峰的时候提供换电,可以有效调节电力平衡,降低电网压力。充(换)电一体站可以通过共用变压器的方式降低成本。在白天充(换)电需求高峰的时候,提供充电和换电服务,此时变压器服务充电桩。当晚上充(换)电需求低谷的时候,给电池充电,此时变压器服务换电站。充(换)电一体站可以很好利用充电桩和换电站的特点,最大限度利用变压器,在不造成电网负荷压力的同时实现更低的成本。

第三章 基础监测应用

3.1 特长隧道与特大桥结构健康监测系统

高速公路桥梁和隧道作为现代交通运输系统的重要组成部分，对于促进区域经济发展、提高人民生活质量具有不可替代的作用。随着我国交通事业的长足发展，我国逐渐从“交通大国”向“交通强国”迈进，尤其是在交通基础设施方面，正面临着由“大规模建设”向“大规模养护”的转变，随着高速公路运营里程的逐年增多，如何科学进行交通基础设施的养护，将是今后公路交通行业面临的重要课题。尤其是结构性能退化与失效问题突出，从建设周期来看，这一趋势还将逐年加重。虽然我国陆续出台了各种桥隧养护技术规范，桥隧养护管理能力不断提升，但桥隧垮塌事故仍时有发生。如图 3-1、图 3-2 所示。

图 3-1 无锡 312 国道桥梁侧翻

图 3-2 娄山关隧道入口坍塌

传统的养护管理手段已经不能适应当前突出的结构老化及运行安全风

险增大等问题,桥梁和隧道的结构健康监测(Structural Health Monitoring,SHM)应运而生。

结构健康监测是一种通过对结构进行持续的、实时的监测来评估其性能和健康状况的技术手段。现在通过安装各类先进传感器,为结构搭建“神经系统”,实时感知环境,以及对土建结构的应力、应变、位移、振动等参数的实时测量,基于在线数据实时分析与预警,从而实现风险主动发现并自动预警和响应,为维护决策提供科学依据,提升高速公路养护管理水平。

3.1.1 设计思路

在充分考虑桥隧自身的环境特点、运营特点、结构特点、运营危险性以及养护管理需求下,确定系统建立及应用的总体设计思路为:以运营安全为核心,以实用可靠为宗旨,以服务养护为目标,实现风险及时报警、状态合理评价、影响快速研判、养护对症指导。

针对上述总体设计思路,桥隧结构健康监测系统的构建将充分贯彻实用可靠的原则,在系统设计过程中层层优化,在确保系统先进性的前提下各方面设计均以实用为出发点。按照现行《公路桥梁结构监测技术规范》和《公路隧道设计规范》(以下简称“规范”)要求,在系统建设时根据结构受力特点合理优化测点布设、针对薄弱部分加强监测手段,拓展监测可视化,加强顶层设计,优化系统功能,满足数据采集、传输、存储及分析需求,优化各类报警信息阈值的设置,同时深化数据分析,建成一套体系标准、功能实用、性能稳定、数据有效、报警及时的具有推广应用价值的系统。围绕该总体工作思路,系统在以下几个方面取得突破:

(1)健康监测系统建设。结合现行标准、规范的相关要求,制订系统的监测内容和测点布设、软硬件部署策略等,结合项目实际,编制《健康监测系统施工图设计文件》。

(2)由有限范围的主体结构监测向全桥隧、全面系统的监测发展,最终形成统一的智能监测系统。由于桥隧结构体量较大,很难对桥隧各个部位进行全面的实施监测,受投资、技术条件等限制,目前国内大多针对主体工程通过力学分析,就关键部位进行监测。随着经济的发展,人们将更希望和有能力对桥隧有一个全面详细的了解,以便更好地为人们服务。同时,结构健康监测也将成为日常养护管理系统的一个组成部分,形成一个统一的智慧桥隧管养平台。

(3)由单一的数据采集、保存转向数据后期处理与分析。随着现代分析手段发展和理论的成熟,桥隧结构健康监测系统将不仅仅限于目前的数据采集,而是通过数据处理和相应评估系统,提供出一个可靠的评估结果,采用小波算法、移动平均法等成熟算法,深度开发监测数据智能清洗软件,提高对监测数据的利用效率和对监测系统的应用效能。

(4)实时与定时结合的数据分析技术。采用实时与定时相结合的数据分析软件,实现对监测数据全面有效的自动化分析。

(5)数据应用场景构建。针对超重车通行等特殊事件,构建特殊事件下的数据应用场景,可得到相应场景下关键监测指标的响应情况、报警情况以及相应的应急处置辅助支持。

3.1.2 建设目标

(1)通过实时采集的监测数据建立桥隧安全评价、预警模型,并通过在线监测系统,为管理部门作出相应处理提供决策依据,延长桥隧的使用寿命。

(2)通过实现实时的结构动态反应的监测,记录桥隧与环境的作用,对桥隧的现状作出合理的评估,从而实现对桥隧结构的安全预警及评估,确保运营安全。

(3)对桥隧异常情况,能够及时预警,保障桥隧结构安全,降低运营风险。

(4)为桥隧养护人员提供科学有效的数据支撑,辅助维修人员合理配置资源,降低桥隧运营维护成本,保障桥隧检修策略具有针对性、及时性和高效科学性。

3.1.3 设计原则

桥隧健康监测系统建设,满足《规范》的相关要求并进行系统的设计与实施。在总体设计上,应紧密结合桥隧的结构特点、工作环境特点、养护管理需求与运营风险,系统设计更具针对性;在各子系统设计上,应充分考虑其主要功能目标和特点有所侧重,同时兼顾各子系统的接口数据处理要求;在设计规划上,注重资源统筹、全生命周期信息化构建;在设计实施上,注重实用性、先进性、可靠性、耐久性、可扩充性、可兼容性等。

整个系统设计时,应充分利用现有资源,将设备、信息等统一利用和规划。系统的设计实施应遵循以下总体原则:满足现行《规范》要求;保障运营安全,服务运营养护;注重资源统筹与利用,构建全生命周期信息化;健康监测与养护检查统筹规划;实用、先进、稳定、耐久、及时、易用;开放性、可兼容、可扩充、可更换、易维护。

(1)注重适用性,在正常使用条件下系统满足预定使用要求。

适用性是指在正常使用条件下系统满足预定使用要求的能力,主要体现在以下几个方面:

①符合桥隧的自身特点,针对性强。在系统设计上做到了有的放矢,设计过程中充分考虑了桥隧的结构特点、环境特点,以及养护需求和危险源,有针对性地设计了监测项目和总体架构。

②符合桥隧健康监测系统的使用要求。系统可收集有效信息对桥隧状态和安全性进行评估,为养护需求、养护措施提供科学的决策依据。

③符合系统经济实用的要求。系统设计在规模上遵循了实用性原则,监测项目选取、测点确定、软件功能等方面的设计都应以满足桥隧各方面的实际需求为出发点;系统设计在满足桥隧的监测需求前提下,遵循了经济性原则,系统测点的布设选取均进行了优化设计,设备选型、数据传输方式选择上都选择了经济性的方案。

④符合系统专业化维护的要求。制订了专业化硬件维护、管家式软件支持、细致化技术服务"三位一体"相结合维护方案,使系统在运营过程中能

够得到全方位的保养，使其切实有效地发挥既定功能。

(2)注重先进性，在时效性方面系统能满足技术发展要求。

技术先进、性能优良，总体上达到国际先进水平。在投资费用许可的情况下，系统采用当今先进的技术和设备，一方面能反映系统所具有的先进水平，另一方面又使系统具有强大的发展潜力，以便该系统在尽可能长的时间内与社会发展相适应。

先进性是指配置与选择的技术装备能够反映当前科学技术先进成果，在主要技术性能、自动化程度、结构优化、环境保护、操作条件、现代新技术的应用等方面具有技术上的先进，并在时效性方面能满足技术发展要求。

先进性主要体现在以下方面：

①总体设计思路先进。总体设计思路充分体现了我国当前桥隧养护管理的先进理念，即安全、可靠、预防性养护。

②监测技术先进。系统设计实施选择当前先进的技术、装备。

(3)注重可靠性和耐久性，在一定时间内、一定条件下系统能满足无故障地执行指定功能的要求。

系统具有较强的稳定性。系统必须可靠连续运行，从系统结构、设备选择、产品供应商的技术服务及维修响应能力等各方面均应严格要求，使得故障发生的可能性尽可能少。即便是出现故障时，影响面也要尽可能小。应选用相对成熟的技术和设备，提高系统的可靠性，降低实施风险。同时系统应具备设备自诊断、自恢复等能力。

可靠性是指元件、系统在一定时间内、在一定条件下无故障地执行指定功能的能力或可能性，包含了设计可靠性和耐久性两个方面。

设计可靠性主要考虑了系统的稳定性、易用性和易操作性。在稳定性方面，通过选用成熟、稳定的传感器、采集设备、网络节点以及服务器组，合理设计系统架构和网络架构，优化软件结构，加强网络安全防护等方式提高系统的稳定性；在易用性和易操作性方面，充分总结以往的系统设计与使用经验，总结现有用户的反馈意见，开发简洁明了、功能清晰、操作简洁的用户界面系统。

耐久性主要通过选用耐久设备、加强防护以及专业性维护提高系统的耐久性。在设备选型方面,对其耐久性进行了严格的甄选,不仅从测试原理和设备耐久性测试数据等方面进行耐久性鉴别,同时还考察了设备在实际使用中的应用情况,所选设备均为质量、耐久性过硬的产品;在设备防护方面,所有安装的设备均有防护罩、防护箱进行保护,管线等均设有槽道进行保护;在专业性维护方面,制订全方位的设备检测与维修方案,可确保设备的及时、有效维护。

(4)注重安全性,系统应满足具有密码、多级控制级别、可管理操作权限的要求。

对于一个系统来说,其内外部的安全性也非常重要,应具有密码、多级控制级别,并通过对操作人员权限的不同划分设置来对系统使用人员进行管理。各种系统控制、操作、报警时间应具有记录及共享功能,以备管理人员审查。

网络系统安全性,从选择系统软、硬件就予以充分考虑。硬件及操作系统采用防振、防尘、隔离技术,关键信息热备份技术、信息收集的一致性处理、信息使用的权限管理,严格的管理制度、严密的操作规程等手段,保证系统有较高的可靠性与安全性。

(5)注重可维护和可扩展性,系统能满足未来新的发展需求。

充分考虑以后发展需要,方便以后对系统的设备进行更新、维护,同时系统应具备预备容量的扩充和升级。系统采用开放的架构,可满足未来新的发展和需求。

可维修性主要通过选用可维修、可更换设备以及维护的便捷性提高系统的可维修性。在进行设备选型的过程中,就对设备的可维修性进行了考察,所选择的设备均具有较好的可维修性。同时,考虑到电子设备的寿命问题,全部设备均设计为可更换。在维护的便捷性方面,设计考虑了各个设备维护的可通达性和易拆卸性,保证设备维护的便捷。

同时,系统设计时还应考虑其可扩展性,以便在桥隧服役期内出现新监测技术与手段时,可以根据桥隧监测需要对系统进行扩容。

(6)注重经济性,系统满足具有较高性能价格比的要求。

坚持经济实用的原则,设计中应体现较高的性能价格比。结合桥隧的自身特点,严格筛选传感器布点和系统规模。

系统设计在满足桥隧的监测需求前提下,应遵循经济性原则,系统测点的布设选取应进行优化设计,监测设备的精度、灵敏度等均以满足监测要求为准,数据传输也应在满足实时、稳定的前提下进行传输方式与传输设备的经济性选择。

3.1.4 主要功能

(1)桥隧运营状态信息的自动监测采集:通过布设在桥隧各关键部位的各类监测传感器,获取桥隧的运营状态信息,包括环境、荷载、结构响应等,并利用可靠的通信方式传输至桥隧的管理中心。

(2)数据处理:应能够对现场获取的传感器监测数据进行预处理,确保完整、有效、无异常的数据进入系统数据库。同时,还可根据后期数据调用、分析等需求对数据进行后处理。

(3)数据存储:应能对监测与检查数据、桥隧基本信息、统计分析数据、评估报警数据、辅助决策数据等进行分类存储和管理。

(4)数据分析:应能对监测数据进行统计分析和特殊分析。

(5)安全报警:应能在系统中根据需要设置监测指标的报警阈值,当相应指标超过对应报警阈值时,系统能够通过 web 首页报警、报警信息推送等多种方式进行自动报警。

(6)辅助养护决策:根据健康监测结果,评估桥隧的运行状态,对桥隧的养护管理决策提出辅助决策建议。

(7)报告与报表管理:应能按照日、月、年对监测数据进行自动分析并生成相应报表,实现对自动报表与专业分析报告的管理和查询。

(8)用户应用管理:通过客户端应用软件,实现用户对桥隧基本信息、监测信息、分析结果、报警信息、报告报表、养护决策等的查询与管理。

3.1.5 应用

随着交通基础设施建设的快速发展,汾石高速公路作为重要交通智慧化新建工程,连接汾阳至石楼的重要交通枢纽,其路段桥隧的安全性和稳定性越来越受到人们的关注。

为认真贯彻落实山西交控集团公司“三足鼎立”转型发展战略部署,确保桥隧的安全运营,根据汾石高速公路路域经济配套基础设施建设工作方案,对重要基础设施进行健康监测系统建设。

1)克俄特大桥健康监测系统

克俄特大桥结构健康监测系统建设综合考虑桥梁结构受力特点、桥梁工作环境、大桥养护管理需求以及桥梁危险源等多方面因素,结合当前健康监测系统现状和桥梁技术状况,根据现行标准、规范以及《公路桥梁结构监测技术规范》的相关要求,本着实际、实用、实效的原则,共设置 3 个监测类别,6 个监测项,32 个监测点。

(1)环境监测。

环境温湿度:桥址区环境温湿度。

(2)响应监测。

位移:主梁挠度、墩台沉降。

应变:主梁关键截面应变。

振动:主梁竖向振动。

(3)视频监控。

2)下堡特大桥健康监测系统

下堡特大桥结构健康监测系统建设综合考虑桥梁结构受力特点、桥梁工作环境、大桥养护管理需求以及桥梁危险源等多方面因素,结合当前健康监测系统现状和桥梁技术状况,根据现行标准、规范以及《公路桥梁结构监测技术规范》的相关要求,本着实际、实用、实效的原则,共设置 3 个监测类别,6 个监测项,38 个监测点。

(1)环境监测。

环境温湿度:桥址区环境温湿度。

(2)作用监测。

车辆荷载:所有车道车重、轴重、车速、车流量。

(3)响应监测。

位移:主梁挠度、墩台沉降。

应变:主梁关键截面应变。

振动:主梁竖向振动。

3)东山隧道健康监测系统

东山隧道结构健康监测系统建设综合考虑隧道结构受力特点、隧道工作环境、隧道养护管理需求以及隧道危险源等多方面因素,结合当前健康监测系统现状和隧道技术状况,根据现行标准、规范以及《公路隧道设计规范》的相关要求,本着实际、实用、实效的原则,共设置4个监测项,72个监测点。

(1)环境温湿度:隧址区环境温湿度。

(2)位移:衬砌沉降。

(3)应变:衬砌应变。

(4)视频监控。

汾石高速公路桥隧健康监测系统的建设是贯彻落实交通运输部开展公路健康监测系统建设的重要举措,也是桥隧养护数字化转型升级、实现病害精准分析、数据实时采集及桥隧智能运维的重要技术方法。采用"检测+监测+决策"养护方案,精准掌握合适的加固处治时机,避免出现桥隧结构性破坏等严重病害而影响桥隧安全,实现桥隧健康监测智慧化。

3.1.6 系统的运行与维护

桥隧健康监测系统的运行与维护对于确保其正常运行和数据准确性至关重要。为确保监测系统的长期稳定运行,系统的运行和维护工作将从运行机制和维护策略方面进行开展。

1)系统的运行机制

系统的运行机制是确保系统正常运行。系统的运行机制，包括传感器数据的采集、传输和处理等环节。

(1)传感器数据的采集

传感器数据的采集是健康监测的第一步。通过在桥隧上安装各种传感器，实时采集结构的各种参数，如应力、应变、位移、振动等。传感器将物理量转换为电信号，并通过数据采集器进行采集和预处理。

(2)数据传输

数据传输是将采集到的传感器数据从现场传输到监控中心的环节。目前，常用的数据传输方式包括有线通信和无线通信。有线通信具有较高的稳定性和可靠性，但安装和维护成本较高。无线通信则具有安装简便、维护成本低等优点，但可能信号干扰和传输距离限制等问题。

(3)数据处理

数据处理是将采集到的原始数据进行预处理、特征提取和分析等操作的过程。数据处理包括数据清洗、去噪、平滑、归一化等步骤，以提高数据的准确性和可用性。此外，还可以利用人工智能和大数据技术对数据进行深度分析和挖掘，以发现结构中的潜在问题和规律。

2)监测系统的维护策略

系统的维护对于确保系统正常运行和数据准确性至关重要。系统的维护策略，包括定期检查、故障排除和系统升级等方面。

(1)定期检查

定期检查是健康监测系统维护的重要环节。通过定期对传感器、数据采集器和通信设备进行检查和维护，可以及时发现设备故障和性能下降等问题，确保系统的正常运行。定期检查的内容包括设备外观、连接线缆、电源供应等。

(2)故障排除

故障排除是健康监测系统维护的关键环节。当系统出现故障时，应及时进行故障排除，确保系统的正常运行。故障排除的方法包括检查传感器和设备连接、检查电源供应、检查通信设备等。在故障排除过程中,应充分利用监测系统的报警和诊断功能,提高故障的效率和准确性。

(3)系统升级

系统升级是健康监测系统维护的重要组成部分。随着技术的不断发展和应用需求的变化,健康监测系统需要不断进行升级和改进。系统升级包括传感器、数据采集器和通信设备的更新换代,以及软件功能的优化和扩展。通过系统升级,可以提高健康监测系统的性能和可靠性,满足日益增长的监测需求。

综上所述,桥隧健康监测系统的运行与维护对于确保其正常运行和数据准确性至关重要。通过了解监测系统的运行机制和维护策略,可以有效保障监测系统的稳定运行,为桥隧的结构健康监测提供可靠的技术支持。

3.2 边坡地质灾害监测系统

3.2.1 需求分析

汾石高速公路位于晋北黄土地区,其在建成后通常暴露在地表,外部的各种营力对其影响力非常大。在外力作用下,再加上边坡自身因素的影响,如边坡坡度过大且超过边坡稳定时的临界坡度,就可能激发坍塌灾害的发生。黄土自身的特点是垂直节理相对发育,而层理发育不明显。为此,黄土地区的天然边坡大多处于直立状态,进而能够形成黄土地区特有黄土崖壁奇观(图3-3)。除黄土自身的特点之外,黄土土质疏松,在降雨等外部营力作用下,边坡的冲沟变深切。在重力及潜蚀作用下,更易导致黄土边坡崩塌的发生。由此可见,黄土自身特点已为黄土地区各种灾害的发生埋下了隐患,再加上外部营力的作用进一步促进了各种灾害发生。

汾石高速公路沿线路堑高边坡共81处,其中土质边坡27处,土岩复合边坡32处,岩质边坡22处。经第三方专业机构风险评估,三级及以上高风险边坡共 34 处，占边坡总数的 42%。由此可见汾石高速公路高边坡施工总体风险较高。同时，开挖扰动使得边坡岩土体受力环境发生改变，极易发生滑塌；其次，随着自然环境因素的改变，边坡长期性能也会随之发生变化，特别是近年来随着异常气候灾害的频繁发生，自然、交通环境因素的改变，对高边坡长期稳定性影响严重。为及时了解边坡稳定状况，避免建设及运营过程中灾害发生，保障施工及运营安全，非常有必要对汾石高速公路沿线高风险边坡进行长期稳定性监测。

a) b) c) d)

图 3-3 黄土崖壁奇观

北斗定位技术是一种新型的全球卫星定位导航系统，其可以实现实时、高动态、高精度位移测量，为重大基础设施实时安全监测提供了必要条件。“北斗 +”公路边坡监测预警技术基于 GNSS 技术、现代光学传感技术、无线传感技术、网络通信技术等，构建以北斗高精度定位技术为主，深部位移监测、气象环境监测为辅的监测技术体系。该技术具有选点灵活、受地形等条件限制较少、自动化程度高、能够实时动态监测等诸多优点。

由山西交科集团自主知识产权的“北斗 +”公路边坡地质灾害监测预警技术已经应用到吉河、长临、岢临、隰吉等高速公路路段的边（滑）坡监测中，应用效果表明该技术能够对边坡地质灾害进行实时监测，并能够对异常数据进行预警,可以极大提高高速公路边坡地质灾害监测与预警水平,避免由于地质灾害发生造成的经济损失。同时,还可构建汾石高速公路沿线地灾数据库,为后续的灾害处治、巡检养护提供了基础资料,通过周期性的野外调查即可建立地灾发展全过程数据库,避免重复性调查,提高了灾害定位及处治的精准性;通过对边坡位移及其他相关影响因素的分析,可以进一步加深对边坡灾害诱发机制的认识,提升边坡设计、施工和运营维护水平,确保公路的安全运营。

3.2.2 建设背景

1)项目区地形地貌及气候特征

(1)地形地貌

项目区地势总体呈中南部高、两端低,地形高差变化大,最高点位于交口县与石楼县交界处灌林岩山顶峰人参圪塔,海拔1957.5m;最低点位于项目区起点河谷Ⅰ级阶地上,海拔772m。依据地貌的成因类型、地形特征、地貌形态,项目区内地貌主要划分为:冲洪积平原区,黄土丘陵区,黄土覆盖中山区,侵蚀剥蚀、溶蚀构造中山区,河谷区。

①冲洪积平原区

该区主要分布在由虢义河及其支流形成的冲积平原区内,主要由河谷Ⅱ级阶地组成,项目区内地形平坦,地势开阔,表层为河流冲洪积的褐黄色粉土、粉质黏土、砾卵石层等物质,局部地段有少量泥炭,下部为河湖相冲积物,厚度较大。表层大多为人工改良耕地。如图3-4所示。

②黄土丘陵区

微地貌为黄土梁、峁、冲沟区。由于黄土结构疏松,在地表水侵蚀、冲蚀作用下,形成黄土梁、峁、沟壑等地貌,主沟方向多以北南向为主,次级沟谷多呈东西向分布。出露地层及岩性为新生界第四系中更新统(Q2pl)、上更新统(Q3dpl)黄土(粉土、粉质黏土)等组成。如图3-5所示。

③黄土覆盖中山区

相对高差0~100m。由于黄土覆盖区地表土质疏松,在地表水的侵蚀、冲蚀作用下,形成了黄土梁、峁、沟壑等地貌,主沟方向以北东向为主,次级沟谷多呈南北向。一般在沟谷两侧出露基岩,地层以石炭系砂岩、砂质泥岩、泥岩、石灰岩、煤层等及奥陶系灰岩、泥灰岩为主;其上多为中更新统粉质黏土覆盖,厚度较大,一般为 30 ~ 100m。植被不发育,主要为农作物。如图 3-6 所示。

图 3-4　冲洪积平原地貌

a)　b)

c)　d)

图 3-5　黄土丘陵地貌

图 3-6　黄土覆盖中山地貌

④侵蚀剥蚀、溶蚀构造中山区

侵蚀剥蚀中山区主要分布于交口县南部、东南部，一般高程 830 ~ 1000m，地层由石炭系、二叠系砂岩、页岩、灰岩和第四系黄土组成。由于剥蚀作用表现为梁状、残梁状，冲沟发育，河谷断面呈“V”形或“U”形，切割深度 20 ~ 50m，山坡和沟底断续出露石炭系砂页岩，山梁或山坡大面积黄土覆盖，自然植被稀疏，该区为河流中、下游地段。如图 3-7 所示。

a)

b)

图 3-7　侵蚀剥蚀、溶蚀地貌

线路区域内基岩大面积出露，地层主要为石炭系泥岩、铝质泥岩、石灰岩、泥灰岩等，风化严重。受地下采煤的影响，小型崩塌及落石发育，植被不发育。

溶蚀构造中山区分布于孝义、交口、石楼多地，海拔 1000 ~ 2054m，地形陡峭，切割深度为 200 ~ 500m，山体走向以近北-南方向为主。区内寒武系、奥陶系石灰岩和白云岩大面积裸露，山顶浑圆，厚层岩石形成较大陡坎，褶皱和断裂较为发育，切割强烈，沟谷断面多呈“V”形。山坡较陡，坡角 > 30°。向东南低山或丘陵区过渡地带峡谷居多，侵蚀切割强烈。自然植被覆盖率 60% ~ 70% 。分布厚度约 28 ~ 132m。

⑤河谷区

分布于沿线河谷区，主要为虢义河、下堡河、交口河、兑镇河、大麦郊河等河流的河谷、漫滩地区，谷底多数较平坦开阔，多为季节性河谷，地层多以第四系冲洪积粉土、砂类土、碎石土为主，厚度一般 10m 左右。如图 3-8 所示。

图 3-8 河谷地貌

(2) 气候特征

项目区属暖温带大陆性季风气候区，四季分明，冬长夏短。具有春季干燥、多风，夏季炎热、雨量集中，秋季凉爽湿润、秋雨多于春雨，冬季寒冷干燥、雨雪偏少的气候特征。

2) 监测边坡现状

(1) K24 + 140-K24 + 390 段滑坡

K24 + 220-K24 + 440 段右侧边坡全长 220m，原设计为 5 级边坡，最大边坡高度为34.2m,按照高边坡工点设计,边坡开挖采用台阶式,每8m高设置一级平台,第二、三级平台宽度4m,其他级平台宽度2m,边坡坡率均为1∶0.75,第一级采取喷混植草防护,第二级采取锚索防护,其他为植草防护。其在K24+250-K24+320段右侧第三级及以上边坡发生滑塌现象,滑塌界面为土、岩分界面,具体如图3-9所示。

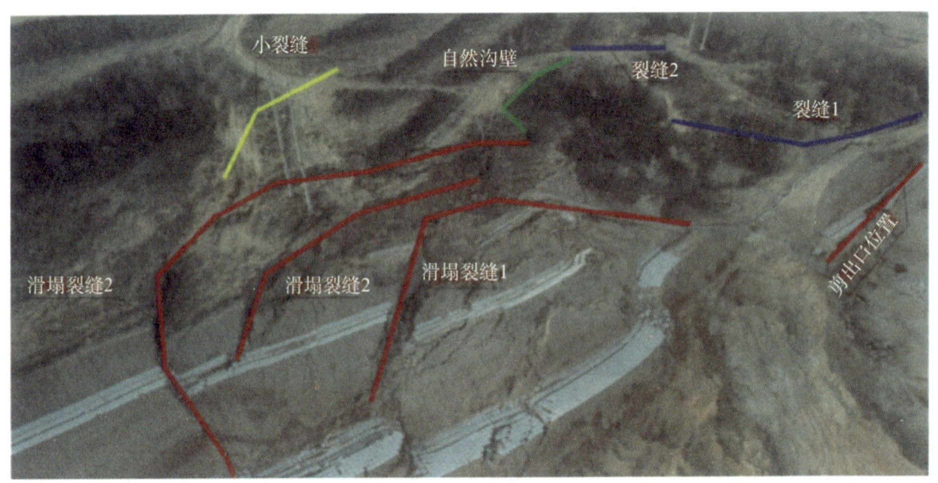

图3-9 边坡滑塌开裂平面图

(2)K24+960-K25+170段边坡

该段深挖路堑位于黄土覆盖中山区,地形起伏较大。路堑范围内微地貌为陡坡、冲沟,地面高程1197~1238m,相对高差41m。地形起伏较大,沿路线走向中间高两边低。根据地质调查和钻探揭示,路堑范围内无地下水和地表水分布,水文地质条件简单。

(3)K25+200-K25+510段滑坡

汾石高速公路K25+200-K25+510段左侧边坡全长310m,原设计最高为4级边坡,最大边坡高度位于K25+370左侧,高度为28.2m,边坡开挖采用台阶式,每8m高设置一级平台,平台宽度均为2m,各级边坡坡率均为1∶0.75。第一级边坡除天桥下采用窗式护面墙防护外均为植草防护,其他各级边坡采用植草防护。2023年4月该段路堑左侧边坡发生滑塌,K25+450-K25+510段滑塌体贯穿至路基右侧边坡,如图3-10所示。

图 3-10　2023 年 4 月滑坡全景照片

(4) K29 + 600-K30 + 100 段滑坡

该路段主要分为两处：K29 + 600-K29 + 750 段右侧和 K29 + 750-K30 + 100 段右侧。其中 K29 + 600-K29 + 750 段全长 150m，原设计高为 3 级边坡，最大边坡高度为 23.7m，边坡开挖采用台阶式，每 8m 高设置一级平台，平台宽度均为 2m。K29 + 750-K30 + 100 段边坡全长 350m，原设计最高为 4 级边坡，最大边坡高度为 29.7m。2022 年 9 月 K29 + 750-K29 + 900 段和 2023 年 2 月 K29 + 900-K30 + 960 段先后发生多次滑坡，如图 3-11 ~ 图 3-13 所示。

图 3-11　K29 + 880 – K29 + 960 段右侧边坡滑塌平面位置图

图 3-12　K29 +770 – K29 +880 段右侧边坡滑塌平面位置图

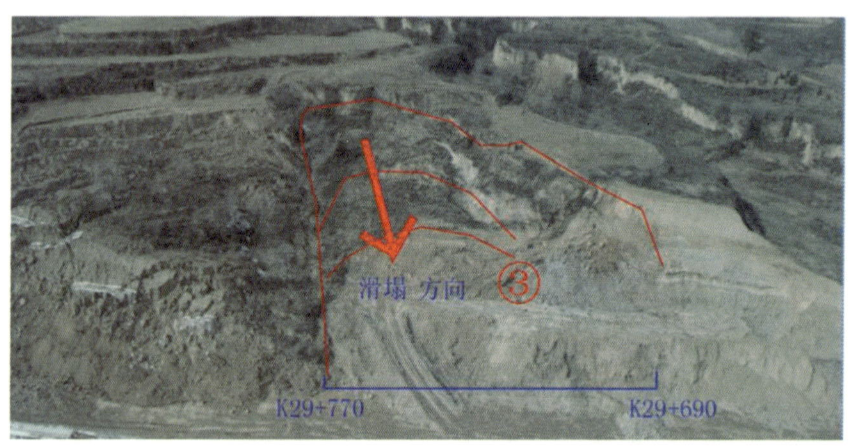

图 3-13　K29 +690 – K29 +770 段右侧边坡滑塌平面位置图

(5)K37 +970-K38 +280 段滑坡

K37 +970-K38 +280 段左侧边坡全长 310m,原设计最高为 6 级边坡,右侧最大边坡高度为 42.6m,位于 K38 + 120 右侧;左侧最大边坡高度为 43.5m,位于 K38 +140 左侧,边坡开挖采用台阶式,每 8m 高设置一级平台,第三级平台宽度为 8m,第四级平台宽度为 6m,其余平台宽度为 2m。2022 年 12 月到 2023 年期间,曾发生过坡体裂缝以及坡面滑动,如图 3-14、图 3-15 所示。

a)

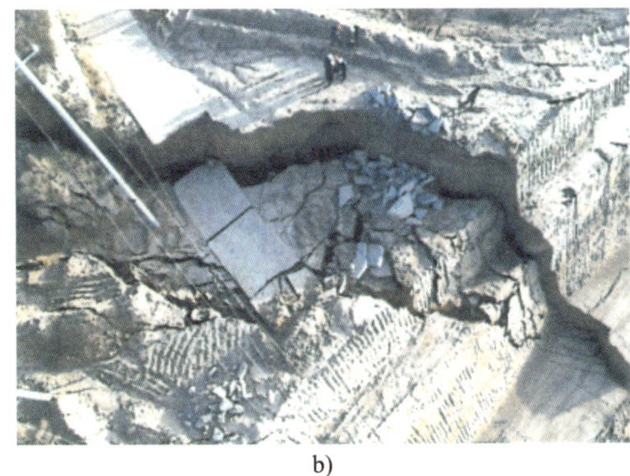

b)

图 3-14　2022 年 12 月坡体裂缝以及后缘变形照片

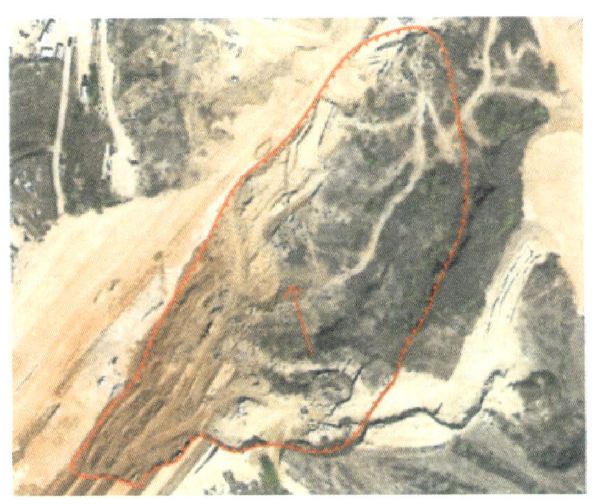

图 3-15　2023 年 4 月滑坡航测正射影像图

滑坡成形原因如下：滑坡区地层为二元结构，上部为土层，下部为铝土质泥岩，降雨后地下水在土石界面（K38 +000 地表附近）容易汇集，造成土体呈可塑～软塑状态。路堑工程开挖后，土石界面附近地下水渗出聚集，未及时排出，浸泡软化坡脚地层，逐渐降低土体抗剪强度，造成坡体前缘失稳，进而引起坡体发生整体向下滑动。

（6）K56 +880-K56 +960 段边坡

该路堑高边坡全长 80m，路线中心最大挖深 51.5m，位于路线右侧。一至三级边坡坡率采用 1∶0.5，其余各级边坡坡率采用 1∶0.75，每 8m 高度设一级平台,二、四级平台宽度 4m,其余为 2m。一至五级坡面采用 SNS 主动防护网,其余采用喷混植生。

(7) K58+840-K59+200 段边坡

该段深挖路堑全长 360m,最大挖深 57.4m,位于道路左侧。一至五级边坡坡率采用 1:0.75,六、七级边坡坡率采用 1:0.5,每 8m 高度设置一级平台,一、三、五级平台宽度 2m,二、四、六级平台宽度 4m,一至五级坡面采用 SNS 主动防护网防护,六、七级坡面采用喷混植生防护。

3.2.3 总体方案思路

该系统针对汾石高速公路危险隐患较高的 3 处边坡和 4 处滑坡进行监测,通过各种设备监测边坡各监测点的地表形变数据、降雨量等参数,及时把握各边坡以及滑坡的安全状态,评定其稳定性,为运营、维护、管理提供决策依据,提高公路灾害预警水平。提高边坡工程的安全可靠度,保证结构的使用安全;对直接危险性因素要能及时预警报警保证人员生命安全,对间接危险性和潜在危险性因素,要采取必要的有效养护管理措施及时排除危险消除潜在隐患,避免这些危险因素向直接危险性的转化,从而确保高速公路的正常运营。该设计技术方案总图如图 3-16 所示。

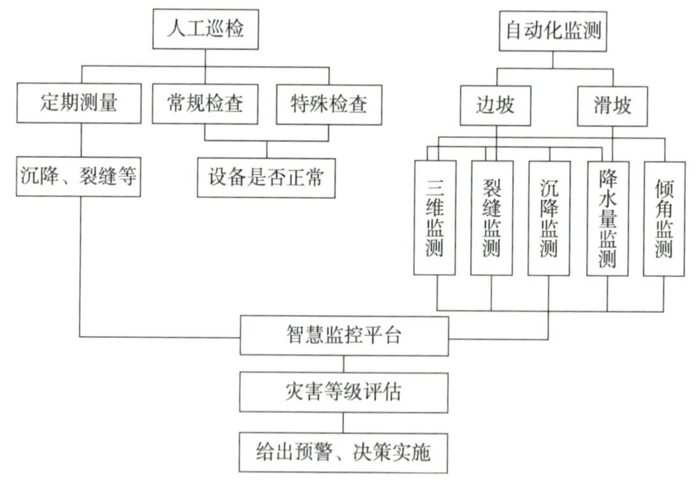

图 3-16 技术方案总图

1)监测方法

该系统首先对拟选定的边坡以及滑坡灾害隐患点进行野外调查,了解灾害体特征;其次对监测预警设备安装点位进行选择,并对监测预警设备进行安装、调试及防护;最后建立统一的地质灾害监测预警信息平台,保证监测数据及时有效的传输。具体步骤分为边坡灾害调查工作、监测设备布设原则确立、监测设备要求选择和设备类型选择。

2)系统设备安装

(1)监测设备

该系统主要选用的设备为GNSS、雨量计、裂缝计、测斜计,其中GNSS设备主要用来监测点位的三维位移变化信息,雨量计主要用来测量一段时间内的降水量,裂缝计主要用来监测裂缝变形量,测斜计主要用来监测倾角和方位角的变形。各边坡监测设备数量分布见表3-1。

监测设备分布 表3-1

桩号	GNSS监测设备	雨量计监测设备	裂缝计监测设备	测斜计监测设备
K24+140-K24+390	3	—	—	—
K24+960-K25+170	3	1	2	2
K25+200-K25+510	3	—	—	—
K29+600-K30+100	8	1	2	14
K37+970-K38+280	5	—	2	5
K56+880-K56+960	3	—	2	3
K58+840-K591+200	3	1	1	3

(2)通信设备

根据边坡所处位置以及现场情况,该监测方案采取的通信系统为无线传输系统。使用4G无线传输方式传输数据,将外场传感器通信接口连接至数据采集器,数据采集的以太网端口与DTU连接,通过4G网络将数据传输至远端的数据存储服务器,DTU模块参数见表3-2。

DTU 模块 表 3-2

特性	描述
电源供电	标准电压:12VDC/500mA,电压范围:6~30VDC
电源功耗	@12VDC 供电: 收发数据时工作电流:150~240mA;在线空闲状态工作电流:<40mA
SIM 卡接口	支持 SIM 卡:3V/1.8V
无线接口	天线连接头
温度范围	工作温度:-25~70℃;储存温度:-40~85℃
湿度范围	相对湿度 95%
物理特性	尺寸:长 105mm,宽 60mm,高 22mm;质量:190g

(3)供电设备

根据现场基本情况,考虑到当地气候条件和日照时间,监测设备采取太阳能电池进行供电,根据最长阴雨天气来配置太阳能电池板大小以及蓄电池容量,确保设备在使用过程中不出现断电情况,供电系统构成如图 3-17 所示。

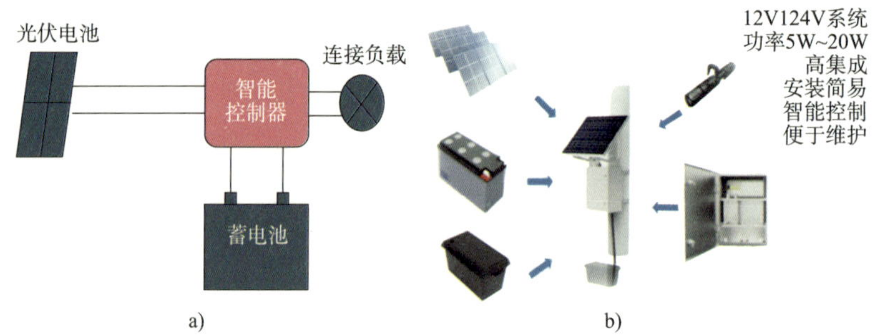

图 3-17 供电系统构成图

3.2.4 边坡地质灾害智慧监控平台系统

1)平台构成

结合山西省地质条件和高速公路边坡特点,构建了山西省高速公路边坡地质灾害智慧监控平台系统。该平台旨在针对目前山西省高速公路边坡地质灾害监测预警中智慧化程度不高、信息化技术手段使用不够广泛的问题,基于网络环境条件,展示三维真实地质灾害地形、是集信息查询、数据分析、实时监测、预警为一体的地质灾害监测预警系统,该平台可为建设和管养单位更全面地分析滑坡诱因,提前预警或工程治理设计,提供全面准确的数据支撑。系统总体构成及其功能实现如图 3-18 所示。整个系统由以下 6 大子系统构成。

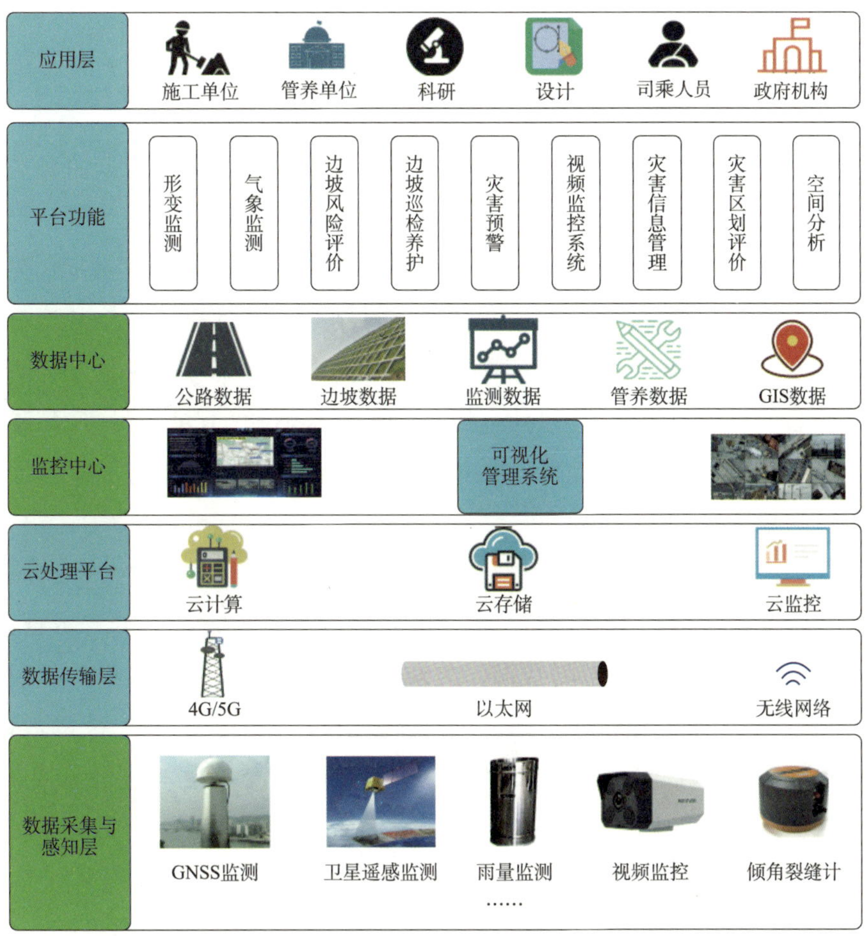

图 3-18　边坡智慧监管平台总体架构

(1)数据采集与感知层

数据采集与感知层主要包括各种实时监测数据和周期性监测数据,其中实时监测有 GNSS、倾角裂缝计、固定测斜仪等地表、地下监测设备,还有雨量监测和视频监测设备，各设备之间采用消息队列遥测传输（Message Queuing Telemetry Transport，MQTT）协议实现不同厂家、不同类型的多源数据集成，节省了硬件资源，降低了维护成本。周期性监测数据主要有传统人工监测和卫星遥感监测，该类数据处理后通过网络传输到云平台，可有效降低本地存储空间。

（2）数据传输层

主要借助以太网、无线网，基于4G网络进行数据传输。

（3）云平台处理

云处理平台主要用于高频数据的解算、原始数据的存储，以及野外监测设备的状态监控，通过云平台可动态调整野外数据的获取频率，达到高低频适时切换的目的。当海量GNSS数据汇集到云平台后，还可根据数据的先后顺序有序解算，向监控及数据中心传递解算结果。实时视频监控数据全部传输到云平台，当监控中心向云平台发送请求时，才即时获取并展示。野外监测设备的具体工作参数，包括电压、电量、流量消耗、卫星数量、产品参数等信息实时传送到云平台，当监控中心显示设备不在线时，通过云平台即可查找故障原因。

（4）监控以及数据中心

监控及数据中心用于存储保密等级较高的公路、边坡、管养等数据，以及展示云平台解算后的监测数据。此外，为了加快一些底层数据的加载速率，可将其制成图层保存在本地，以方便快速读取，如地图数据、路网数据、InSAR数据、三维模型数据等，该类数据具有数据量大，保密程度高等特点。

（5）平台功能

根据高速公路管理部门以及行业应用需求，该平台主要设计了以下功能：

①形变监测：实时监测边坡的稳定状态。通过多种设备组成天地一体化监测系统，卫星遥感技术用于周期性的边坡整体稳定性监测，主要有光学卫星技术和InSAR技术，分别监测边坡的宏观形态变化和形变量；倾角裂缝计、GNSS等设备可实时监测坡表裂缝变化及三维形变量。

②气象监测:为边坡危害预警提供主要参考指标。降雨为影响黄土滑塌的主要因素之一,短时强降雨会导致土壤含水率快速饱和,有效应力降低,土体抗剪强度也随之减小。另外滑体重量变大,导致滑坡发生。该系统分别设置小时降雨量和天降雨量来监测短时降雨强度,数据来源包括气象站及第三方气象 API。

③边坡风险评价:自动评价边坡的风险等级。通过导入边坡结构及地质、环境参数,实现边坡风险等级的自动划分,并用不同颜色图标在平台上展示。

④边坡巡检养护:构建边坡灾害动态数据库。通过手机 APP 野外采集边坡的灾害发育情况,包括边坡防水工程、护面工程、支挡工程、锚固工程等病害信息,通过平台对上传信息进行审核、入库,实现边坡病害信息库及时更新。

⑤灾害预警:基于各项监测指标实现边坡灾害预警。利用地表位移、裂缝、降雨量、倾角等已有指标建立多指标综合预警模型,分为红橙黄蓝 4 个预警等级,分别设置不同等级的预警阈值及组合方式,并通过云短信、邮件、APP 发送预警信息,并利用 APP 及时巡查预警目标,反馈灾毁信息。

⑥视频监控系统:利用单个或多个摄像头监测边坡的实时表象特征及周围环境状况。

⑦灾害信息管理系统:对边坡灾害信息相关联的道路信息、监测数据、巡检养护信息等进行编辑、修改、新增、删减等操作。

⑧灾害区划评价:基于实时气象观测信息建立区域灾害风险划分,并叠加到边坡风险等级评价结果上,更新极端气象条件下的边坡风险等级,提供一种区域性边坡风险评价方法。

⑨空间分析:基于二维底图和三维边坡模型做相关的空间分析,包括距离、面积量测、横剖面、土方量分析、模型剖切、压平等功能。

(6)应用层系统

该平台可应用于施工单位、管养单位、科研等多方面。

2)功能实现

(1)监测预警

监测预警模块的预警原理如图3-19a)所示。当单个或多个预警指标超过预警阈值时,启动预警后台服务程序,在初步确定预警等级的同时,对野外巡检人员发送预警详情,现场人员针对预警内容展开野外调查,及时将调查信息通过APP以文字和图片的形式发送到管控平台。技术专家对监测数据和现场反馈情况作进一步分析确定是否误报,核实警情之后向管理人员及受威胁人员发送预警短信,并启动应急预案。图3-19b)告警信息中可见大运高速公路沟东隧道边坡4号点水平、垂直位移于近期发生突变触发红色预警,通过调取监测数据曲线后发现4个监测点在同一时期均发生同一趋势的改变,后又恢复正常,现场核查没有新的滑坡迹象,考虑为卫星失锁引起的数据跳变,不应触发应急响应。

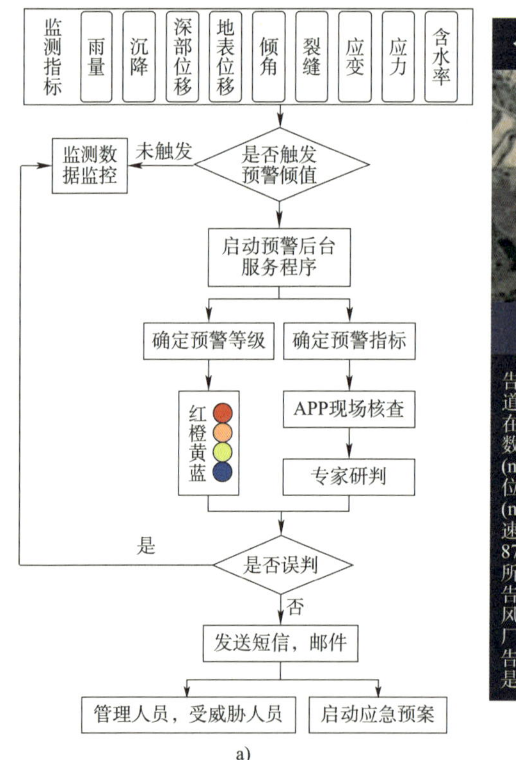

a)

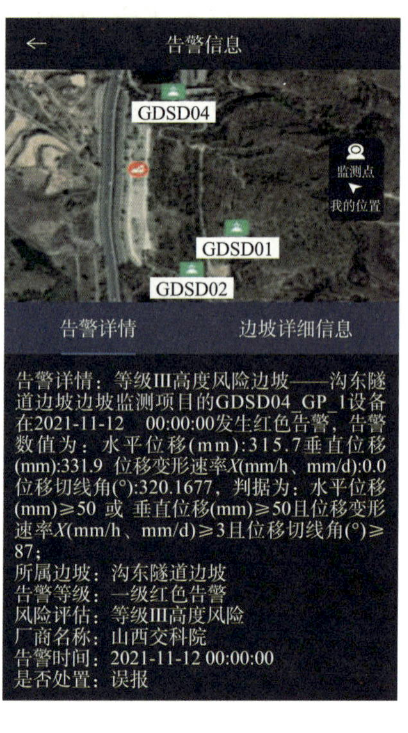

b)

图3-19　预警流程及告警详情

(2)巡检养护

巡检养护包括日常巡养和应急巡查,是连接APP端与平台PC端的重要功能之一,主要通过APP端完成信息采集,通过PC端完成信息审核和报表导出。以日常巡查养护为例,该功能直接调用目标边坡的属性信息,在此基础上依次添加巡查内容,主要包括巡查部位、病害类别、病害描述、病害照片等,添加完毕后即可上传到平台审核,并在本地数据库保存。图3-20为吉河高速公路乡宁西收费站边坡的现场巡查结果展示,通过列表的形式将每一个部位的病害特征依次记录。

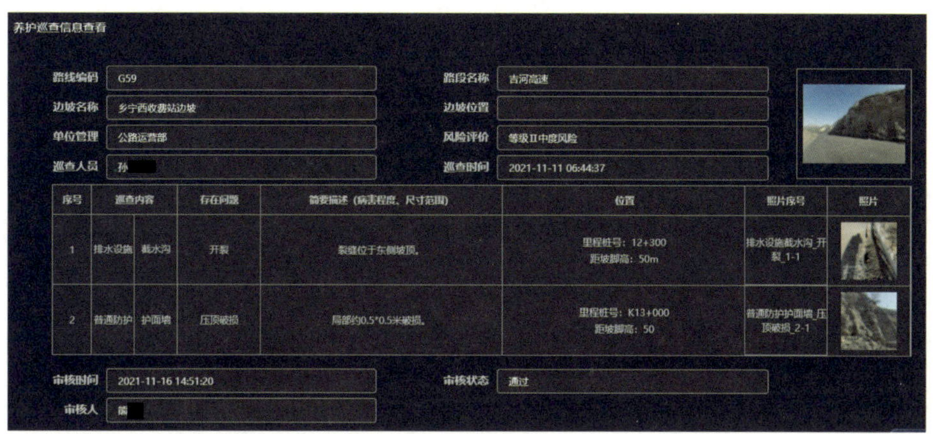

图3-20 养护巡查PC端界面

(3)灾害信息管理

边坡灾害信息按类别主要分为崩塌、滑坡、泥石流,每个灾害点的属性信息均包括灾害名称(以桩号+类别命名)、经纬度、灾害历史特征、风险点现状特征等病害信息,路线名称、路线编号、路线等级、管养单位等所在公路信息,起终点桩号、坡体特征、地层岩性等所在边坡属性信息,以及实时监测信息、预警信息、巡查信息等。所有上述信息以一坡一档的形式保存,从平台首页点击边坡详情即可查看所有信息。此外,通过具体的基础数据模块、监测预警模块、养护巡查模块还可对上述信息进行批量导入导出、新增、删减、修改、分析。图3-21为大运高速公路沟东隧道边坡的边坡档案信息及病害信息界面。

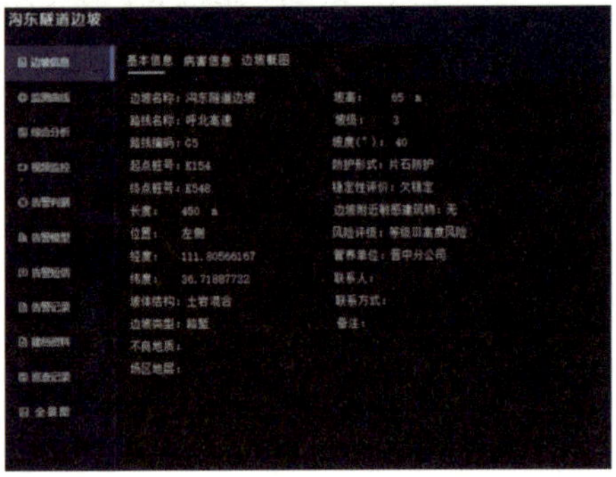

a)

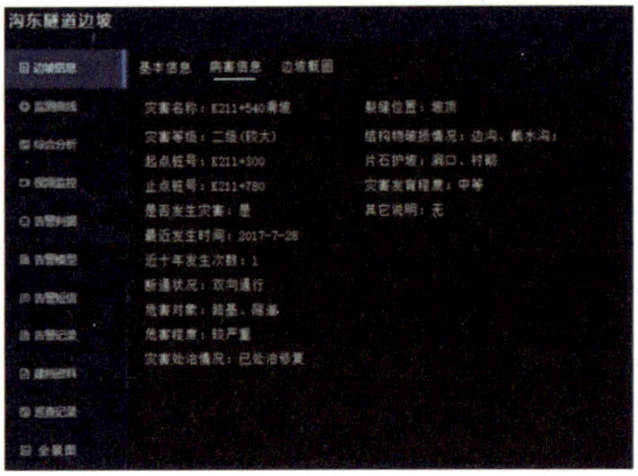

b)

图 3-21　边坡病害信息界面

该系统主要是借助 GNSS 技术选点灵活、受地形条件限制少、自动化程度高、能够实时动态监测等优点来监测位置点的三维坐标形变，通过无线传感技术和网络通信技术把监测数据实时传输到边坡地质灾害智慧监控平台，对监测数据进行多维度分析，进而远程掌握高速公路边坡现状。通过结合 GNSS 监测技术的快速准确性和智慧监控平台的远程控制功能，实现了高速公路边坡的智能化监测，相较于以往传统方法的费时费力等缺陷，更能及时做到公路病害监测，更好地应用于山西省高速公路行业。

3.3　基于 InSAR 技术的采空区监测系统

3.3.1　需求分析

汾阳至石楼高速公路北与国家高速公路网青银线相接，向西与在建国家高速公路网 G59 呼北线（即山西省西纵高速公路离石至隰县段）十字交叉后至石楼县。该路段建成后，可实现两条国家高速公路网之间的顺畅转换，进一步补充完善晋西北区域高速公路网。同时，该路段的建设将拉近太原市与交口、石楼、永和、大宁、隰县等革命老区的联系，增强太原都市圈对其辐射带动作用。

汾石高速公路路线全长82.364km，地貌主要划分为：冲洪积平原区，黄土丘陵区，黄土覆盖中山区，侵蚀剥蚀、溶蚀构造中山区和河谷区，道路沿线地质情况复杂。项目区内的不良地质现象及特殊岩土主要为岩溶、采空区、滑坡、矿渣堆积体、湿陷性黄土。根据勘察结果，项目采空区为煤矿、铝土矿和铁矿开采形成，采空区主要分布在K6～K38范围内，主线共分布有20段采空区，涉及到万峰煤矿、西贾壁煤矿、神安煤矿、高阳煤矿等20余座煤矿，除高阳煤矿为长壁式开采的国营大矿外，其他均为房柱式和巷道式开采的小窑，覆岩类型均为软弱～中硬覆岩，主要开采2号煤、9+10+11号煤和铝土矿，开采厚度2～3.5m(局部为7m)，终采时间大多在10年以上，部分铝土矿小窑在勘察期间发现有开采迹象。K6～K15段以煤矿采空区为主，采深一般80～250m，现存的地表变形迹象不明显，发育有沉降缓盆地；K15～K38段以铝土矿、煤矿小窑采空区为主，埋深较浅，采深一般在30～80m，地表变形较明显，发育塌陷坑和裂缝，且路线附近分布有大量的井口。

汾石高速公路全线采空区分布总长度为29.326km，其中主线采空区累计长度21.5km，影响的桥梁为16座/7145m，影响天桥5座，影响路基工程(含涵洞、通道)长15.035km；孝义西互通及下堡互通采空区长度为3.36km，为铝土矿和煤矿采空区，单层或双层，影响桥梁1座/335.1m；下堡连接线采空区总长度为4.466km，为铝土矿和煤矿采空区，均为单层，影响桥梁2座/585m。

1)采空区破坏性

采空区破坏性主要表现在以下几个方面：

(1)造成拟建公路路基下沉。如果在竖直方向上产生拉伸变形，将引起路基本身松弛，还有可能在不同土质界面上产生脱层，这将影响路基的承载力，加大地表的倾斜和拉伸变形，对路基的稳定性产生影响。

(2)冒落塌陷的不连续与无规律沉降，引起路基不连续与无规律下沉，使得路面的原有坡度出现无规律的变化。如果地表倾斜方向和路线坡度方向一致，线路坡度将增大，反之线路坡度将减小或形成反坡。线路坡度的增减，将使移动盆地内各段路线的运行阻力有所增减，长久运行，路面会再次产生沉陷。

(3)路基在下沉同时,必然伴有水平方向的位移。垂直于路线方向的横向移动将改变路基原有的方向,沿路基纵向的水平变形,会使路基受到拉伸和压缩。上述两种移动的不均匀性,会使高速公路坡度发生变化、竖曲线形态的变化和线路方向的改变等。

(4)地表不均匀下沉,引起线路坡度改变时,必将导致路线在竖直方向上弯曲,改变原有设计的曲率半径,对拟建公路及路基运行都会造成危害,严重时造成行车事故。

(5)采空区塌陷冒落引起桥墩(台)发生位移,对桩基产生负摩阻力,对桥梁危害更大。

(6)采空区塌陷冒落引起隧道围岩破坏,松动圈加大,严重影响隧道安全。为了防止采空区对公路建设的影响,该系统针对已存在采空区进行监测,主要监测内容为采空沉陷区范围、沉降速率、累积沉降量、宏观破坏形态,并对采空区风险进行评价,实现采空区灾害的安全监测和风险预警。

2)采空区监测的现实意义

开展采空区监测主要有以下现实意义:

(1)可实现对高速公路沿线采空沉陷区的早期识别与排查。

(2)对采空区沉陷范围及沉陷趋势进行长期监测。

(3)及时把控采空区的安全状态,评定采空区的稳定性。

(4)为路基、桥梁、隧道建设提供决策依据,提高公路工程灾害预警水平。

(5)进一步分析采空区变形特点,掌握工程活动对采空区稳定性的影响程度,检验处治工程的效果。

通过该技术的使用,可快速、周期性的获取汾石高速公路全线高精度、高分辨率地表沉陷范围及沉陷趋势,为工程建设安全及运营安全提供技术保障。

3.3.2 建设背景

1)下伏采空区现状

全线采空区主要分为煤矿采空区、铝土矿采空区、铁矿采空区,其中单层煤矿采空区长度12.86km,煤矿、铝土矿双层采空区长度3.75km,铝土矿单层采空区长度5.45km,铁矿单层采空区长度0.65km。

根据《采空区公路设计与施工技术细则》(JTG/C 20—2011)表4.2.1-4判定,沿线房柱式采空区场地稳定性评价结果见表3-3。

房柱式采空区稳定性评价结果 表3-3

段落	采空区分布里程桩号	所采煤层	埋深(m)	采厚(m)	覆岩类型	开采方式	采深采厚比	评价结果	备注
1	K6+000~K7+900段	2	170~180	2~4	软弱覆岩	房柱式	56~60	不稳定	推荐方案
2	K7+900~K9+200段	2	150~170	2~4	软弱覆岩	房柱式	50~56	不稳定	
3	K9+200~K12+100段	2	140~150	2~4	软弱覆岩	房柱式	46~50	不稳定	
4	K12+100~K13+520段	2	90~150	2~4	软弱覆岩	房柱式	30~50	不稳定	
5	K13+520~K15+200段	9+10+11	30~150	6.5	中硬覆岩	房柱式	5~2	不稳定	
6	K15+200~K17+780段	9+10+11	30~120	6.5	中硬覆岩	房柱式	4.6~18.5	不稳定	
7	K18+420~K19+410段	9+10+11	70~110	6.5	中硬覆岩	房柱式	10.7~16.9	不稳定	
8	K22+450~22+850	9+10+11	40~60	6.5	中硬覆岩	房柱式	6.15~9.23	不稳定	
9	K24+100~K25+200	9+10+11	60~100	6.5	中硬覆岩	房柱式	9.23~15.38	不稳定	
10	K77+000~K77+700	4	80~90	2.4	软弱覆岩	房柱式	33.33~37.50	不稳定	
1	BK16+200~BK17+920	9+10+11	30~120	6.5	中硬覆岩	房柱式	4.6~18.5	不稳定	B方案
2	BK18+130~BK20+600 和 BK21+250~BK22+280	9+10+11	60~90	6.5	中硬覆岩	房柱式	9.2~13.8	不稳定	

续上表

段落	采空区分布里程桩号	所采煤层	埋深（m）	采厚（m）	覆岩类型	开采方式	采深采厚比	评价结果	备注
1	LK0 +000 ~ LK1 +440	9 +10 +11	50 ~ 60	6.5	中硬覆岩	房柱式	7.7 ~ 9.2	不稳定	连接线
2	LK1 +440 ~ LK2 +170	9 +10 +11	50 ~ 90	6.5	中硬覆岩	房柱式	7.7 ~ 13.8	不稳定	
3	LK2 +170 ~ LK2 +870	9 +10 +11	60 ~ 80	6.5	中硬覆岩	房柱式	9.2 ~ 12.3	不稳定	
4	LK2 +870 ~ LK5 +480	9 +10 +11	60 ~ 80	6.5	中硬覆岩	房柱式	9.2 ~ 12.3	不稳定	

铝土矿、铁矿采空区开采方式主要为巷道式，采用极限平衡法对其进行稳定性分析，沿线巷道式采空区场地稳定性评价结果见表3-4。

巷道采空区稳定性评价结果　　表3-4

煤矿名称	段落	矿层	埋深（m）	顶板岩性	工程类型	稳定系数	评价结果
赵家峪铝土矿	K18 +800 ~ K21 +000	铝土矿	90 ~ 120	软弱覆岩	路基、桥梁	1.77 ~ 2.51	基本稳定 ~ 稳定
克俄村铝土矿	K22 +400 ~ K24 +100	铝土矿	30 ~ 90	软弱覆岩	路基、桥梁	1.12 ~ 2.41	欠稳定 ~ 稳定
魏南庄铝土矿	K24 +100 ~ K25 +600	铝土矿	40 ~ 120	软弱覆岩	路基、桥梁	1.00 ~ 2.91	欠稳定 ~ 稳定
毕家掌铝土矿	K30 +500 ~ K32 +300	铝土矿	30 ~ 50	软弱覆岩	路基、桥梁	1.43 ~ 2.33	欠稳定 ~ 稳定
西宋庄铝矿	K36 +100 ~ K38 +100 CK36 +100 ~ CK37 +600	铝土矿	40 ~ 60	软弱覆岩	路基、桥梁	1.48 ~ 2.19	欠稳定 ~ 稳定
山底村铁矿	K43 +450 ~ K43 +650	铁矿	20 ~ 30	软弱覆岩	路基	1.37 ~ 1.95	欠稳定 ~ 基本稳定
腰庄村铁矿	K59 +250 ~ K59 +350	铁矿	10 ~ 15	软弱覆岩	桥梁	0.63 ~ 1.05	不稳定 ~ 欠稳定
刘家庄铁矿	K65 +350 ~ K65 +700	铁矿	20 ~ 30	软弱覆岩	桥梁	1.37 ~ 1.95	欠稳定 ~ 基本稳定

根据以上稳定性评价结果，K9 + 200 ~ K11 + 300、BK20 + 600 ~ BK21 + 250 段长臂式采空区和 K6 + 000 ~ K7 + 900 段、K7 + 900 ~ K9 + 200 段小窑采空区均为稳定状态，位于这些段落的路基工程不需要进行治理；其他段落煤矿采空区均为不稳定状态，需要治理。

铝土矿采空区埋深小于 60m 的，场地稳定性评价为不稳定 ~ 欠稳定，须处治；埋深 60 ~ 80m 之间的，场地稳定性评价为基本稳定，桥梁、隧道等重要构造物建议处治，路基根据地表变形情况等适当处治；埋深大于 80m 的场地稳定性评价为稳定，桥梁、隧道等重要构造物宜适当处治，加强地基稳定性，路基根据地表变形情况等验证后可不处治。

铁矿采空区埋深较浅，稳定性评价为不稳定 ~ 欠稳定，建议进行开挖回填处置。

综合分析采空区处治总长度 15.802km，其中单层煤矿采空区处治段落 8.452km，双层采空区（煤矿、铝土矿）处治段落 3.75km，铝土矿采空区处治段落 2.95km，铁矿采空区开挖回填处治长度 0.65km。目前，已完成全线采空区的处治工作。

2）技术现状

由于采空区的移动变形具有隐蔽性、复杂性、突发性、长期性等特点，使得其灾害勘察早期识别、稳定性分析评价、监测与处置设计等一系列工程行为同样具有不确定性和复杂性。目前国内外针对公路采空区灾害识别方面一般采用遥感影像结合现场人工踏勘的方法，成本高、周期长，同时缺乏大尺度范围内量化的分析研究；监测方面常规监测主要是通过布设地表移动观测线或观测网来实施，采用的方法包括三角测量、精密导线测量、精密水准测量、近景摄影测量、GPS 等。此类监测方法监测精度较高，但工作量大、成本高、监测点密度低且难以长期保存，不便于获取三维空间移动变形信息、历史信息以及大范围的作业。GNSS 连续运行参考站系统（CORS）具有定位精度高、观测时间短、可以提供三维坐标等优点，但存在只能进行点、线测量等问题，也不适合大范围矿区地表移动变形监测。

合成孔径雷达测量（Synthetic Aperture Radar，SAR）为解决上述问题提供了技术途径。大量研究与应用实例表明,合成孔径雷达干涉测量技术(Interferometric Synthetic Aperture Radar,InSAR)能够应用于长期缓慢地表变形的监测,其原理是利用合成孔径雷达两次观测中雷达波相位差与空间距离之间的关系提取区域地表三维变形信息。尤其是差分干涉测量技术(DInSAR:Differential InSAR)和时序干涉测量技术(Time-Series InSAR)的出现,极大发展了干涉测量技术,被广泛用于揭示地震、火山运动、地面沉降以及山体滑坡等地质灾害引起的变形,该技术可以在大区域监测厘米级或毫米级变形,且不受气候条件影响。特别是在早期识别地质灾害蠕变位置、范围,评价区域地质灾害活动强度,判别灾害时空变形模式等方面具有明显的优势。

3.3.3 系统应用

该系统以汾石高速公路下伏采空区为监测对象,以欧空局哨兵1A卫星为主要数据源,高分二号、无人机光学影像为辅助数据,首先利用时序InSAR技术处理得到监测对象的沉降速率和沉降范围,其次通过遥感影像解译汾石高速公路沿线的地形地貌及沉陷区地表纹理特征,并结合实地踏勘厘清地质灾害点分布,然后基于地面沉降速率、影响范围、工程类型等5个指标,利用加权信息量模型给出下伏采空区的安全评价结果,最后针对性地选取合适方法对采空区上覆构筑物进行精细化监测。主要包括以下三部分内容:

1)采空沉陷区识别与监测

(1)基于时序InSAR技术的采空区识别与监测

利用汾石高速公路沿线过去三年哨兵1A卫星数据,基于小基线集干涉测量方法(SBAS-InSAR)识别得到沿线的采空沉陷区范围及沉陷趋势,并利用及时更新的卫星数据对采空沉陷区进行长期监测。利用高分二号光学卫星数据得到采空区地面塌陷及裂缝等纹理特征,综合利用上述两种手段得到采空区的“状态”及“趋势”信息。流程如图3-22所示,主要步骤包括:

①生成连接图。这一步作用是选择最强连接图,将其作为主影像,其他数据作为从影像。

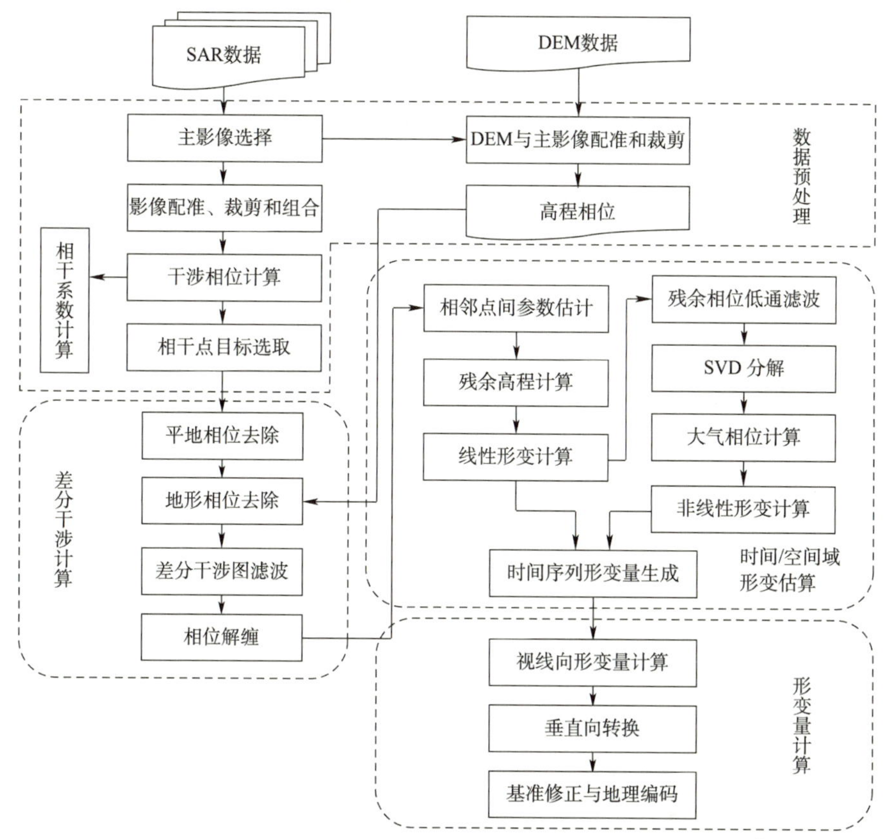

图3-22 SBAS-InSAR数据处理流程图

②差分干涉,对所有配对的干涉像对进行干涉处理,从相干性生成,去平、滤波和相位解缠,所有的数据对都配准到超级主影像上,为下一步轨道精炼和重去平,以及形变反演做好数据准备。在这一步会得到一系列.upha和.fint图,选择最好的两幅数据,作为轨道精炼时的输入数据。

③轨道精炼和重去平,这一步是估算和去除残余的恒定相位和解缠后还存在的相位坡道。

④第一次反演,这一步是SBAS反演的核心,第一次估算形变速率和残余地形。这一步也会做二次解缠用来对输入的干涉图进行优化,以便进行下一步处理。

⑤第二次反演,这一步的核心是计算时间序列上的位移,在第一步得到

的形变速率基础上，进行定制的大气滤波，从而估算和去除大气相位，得到更加纯净的时间序列上的最终位移结果。大气高通、大气低通两个选项，对大气影响进行估计，最后每个时间都从测量的位移中减去这些大气部分。

⑥地理编码，这一步目的是进行坐标转换，将 SAR 坐标转换为地理坐标。

(2)基于光学遥感技术的采空区识别

在考虑采空区参数和地质因素基础上，引入地表形变和现有的地质灾害点因子，将层次分析法和信息量法相结合，更全面、综合、规范的对采空区稳定性进行风险评价，为采空区道路风险评价提供参考依据。该系统用到的遥感影像为高分二号卫星全色 1m 和多光谱 4m 数据，成像时间与 InSAR 数据时间同步。影像处理主要包括正射校正与几何校正、图像融合、图像镶嵌、图像裁剪、图像增强和正射影像底图输出。

①正射校正与几何校正

该过程是对影像进行几何畸变纠正的一个过程，它将对由地形、相机几何特性以及与传感器相关的误差所造成的明显的几何畸变进行处理。输出的正射校正影像将是正射的平面真实影像。通过在相片上选取一些地面控制点，并利用原来已经获取的该相片范围内的数字高程模型(DEM)数据，对影像同时进行倾斜改正和投影差改正，将影像重采样成正射影像。

②图像融合

该过程是将正射校正后的全色影像和多光谱影像进行融合处理，可以将全色影像和多光谱影像的优点进行融合，融合后影像既有全色影像分辨高的优点，也可以显示多光谱影像的地物色彩，符合遥感调查的需求。

③图像镶嵌

该过程是将两幅或多幅遥感数字影像拼在一起，获得一幅整体图像的技术过程。制作一幅无缝的、色彩总体上比较均衡的遥感镶嵌图。

④图像裁剪

该系统利用 ENVI 软件，以汾石高速公路线路矢量为基础生成 1km 缓冲区，裁切后形成研究区正射影像图。

⑤图像增强

该过程主要指采用图像融合增强图像的空间分辨率，地物更加容易识别，以便达到更好的识别地物信息的目的。

⑥正射影像底图输出

采用ENVI软件，将生成的图像增强文件进行保存并输出。DOM保持纹理清晰，亮度、色彩反差适中，无晕边、扭曲等质量问题，各种地物边缘清晰明确，特别是植被、水体等边界尤为如此。彩色影像模拟自然真彩色，光谱信息丰富，能准确反映土地利用特征。影像地图的出图分辨率设为300dpi，影像底图文件采用TIFF图像格式。

2)基于多源遥感数据的采空区公路地质灾害安全性评价

层次分析法和信息量法存在着各自的优劣性，层次分析法优势在于可以通过判断矩阵给出各因素间的权重，但对各因素的贡献率客观评价不足；而信息量法与之正相反，它的优势在于能够相对准确地计算出各因素的信息量，对于各因素所占权重考虑不足。采空区的移动变形具有隐蔽性、复杂性、长期性等特点，为保证评价结果的科学性与合理性，该系统在考虑采空区参数和地质因素基础上，引入地表形变和现有的地质灾害点因子，将层次分析法和信息量法相结合，更全面、综合、规范的对采空区稳定性进行风险评价，为后期工程事故防治提供依据。该系统充分考虑高速公路建设需要高效防控灾害的战略新思想，注重风险识别和风险管理，既考虑了采空区属性对公路稳定性的影响，又考虑了地质灾害对社会的危害和对人民生命财产安全的威胁。编制的采空区风险等级分区图，力求时空信息量大，实用易懂，可用于交通规划和指导地质灾害防治。

(1)评价因子选取

此次评价结合公路下伏采空区的实地情况，选取距地灾点的距离、形变速率、采煤深度、采煤厚度、停采时间、煤层倾角、开采方式、坡度、坡向、距断层的距离、顶板岩性作为评价指标。如图3-23所示。

(2)层次分析-信息量法组合赋值评价模型

利用层次分析法求出各评价因子权重，用信息量法求出评价因子各类别对采空区稳定性风险形成影响的信息量，利用下述公式求出各评价单元的总信息量值，并根据总信息量值进行风险评价。

$$I_{总} = \sum_{i=1}^{n} W_i \times I_i \tag{3-1}$$

式中，$I_{总}$表示某评价单元的总的信息量值；n 表示该评价单元评价因子个数；W_i表示第 i 个评价因子的权重；I_i表示第 i 个评价因子信息量值。借助 GIS 空间分析以及栅格计算功能，得到研究区的综合信息量值图，最后利用 GIS 中的自然差距法将结果进行重分类，得到风险评价分区图。

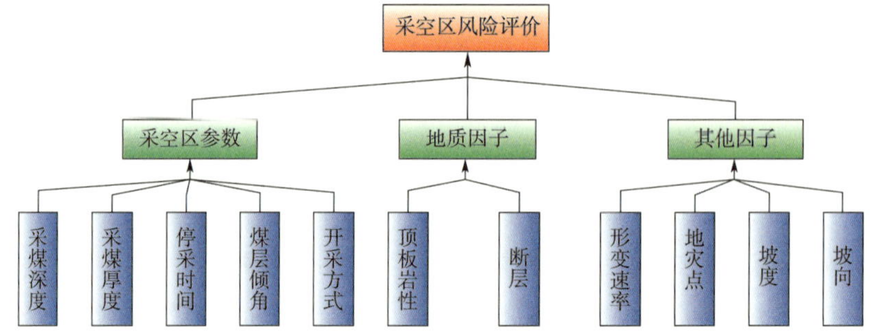

图 3-23　评价指标分类分级图

（3）评价结果

根据采空区开采条件，分别建立各评价因子分级标准，利用 GIS 软件进行分区计算各评价因子不同级别信息量值，利用式（1）进行信息量计算，单因子信息量计算结果如图 3-24 所示。

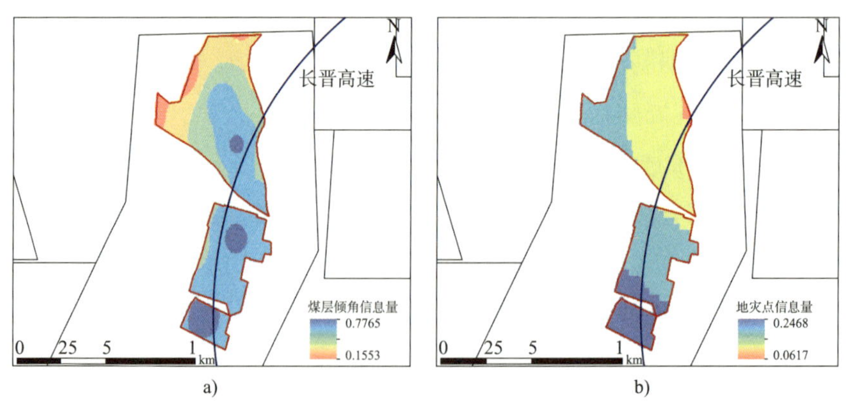

图　3-24

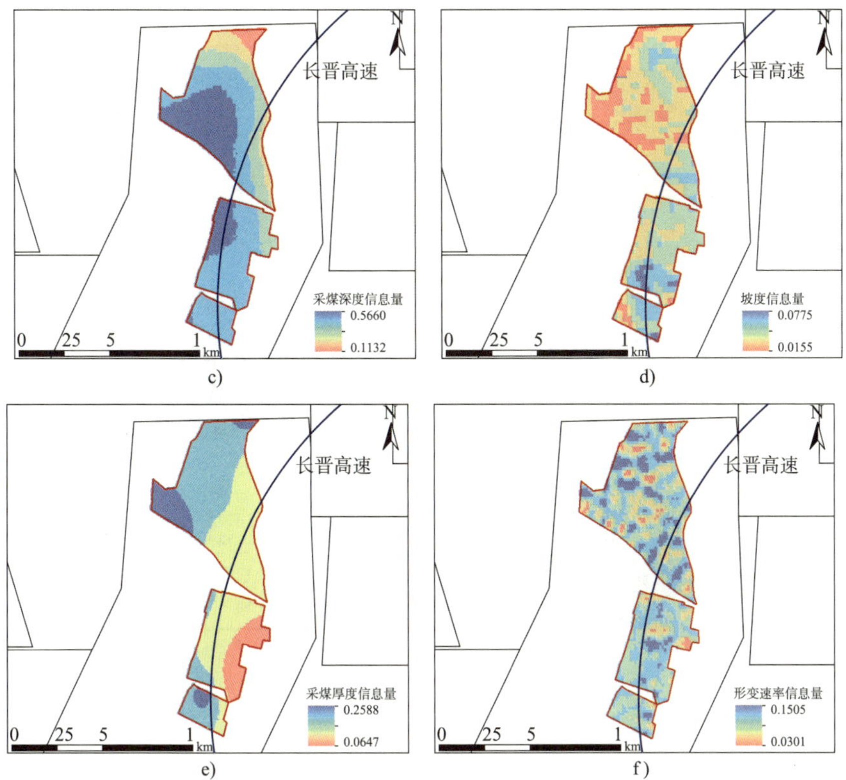

图 3-24 各评价因子信息量

利用 ArcGIS 栅格计算功能，根据式(3-1)，制作综合信息量值图，如图 3-25 所示。

3)采空区上覆构筑物形变监测

(1)监测内容与方法

依据《采空区公路设计与施工技术细则》(JTG/T D31-03—2011)，采空区公路监测应根据采空区特征和工程的需要布设，当以路基方式通过新采空区时，宜进行采空区变形跟踪监测；当采空区以桥梁或隧道方式通过采空区时，应对采空区变形进行全过程多方位长期监测。采空区路基处治监测项目应包括水平位移、垂直位移、构造物倾斜和裂缝监测。依据《工程测量规范》(GB 50026—2007)，桥梁变形监测精度，特大桥不宜低于二等，大、中桥不宜低于三等；隧道监测可采用三等；一般的路基及附属工程变形监测精度，可采用四等。具体监测项目及方法见表 3-5、表 3-6。

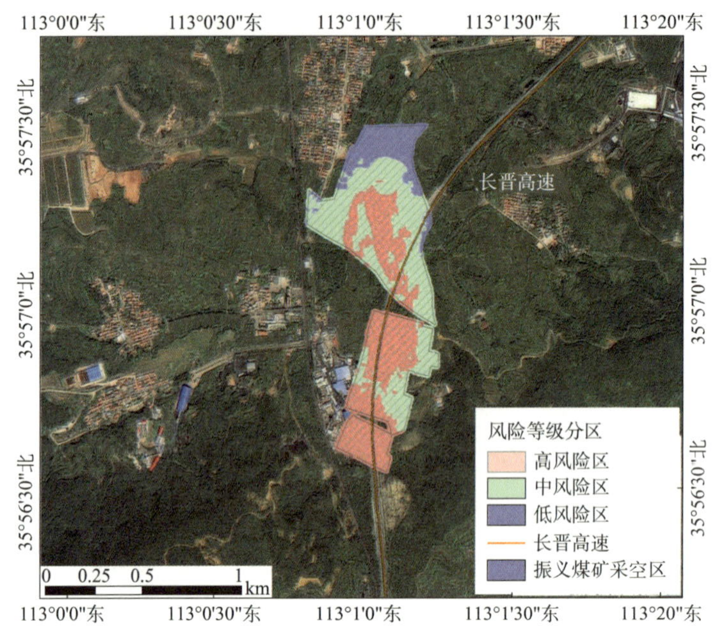

图 3-25　采空区稳定性风险分区图

采空区监测项目　　表 3-5

序号	监测部位	监测项目	监测方法
1	桥梁	水平位移监测	三角网、极坐标法、交会法、GPS 测量、激光准直法等
		垂直位移监测	水准测量、三角高程测量等
2	路基	水平位移监测	经纬仪投点法、差异沉降法、激光准直法等
		垂直位移监测	水准测量、三角高程测量等

采空区监测要求　　表 3-6

倾斜值 i(mm/m)	<3.0
水平变形值 ε(mm/m)	<2.0
曲率值 K(mm/m^2)	<0.2

(2)监测频率

采空区处治施工期间监测，半年内宜每周监测一次，半年后至通车期间内宜每月监测一次;通车两年内,每两个月宜监测一次;变形显著时,应增加监测频次。经变形监测资料分析和评价,确认采空区已完全稳定,对公路工程无影响时,方可停止监测。

(3)监测数据处理

对变形监测的各项原始记录,应及时整理、检查。监测数据应进行平差,并计算监测点及相邻两次监测的沉降量、累计沉降量、沉降速率、累计沉降速率、水平位移量、累计水平位移量,以及相邻点间的垂直变形和水平变形。编制垂直下沉曲线图、水平位移曲线图、累计水平位移曲线图和垂直、水平变形等值线图以及相应统计分析表格等。

(4)采空区-构筑物联动监测

根据时序 InSAR 技术监测得到采空区形变场,基于构筑物结构受力特征提取形变特征点,在形变特征点上布设监测点,并在形变背景场中提取稳定的高相干点作为基准点,组成采空区-构筑物形变联动监测网。根据工程类型及施工进度确定监测手段、频率和周期,得到形变时间序列,并结合采空区构造参数及工程特点分析形变原因,提出控制措施。

合成孔径雷达卫星干涉测量技术(InSAR)具有大面积、全天候、连续、高精度、高空间分辨率等观测优点,对监测采空区形变具有得天独厚的技术优势。因此利用时序 InSAR 技术监测高速公路下伏采空区沉降趋势,不仅能为监测工作节省大量的人力物力财力,还能对采空区(灾)害孕育-演化过程进行过程追溯,分析病(灾)害机理,实现采空区沉陷的早期识别。此外,基于 InSAR 监测结果开展上覆构筑物的精细化监测,能进一步提升桥梁、隧道等公路基础设施监测精度,为道路风险分析及防治提供数据支持。

第四章　运行管控应用

4.1 地形复杂段落智能安全感知系统

4.1.1　需求分析

汾石高速公路迫切需要建立高精度、智能化的交通信息智能感知与数据融合应用的技术解决方案，通过智能感知采集、组网通信和多源数据分析，对路网交通运行状态进行准确评估和趋势预判，实现主动交通管控和高效处置。

1）路网运行监测

交通信息涵盖了交通流、路况、公路、设施、交通事件、管控措施、环境等目标。根据来源和性质的不同，交通信息可分为交通事故、公路拥堵、恶劣天气、基础设施病害（或异常隐患）以及求助、救援等涉及交通参与者自身诉求和行为的各类信息。传统的高速公路交通信息感知主要依靠人工报告、视频巡检、外业巡逻、互联网信息共享等途径，存在信息准确度不高、不够精细等问题，给路网管控调度带来了困难。

为此，行业内探索应用基于视频智能分析的交通信息主动发现模式，依托路网广覆盖的视频监控体系，建立对交通事故、异常拥堵、交通设施异常情况的主动发现模型，综合应用视频感知数据和互联网路况数据，由系统实时分析代替人工巡查，一定程度上改变了“看电视、盯画面”的传统监控模式，提高了视频监控资源的利用程度和利用效率，实现了可视化、自动化的目的，但是距“全时、全域、全量”的要求仍然有较大差距。存在的主要问题有以下两个：

(1)高速公路感知能力存有薄弱环节。传统感知体系主要基于视频应用，具有可视化的优点，但容易受到环境影响，在夜晚、逆光、弱光、雨雾等情况下，视频画面模糊，误报率较高。以适应全天候交通场景需求，且智能化、精细化水平不高，极大影响了对业务的支撑能力。

(2)高速公路外场设施协同控制水平不高。机电设备厂家协议标准化程度不高、技术相对封闭，部分系统具有一定的排他性，设备和系统之间的软件协议缺乏适配性，难以实现对外场设施的统一控制与管理，尤其是外场监控各系统彼此孤立，难以实现联动控制，集成协同性较差。

2)路网管控调度

路网管控调度的目标是根据路网运行监测结果，配合交通信息发布机制，对交通事件进行及时的管控调度，提高交通事件响应效率和高速公路通行效率，保障高速公路高效安全运营。然而，由于当前高速公路运营管理方获取交通信息的方式比较被动，导致路网管控调度存在一定程度的被动响应现象。存在的主要问题有以下三个：

(1)高速公路运营管理以被动响应为主，且响应效率较低。传统的高速公路运营管理主要基于已知的交通状态进行决策与控制，以应对单一交通事件救援处置为主，在缺乏交通大数据分析与处理的情况下，对路网交通状态的预测能力和决策支持能力不足，难以对潜在的交通问题进行提前预防及控制，对已经发生的交通事件不能快速定位和研判，导致应急救援效率低。

(2)高速公路运营管控精细度不高。在被动响应模式下，高速公路的管理模式较为粗放，难以实现人-车-路信息实时交互和车道级精细控制，无法对车辆的行驶轨迹、行驶状态等信息进行实时感知，更无法提供差别化、精准化、个性化的出行服务。

(3)高速公路交通信息发布不到位。出行服务的目的是力图在云计算、大数据、移动互联网和社交网络正在逐渐颠覆各个传统行业、产业互联网正在兴起的时机，利用相关的技术、思想和模式，研发基于大数据与移动互联网的公众出行服务平台，探索基于平台化运营的智能交通公众出行运营环境建设，建设公众出行商业生态圈，探索基于移动互联网和社交网络思想的智能交通社交圈，为出行者提供以公路出行为核心的社交网络社区。因此，应从技术、数据、模型与算法、平台、商业模式、终端接入等各个层面入手，对交通信息发布瓶颈问题进行突破，以解决公众出行者信息获取不及时、推送不精准、手段不可靠、安全性差等问题。

4.1.2 建设背景

汾石高速公路核桃岩隧道前后上下行路段地形复杂，为汾石高速公路列出的长纵坡中坡道最为集中、长度最长且坡度最大的一段。其中，部分纵坡路段位于连续弯道及桥梁处，重载货运车辆较多、山区气象条件恶劣等因素叠加，进一步增加了该路段交通安全运行的风险。通过在该路段设置智能安全感知系统，在重点路段实现全面安全保障，可以及时发现安全隐患，保障车辆在各种异常条件下安全行驶，减少事故、拥堵导致的封路限流等事件发生，提升路段服务能力、路段通行效率、路段安全保障及公众出行品质。

地形复杂段落智能安全感知系统充分利用数字孪生、人工智能、高精地图、大数据等新一代信息技术，依托多种监控设备对此路段进行全要素感知与安全事件识别，将多种信息融合，通过边缘计算与综合管控平台计算，利用车道级管控、路侧轻量级诱导、连续长下坡小气候诱导、隧道紧急停车带诱导等多种管控方式对相关交通参与目标进行安全提醒，在重点路段实现全天候、多要素的状态气象感知，及时进行交通状态信息发布，提供事件预警信息，实现地形复杂段落的交通控制，可以推进先进信息化技术在公路领域的应用，推动重点位置道路无盲区监控与基础设施同步规划建设。

4.1.3 系统架构

该系统主要包括外场安全感知设施、路段监控中心设施扩容等设计。通过路线安全评估意见，拟选择核桃岩隧道前后相关场景建设智能安全感知系统，并依托外场设备建立相关感知、判别、分析、预警系统模块，以系统总体性能最优，局部功能做优化处理为系统的设计原则，并通过多种监控设备对此路段进行路域信息感知与安全事件识别，利用多种发布方式对相关交通参与目标进行安全提醒，实现地形复杂段落的交通控制，地形复杂段落智能安全感知系统考虑外场感知设备的软件及控制，路段感知数据在监控中心存储及显示。整体设计思路和业务流程如图4-1、图4-2所示。

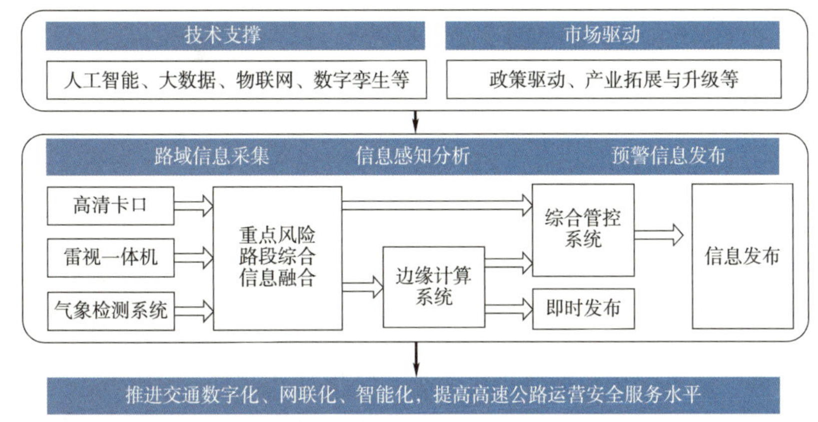

图4-1 智能安全感知系统设计

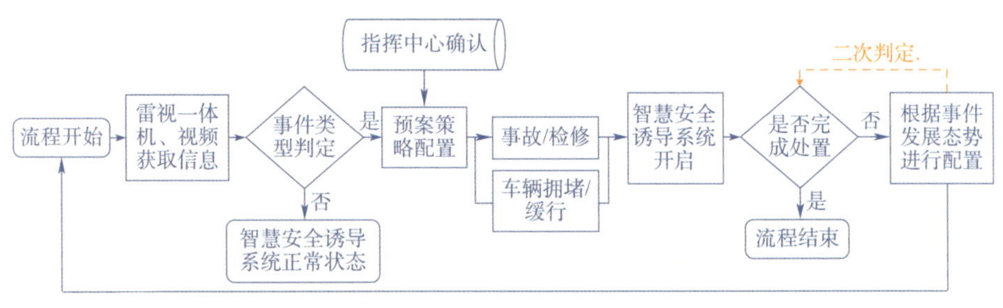

图4-2 智能安全感知系统业务流程图

基于汾石高速公路现有物理平台，依据预期改造成本，同时参考汾阳至石楼高速公路初步设计阶段安全性评价报告中的结论，连续弯核桃岩隧道段，建设桩号为K45+850～K50+200，共4350m。汾石高速公路上下行路段存在连续纵坡影响交通运行安全，其中，部分纵坡路段位于连续弯道及桥梁处，进一步增大了交通运行安全威胁，连续弯桥梁段纵坡具体情况见表4-1。

连续弯桥梁段纵坡情况　　表4-1

序号	起点桩号	终点桩号	设计纵坡(%)	运行速度(km/h)	运行速度对应最大纵坡(%)
1	K21 +735	K22 +535	3.9	116	3.2
2	K41 +675	K42 +527.310	3.5	115.738	3.2
3	K44 +885	K45 +465	3.5	117.1	3.1
4	K47 +080	K47 +815	4	116.325	3.2
5	K48 +135	K48 +700	3.683	117.825	3.1
6	K49 +540	K50 +290	3.5	103.62	3.8
7	K50 +590	K51 +170	3.59	106.034	3.7

连续弯核桃岩隧道段为汾石高速公路列出的长纵坡中坡道最为集中、长度最长且坡度最大的一段，路段包括连续弯道、桥梁和隧道，有一定安全风险，是进行安全感知的优质示范场景。故选择在此段进行建设。

地形复杂段落智能安全感知系统建设分为感知层、计算层、通信层、数据层、控制层和发布层。感知层通过雷达感知系统、视频感知系统、气象感知系统获得沿线交通及道路环境参数信息，其中雷达感知系统和视频感知系统可以获得联系车辆轨迹及交通事件信息，气象感知系统可以获得沿线气象情况（包括温度、湿度、风速、风向、能见度等）。计算层通过边缘计算单元在路侧实现视频信息处理及雷达数据信息处理，形成结构化数据，同时降低云端数据处理量，提高数据处理效率。通信层通过光缆及5G基站，将感知层数据传输至数据层，数据层利用服务器将前端雷达数据、视频数据及传感器数据落地存储，为交通调度决策提供决策依据，同时将沿线交通数据展现在指挥中心大屏上。控制层通过构建云端平台，实现数据集成、信息集成、信号集成，通过云端平台获取汾石高速公路全息交通信息及路侧控制设备信息，同时对数据进行分析处理，根据交通实际情况发出控制信息，通过发布层的可变信息发布系统和太阳能诱导雾灯将控制信息发出，实现交通管控，提高道路安全水平。

总体技术架构(图4-3)各层使用到的关键技术如下所述。

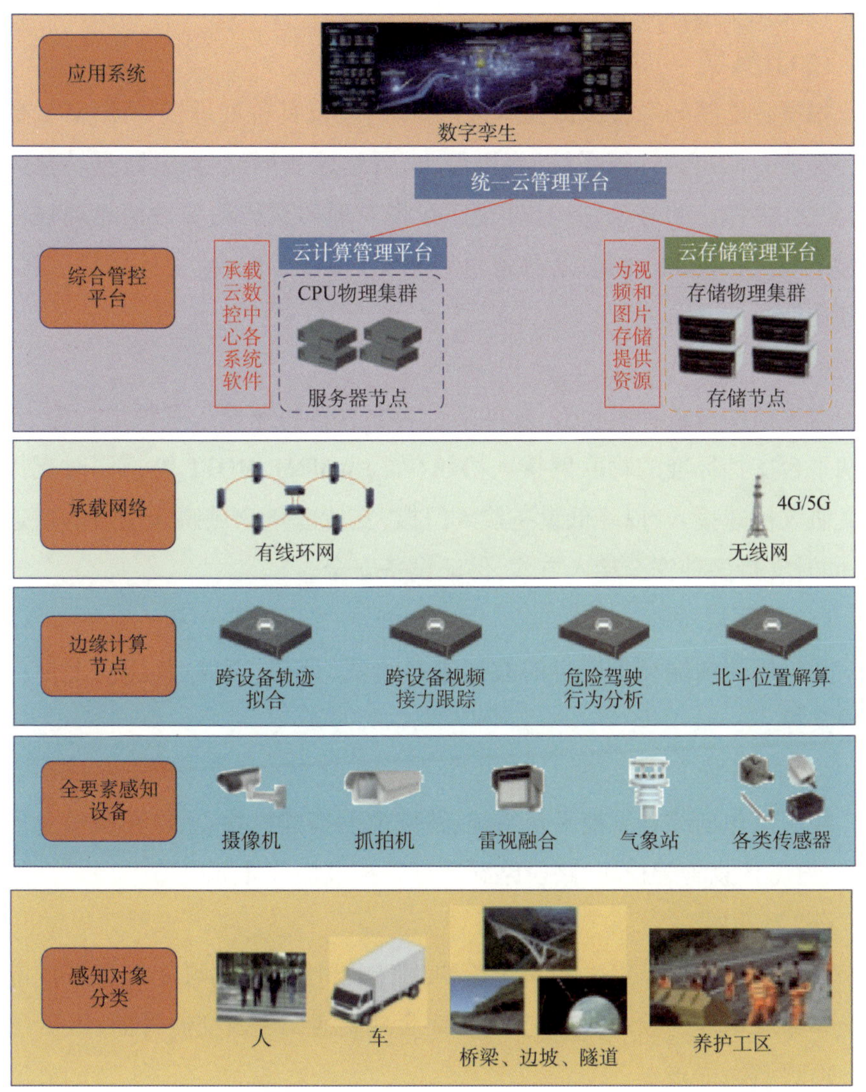

图4-3 总体技术架构图

(1)感知层

感知层包括前端感知设备和管控设备。感知设备主要包括路侧智能感知计算装置、车牌识别卡口、激光遥感式路面状况检测仪、能见度天气现象检测仪、小型超声波自动气象站等;管控设备包括车道级可变情报板、太阳能显字诱导灯、隧道紧急停车带线性诱导灯、新型隧道反光诱导构件、电光蓄能自发光条形标等。

(2)计算层

根据智能感知系统整体技术架构要求,建设具备处理视频流、点云数据的运算能力的边缘计算系统,将摄像头、雷达原始码流、点云数据转化为连续、全量、多模态的对象结构化信息,并将处理后获得的交通信息通过路侧控制系统进行发布。同时还具备目标检测、多传感融合、坐标转化、通信管理等功能。

(3)通信层

由于前端设备种类较多,软件平台需要具备快速接入多种设备能力,物联网平台支持标准的物联网接入协议(如 LWM2M、MQTT 等),同时支持自定义协议快速接入,以降低设备接入门槛,支持海量全域感知设备的快速接入,同时支持多种安全接入方式,保证设备安全。

(4)数据层

数据层将前端设备产生的数据进行清洗、处理、存储,从而对上层应用形成支撑。

(5)控制层

控制层包括综合管控平台系统、路域模型搭建模块、重点路段信息展示模块、设备信息管理模块、路段路况运行管控模块等业务应用。

(6)发布层

发布层包括展示终端和系统用户,路侧端信息通过可变信息系统等面向全体路域车辆的控制信息发布,从而实现交通调度及交通管控。

1)设置功能点

针对此场景(包括连续弯道、长纵坡、桥梁和隧道)安全风险较大的特点,设置安全感知、气象检测等系统,降低交通事故,尤其是重大恶性交通事故的发生率;降低事故严重程度,尽可能避免二次事故的发生;减少由于交通阻塞、偶发事故、道路维护、施工及气象条件对交通运行的不良影响;提升道路通行效率,提升通行服务能力,增加高速公路运营管理单位的有效收益

与通行效率。主要设置功能点如下:

(1)交通安全感知

通过高精视频检测技术和雷达感知技术,完成对区域原始视频的采集、获取精确车辆轨迹,并通过边缘计算将数据转化为连续、全量、多模态的对象结构化信息,通过轨迹拼接实现全域轨迹跟踪,实现目标检测、目标类型识别、车流量统计、车速检测、目标跟踪等功能。通过捕捉连续弯道、长纵坡、桥梁和隧道等安全风险较高路段交通流运行特征信息,对前方车辆阻挡、弯道盲区、路侧植被遮挡盲区等各类危险事件进行识别与预警,并提出相应的状况告警和管控方案。

(2)气象检测系统

包括激光遥感式路面状况检测仪、能见度天气现象检测仪、小型超声波自动气象站等子系统。可以精确检测如能见度、温度、湿度、风速、风向、降雨、积水、结冰(凝冻)、积雪厚度等多个气象要素指标。通过实时检测得到的气象数据,基于机器学习算法建立恶劣天气预测模型,对高速公路沿线的团雾、暴雨等恶劣天气进行实时预测,为预警措施的实施提供支撑。在此基础上,通过通信模块将气象数据实时发送至云平台,建立交通安全风险评估模型,实时评估和预测交通安全风险,从而保障恶劣天气条件下高速公路交通安全,提高高速公路交通安全管理水平。

(3)路侧智能诱导系统

具备道路轮廓强化模式、行车主动诱导模式、防止追尾警示模式等工作模式,可根据雾情变化,通过太阳能显字诱导提示,引导车道保持车距,控制车速。采用主动防控技术、通信链路及太阳能供电技术,高速公路在雾天、强降雨、沙尘暴、烟雾等低能见度下的复杂环境,可长期连续阴雨日环境下正常工作,能与能见度检测器、气象设备联动,自动启动黄灯闪烁以强化道路的轮廓,并动态跟随车辆闪烁红灯,改善雾低能见度路段行车环境,引导车辆安全行驶,有效地防止追尾事故的发生。

同时,在连续弯核桃岩隧道全段布设定向声音信息发布系统,通过定向声学的特性,可实现声音有方向、远距离的精准投声,清晰传达语音指令,且不会对周边环境造成噪声干扰。声音警示效果可以弥补视觉标志的有限警示,通过附属设施的警示诱导,避免二次事故。

(4)隧道蓄能自发光安全应急诱导系统

通过在核桃岩隧道口设置新型隧道反光诱导构件和电光蓄能自发光条形标,可以弥补隧道内外亮度差的问题,增加隧道参照物,减少视觉疲劳,提高驾驶员的能见度,减少出入口变道行为,解决黑白洞效应,减少交通事故的发生。

(5)交通控制系统

由计算服务器通过通信网络实行远程控制,通过车道级可变情报板传送并显示各种图文信息,向驾驶员及时发布不同路段的不同路面情况及各类交通信息,并进行交通法规、交通知识的宣传,达到减少高速公路重现性阻塞,减少高速公路非重现性事故的影响,提高行车安全的目的。从而有效疏导交通,提高路网的交通运输能力,为驾驶员安全快速行车提供优质服务。

2)应用技术

(1)千米超距毫米波交通雷达设备

围绕智慧高速公路高质量落地,河北交通跨维升级雷达设备,在国内首次成功研发千米超距毫米波交通雷达,突破传统交通雷达在监测范围、扫描时间、监测精度及部署成本等方面的限制,整体技术达到国际先进水平,信号处理技术居国际领先水平,引领超距毫米波雷达在交通行业的应用,实现定制化雷视融合场景完美落地。

千米超距毫米波交通雷达主要安装在高速公路或城市道路路侧,如图4-4所示,基于毫米波波段探测道路环境中的交通目标信息,可全天时、全天候工作,是数字感知的核心传感器。该款交通雷达具备车型识别、流密度统计、事件智能识别等功能,可对车辆目标进行实时精准轨迹跟踪和速度检测,实现了车道级分辨能力,可用于支撑车道化主动控制、车路协同和交通管理等。目前,该款交通雷达已经在雄安新区对外骨干路网荣乌高速公路新线和京德高速公路一期路段全线应用。

千米超距毫米波交通雷达具有高频点、大带宽、高精度、连续覆盖、抗干扰等技术特点。

a)

b)

图 4-4 千米超距毫米波交通雷达安装应用场景

在覆盖范围方面,千米超距毫米波交通雷达探测距离范围不小于 1km,视角覆盖范围可达双向 10 个车道,检测目标速度范围为 0 ~ 216km/h,可实现大场景无盲区目标检测。

在目标检测方面,千米超距毫米波交通雷达实时输出各个目标的速度、位置、车辆类型等信息,目标单次扫描和处理时延低于 70ms,目标定位精度优于 0.5m,目标轨迹跟踪准确率大于等于 95%。通过多雷达组网,可以实现对同一目标唯一 ID 连续全域追踪。

在交通流检测方面,千米超距毫米波交通雷达涵盖传统微波车辆检测器功能,可以提供车速、车流量、车头时距、车型分类、道路占有率等多类信息,统计数据精度大于等于 95%。

在智能识别方面,千米超距毫米波交通雷达可以对异常停车、逆行、超速、拥堵等事件进行检测及识别,事件检测精度大于等于 95%。

(2)千米超距毫米波交通雷达高精度增程及抗干扰技术

千米超距毫米波交通雷达有效解决了传统毫米波交通雷达远距探测威力不足、传感器融合复杂度高等问题。基于跨域相参积累的雷达增程关键技术,改进雷达波形,成倍提升雷达的累积增益,实现高精度增程。基于复杂频率编码波形设计,抑制复杂交通场景中的各类干扰,使同频传感器干扰引起的虚警率和误警率均为0,在高精度探测基础上实现了抗干扰。千米超距毫米波交通雷达检测效果如图4-5所示。

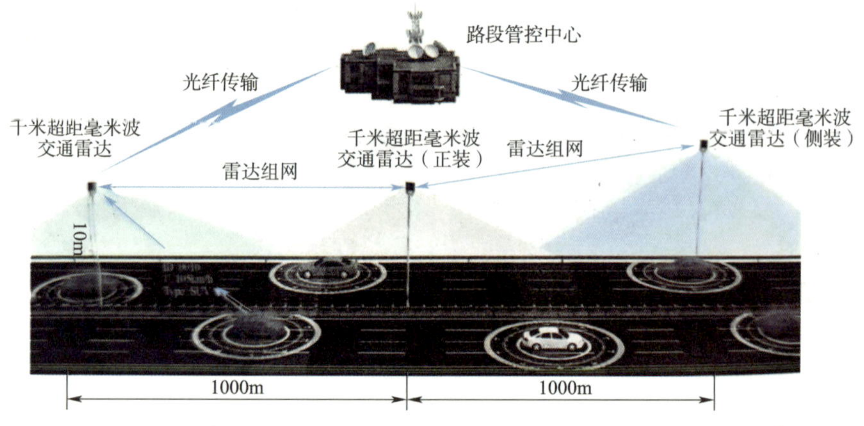

图4-5　千米超距毫米波交通雷达检测效果示意

(3)基于分布式组网雷达的全路段波束覆盖设计

针对高速公路直行路段、匝道进出口、枢纽立交、弯道等多种应用场景,以毫米波交通雷达特性为基础,对雷达组合布设,并评估布设效果,实现基于分布式组网雷达的全路段波束覆盖。结合实际安装条件,充分考虑建设成本及易实现性,利用已有门架、立杆、天桥等设施,在波束全覆盖的基础上,优化雷达组合布设方案,减少建设投资。

(4)组网雷达目标唯一ID连续跟踪技术

毫米波交通雷达对目标在不同维度的特征变化感知灵敏,不同交通雷达输出各自探测范围内的目标轨迹。针对多交通雷达间实现连续不间断目标接力跟踪,千米超距毫米波交通雷达提出了基于组网雷达的多周期、多维度联合关联技术,可以快速实现探测覆盖区目标信息的关联配对,以及多交通雷达融合区域的目标关联,保证了关联的正确性和计算的实时性,提高了单点超距毫米波交通雷达对目标的稳定跟踪能力,同时保证了多交通雷达间的目标接力关联跟踪能力,实现了目标唯一 ID 连续追踪。

(5)多源异构雷视融合组网技术

雷达实时检测目标车辆速度、位置、车道、ID 等信息,高清卡口摄像机采集车型、车牌号和车身颜色等信息,基于多源异构路侧传感器信息融合关键技术,通过时间配准和空间配准,实现全程目标在同一时间基准、同一坐标系下的定位,通过信息关联匹配完成多源异构信息高维融合。图 4-6 所示为雷视融合效果,当车辆经过触发区域时,雷达和高清卡口摄像机实时上报目标信息,中心平台获取包含车牌和车型等信息的车辆精确位置,进行跟踪定位,实时再现道路交通状态、车辆行驶轨迹。

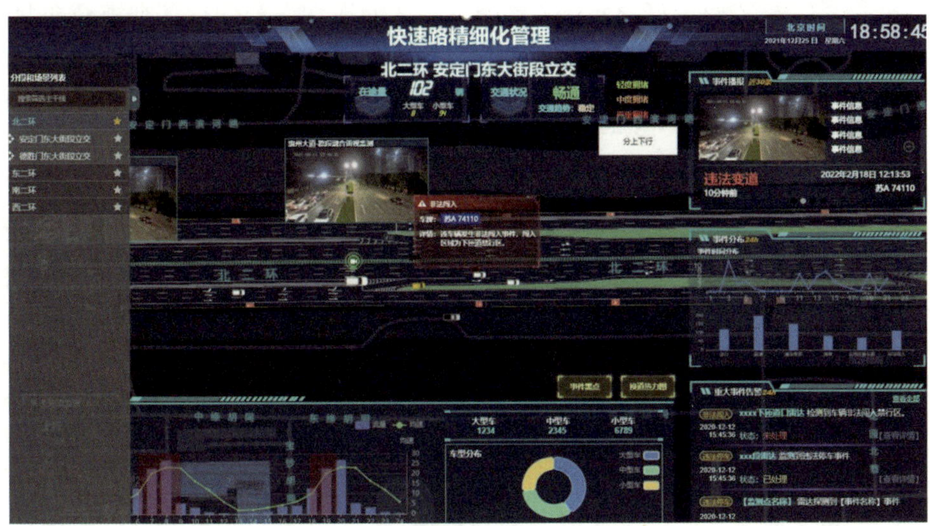

图 4-6　雷视融合效果

(6)雷达与摄像机快速联动技术

毫米波交通雷达在发现异常交通事件时,将事件位置信息转换为坐标信息提供给路侧高速跟踪摄像机,摄像机自动旋转角度、调整焦距,实现自动跟踪、定位和确认,如图 4-7 所示。

图 4-7 雷达与摄像机快速联动效果

(7)交通运行态势评估

高速公路交通运行态势评估采用微观交通流模型对路段交通流状态特征进行估计,对未被感知系统覆盖的路段交通流状态特征进行推算,其关键技术具体如下:

①基于高速公路多源大数据的交通流特征参数提取技术

针对高速公路车道级多源交通流数据,对冗余数据、缺失数据、异常数据及关键数据进行预处理。应用统计分析方法和交通动力学模型,实现基础数据汇集与共享,分析交通数据在特定场景下的时空变化特征。

②高速公路交通运行状态实时估计与交通事件判别技术

基于交通运行状态的演变规律,分析高速公路交通拥堵的形成机理与扩散规律,构建交通拥堵形成前的预判技术,辨识常态化交通拥堵影响范围。解析交通事件造成交通流波动的规律,综合考虑交通系统运行的特殊性和事件数据集合的倾斜性,实现交通事件自动检测。

③基于动态决策推演的高速公路交通流预测技术

基于动态仿真的交通流实时运行高精度重构方法,实现对交通控制与应急策略的评估,以及对高速公路交通态势的在线预测和预警。对车辆行程时间历史数据、实时数据及仿真数据进行深度学习,以时间和空间为分析特征，预测交通控制与应急策略下的车辆行程时间。

(8)交通事故风险预测

交通事故风险预测为实时路径规划、紧急救援等提供指导性、关键性信息，保证高速公路交通流平稳运行，降低高速公路交通事故风险，其关键技术具体如下：

①主线路段交通运行安全风险辨识技术

采集交通流信息、气象信息等多源实时数据，结合历史数据进行综合评估。基于统计分析和深度学习算法，构建适用于不同评估指标的安全风险模型，实现交通运行安全风险辨识。

②高速公路重点路段风险等级预测技术

针对高速公路分合流区、交织区、交通瓶颈区等重点路段，考虑处理交通事故数据频次的空间异质性，采用重采样技术平衡数据集。结合深度学习模型实时预测潜在交通事故风险，基于加权平均集成的组合预测模型，构建交通事故风险等级预测模型。

③高速公路严重交通事故预警技术

构建交通事故风险多级分类与决策树模型，基于交通事故严重程度预测算法，预估交通事故的严重程度。基于车路交互，对严重程度等级较高的交通事故进行风险预警，保障道路行车安全。

(9)主动控制策略

①控制条件

a. 交通流异常

基于车道级交通流统计数据，对交通态势进行评估，分析全线路段实时交通流状态。当某区域出现交通流紊乱、交通流量过大、各车道间平均速度差异过大或上下游道路平均速度差异过大等情况时，进行车道化主动控制。

b. 路域环境异常

当雨、雪、雾、冰等气象条件异常，道路受损、结构损坏等基础设施健康状态异常，或者护栏损坏等交通设施异常时，根据道路运行环境异常程度，进行车道化主动控制。

c. 交通事件发生

利用交通雷达、事件检测仪等对全线的交通事故、异常停车、抛洒物等事件进行检测，实时获取突发性交通事件的详细信息，车道化主动控制系统即时响应。掌握道路养护施工等计划性事件，基于事件发生时间、桩号及影响范围，车道化主动控制系统定时响应。

d. 安全风险升高

以动态交通流数据、交通流异常、气象条件异常、交通事件发生为基础，基于交通安全风险预测，实现全路段实时道路交通安全风险等级的动态判别和未来交通安全风险的预测。对于当前交通安全风险过高和未来可能存在交通安全风险的区域，进行车道化主动控制，提升高速公路安全运营水平。

②三级联动机制

面向通行效率、安全运营与应急管理，首创"组织-控制-协同"多策略协同联动耦合控制的层级架构，构建多目标协同联动控制机制，如图4-8所示，将单事件控制策略融入全线控制策略中，使全线形成统一协同的控制体系。

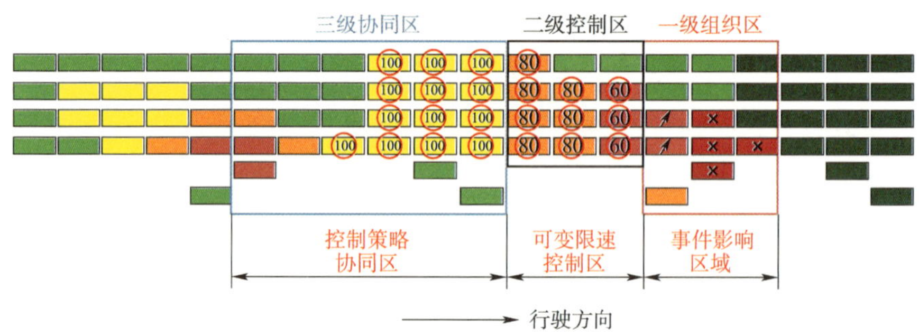

图4-8 "组织-控制-协同"多策略协同联动耦合控制机制示意

a. 一级组织区

在特定事件场景下，一级组织区根据相关规范标准确定事件影响区域内的交通组织方案。以事件类型、位置、等级等信息为基础，根据实际事件影响范围和相应交通组织规范，确定特定事件场景下的管控区域和交通组织方案，包括交通标志和物理设施的设置、车道开闭、换道诱导、限速值及事件信息发布。一级组织区的起点一般位于事件上游500~1000m,终点一般位于事件下游100~200m,具体长度根据实际事件影响范围、国家及行业标准规范等确定。

b. 二级控制区

二级控制区针对特定交通组织方案,设置事件影响区域上的分车道管控方案。根据实时交通流状态、道路通行能力和实时天气情况等条件,对道路交通运行效率和安全风险进行综合计算,形成动态交通管控方案。控制对象包括控制单元限速值、匝道流量控制率、车道功能控制、交通信息发布等综合控制方案。二级控制区以相邻两组可变信息标志之间的路段为一个控制单元(4km以上为长单元,2~3km为中等长度单元,1~2km为细单元),将控制方案发布在各控制单元对应的可变信息标志上,二级控制区一般位于一级组织区上游,范围为2~5km。

c. 三级协同区

三级协同区在交通组织和管控方案的基础上,综合考虑全局各个事件在时间和空间上的影响,设置控制策略过度变化、平滑衔接的区段,实施高速公路全线在时间维度和空间维度上的协同控制策略。在时间上,分车道信息标志显示的限速值以10~20km/h的变化幅度逐渐向目标限速值靠近。在空间上,道路限速自上游向下游平滑变化,避免限速值陡增或陡降的情况。其他协同策略还包括车道限制的空间协同、流量控制的时空协调和信息发布的优先级协同等。根据二级控制区内的限速值大小,三级协同区的范围为2~6个控制单元。

③关键控制技术

控制策略以可变限速控制、匝道协同控制、匝道主线协同控制,以及多策略协同控制与全线时空协同控制等关键控制技术为支撑,向出行人员发布交通状况、事故位置、交通管制、车道开闭、分车道限速等重要提示信息,实现对全线交通运行的科学管控。

a. 可变限速控制技术

通过先进的交通流和环境特征参数自动检测技术,对交通环境特征作出实时反应,主动判别当前交通流运行状态,基于控制策略自动调整当前限速值,并通过信息实时发布技术发布给道路使用者。与传统静态限速方法相比,可变限速控制技术不依赖某个固定的限速值,而是利用动态限速值对交通流主动干预,改善交通流运行状态,减小车速离散,缓解交通拥堵,提升行车安全。

b. 匝道协同控制技术

在匝道局部优化控制的基础上,以瓶颈处的流量最大为控制目标,结合历史交通流量及交通拥挤影响范围在协调区域实现多匝道内部协调控制。匝道协调控制主要以系统整体性能最优为目的,以系统总流量最大或系统车辆总的行程时间最短或总的延误最小为性能指标,将各入口匝道调节率作为控制变量,以通行能力为约束条件进行优化控制。

c. 匝道主线协同控制技术

在瓶颈路段处综合考虑可变限速控制和匝道协同控制的联动控制。可变限速控制通过对合流瓶颈路段处上游行驶速度的限制,减少汇入合流瓶颈路段处的车流量;匝道协同控制采用匝道调节率对入口匝道上汇入主线的车辆数进行控制。两者联动可对瓶颈路段处的交通流量进行有效管控,同时避免通行权的不平衡问题,防止主线或匝道上车辆排队上溯。

d. 多策略协同控制技术与全线时空协同控制技术

在多事件场景下,多策略协同控制技术根据事件优先级和事件限速等约束条件,对可变信息标志上的策略显示内容进行优化处理。全线时空协同控制技术在时间和空间两个维度设置动态限速调整阈值、相邻路段限速差阈值、相邻车道限速差阈值等约束条件,动态优化全线控制策略的发布内容。

④事件场景

高速公路交通事件场景通常分为常态化交通流运行场景、道路常发性及计划性事件场景、道路突发事件场景三种类型。控制策略以事件场景为基本触发单元,针对每个在线事件形成相应的交通组织方案、分车道分级限速措施等,生成以事件场景为基础的分级控制策略。

a. 常态化交通流运行场景

常态化交通流运行场景涵盖高速公路交通流正常运行过程中，由于不同车道或交通流内部的速度差异、不同车型占比变化、短时交通流量变化而产生的交通流波动情况。通过对交通流的调控，使道路达到稳定状态。具体场景包括上下游速度差异过大、分车道速度差异过大、交通流量较大、车占比过高和特种车辆行驶等。

b. 道路常发性及计划性事件场景

道路常发性及计划性事件场景涵盖因高速公路瓶颈路段、道路养护施工等因素造成的交通拥挤、堵塞等情况。该类事件的发生时间和地点明确，具有较显著的客观特征和计划性。具体场景包括道路养护施工及设备维修、单向交通中断、重点路段拥堵、连接线拥堵等。

c. 道路突发事件场景

道路突发事件场景涵盖在高速公路范围内发生的，对高速公路正常运营具有较大影响、对生命财产和社会生活造成不利后果的突发性紧急事件。具体场景包括不良天气状况、交通事故及违法行为、危险品（如化学品、放射性物质等）泄漏、交通中断、道路抛洒物及障碍物等。

（10）云控基础平台技术

云控基础平台是国家发展改革委等 11 部委联合印发的《智能汽车创新发展战略》中的 5 大基础性平台之一。云控基础平台由边缘云、区域云、中心云三级云控基础平台组成，形成逻辑协同、物理分散的云计算中心。云控基础平台会对车辆和道路交通动态信息、地图数据、交通管理信息、气象条件和定位信息等反映物理世界的相关数据进行综合处理，形成数字孪生模型，支撑不同时延要求下的应用需求。在云控基础平台之上建设的应用平台，可以面向智能网联汽车实现车辆行驶性能提升与运营全链条精细化管理。

以云控基础平台为基础，通过部署车路云网协同式的基础设施体系，基于低时延、高可靠、并行海量计算的云控基础平台软件，实现跨类型车辆、跨领域设备、跨平台数据之间的信息高效协同，支撑面向全路段、全区域的集中式决策与多目标优化控制,在实现道路管理功能的同时,预留车辆向智能网联和云控自动驾驶发展的空间,为智能网联驾驶、智慧交通乃至智慧城市的建设发展提供基础支撑。

基于云控基础平台,整合外场硬件和高速信息系统数据,通过智能高速引擎和交通视觉计算,有效地在高速交通态势分析、事件闭环处置、公众信息服务诱导及未来逃费稽查等高速应用场景实现智慧云控。

①云控基础数据标准化互联互通

实现数据格式、通信协议和应用语义的标准化,具有 PB 级数据处理能力,实现不同车辆、移动终端、信号终端、感知终端,以及包括交通、公安、救援、气象等不同平台体系与云控基础平台在数据交换、存储、计算处理方面的标准化高性能互联。

②基于四维时空的大数据计算

具备数据输入控制(如去伪、防篡改、可溯源等)功能,结合高精度地图及定位,实现基于大数据计算及多级智能化分析(如置信度管理、多源信息融合等)的交通全要素协同感知与决策规划,实时采集、处理和发布符合不同精度和时延需求的数据结果。

③网联式协同驾驶

采用"云-网-路-车"四级体系,结合移动边缘计算技术,具备支持高速特种车辆和社会车辆的"服务即插即用",以及应用运行智能动态调度能力,满足智能网联驾驶协同感知、决策与控制的超低时延、高可靠、高安全要求,为各种车辆提供云控协同驾驶服务。

(11)管理系统架构

面向未来,以云控基础平台为支撑,构建车路云网一体化管理系统,其架构如图 4-9 所示。用平台化、服务化思路,对应用支撑进行构思,打造以管理为核心、以数据为驱动的智能应用平台,提供智慧管理决策、动态交通管控、精细交通服务、车路协同与自动驾驶体验等管理与服务应用,全面提升高速公路运营管理水平。

快速响应、超低时延的云控基础平台是车路云网一体化管理系统的"神经中枢”，将高速公路所有参与车辆、路侧相关管控设备的数据高效、无缝地连接起来，提供互联互通、融合感知、决策控制、数据分析、监控管理、服务发布和运营管理的能力。根据所处理的功能不同，云控基础平台可分为后台支持域、中台业务管控域和前台响应展示域。

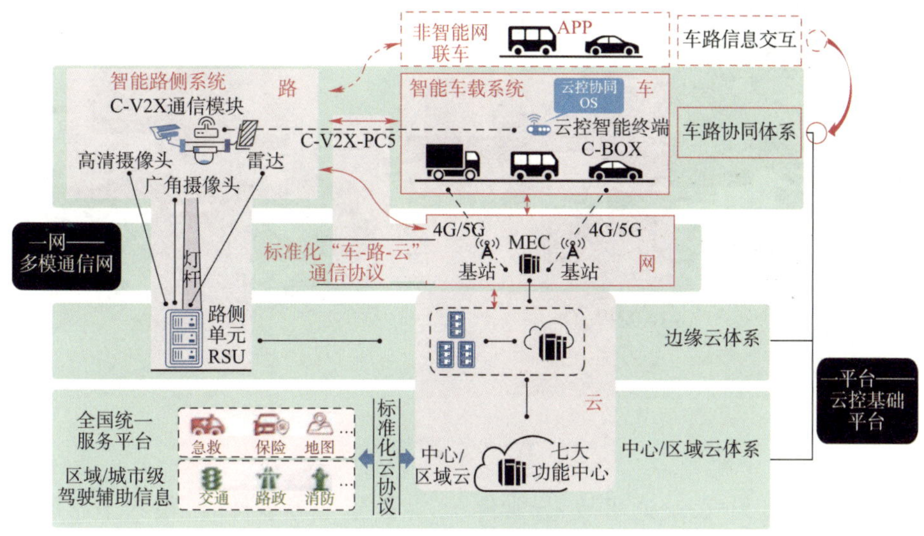

图 4-9　车路云网一体化管理系统架构

路端是车路云网一体化管理系统的“千里眼、顺风耳”，通过路侧高精度传感器（如交通雷达、摄像机等）对路段交通运行状态实时精准感知，数据融合后形成各类路侧安全消息（Road Side Message，RSM）/路侧信息（Road Side Information，RSI）。

车端是车路云网一体化管理系统的“末梢”，以智能设备、软件甚至服务送达等不同层次、不同颗粒度的应用服务，服务于自动驾驶、非自动驾驶、公众运营、特种车辆等多种类型的车辆。

车路云网一体化管理系统还包括一网，即涵盖 4G/5G 及 C-V2X 在内的多模通信网。

（12）集约坐席联动控制技术

集约坐席联动控制系统采用“一套系统、一个流程、一次操作”的集约化模式，实现对高速公路道路、设施设备、车辆等管理对象，以及运营管理、养护作业等日常业务的综合监控管理、统一联动控制，如图4-10所示。

图4-10 集约化坐席联动控制系统

当有不良天气、交通事故、异常停车、养护施工等事件时，集约坐席联动控制系统依照系统内事件既定处理流程，快速配置事件控制策略，快捷联动路政和交警等相关部门，下发道路管控策略。另外，事件处置过程备案留痕，以保障操作的可追溯性。

系统具备工位联动状态控制功能，工位坐席颜色变化与现场事件等级、控制策略等级、事件等级变化、操作流程变化等实时管控状态同步联动，形成线上线下联动处置，直观展示坐席处理事件过程，提高事件处理效率。

（13）兼具时空特性的虚实映射技术

虚实映射通过GIS+BIM或高精度地图搭建智慧高速公路数字孪生模型，与交通流、环境、事件、设备、视频等实时感知数据，以及发布的交通动态管控策略等信息交互联动，构建高速公路全域、全要素在虚拟空间的高精度实时数字映射，实现虚拟空间与物理空间的深度交互融合，达到数字世界与物理世界的实时互动。

基于 Unity3D 游戏引擎和“一网两轴”特征开发的时空态势映射数字孪生毫秒级响应技术，以空间轴实时映射高速公路交通运行状态、事件信息和气象状况，以时间轴实现历史信息可回溯、实时信息可追踪、未来状态可预测，面向信息资源共享整合，实现各业务部门间高效、便捷协作。

(14) 全寿命数字资产管理技术

全寿命数字资产管理以 BIM + GIS 为信息载体，将工程实体建设运维全过程、全要素信息映射到 BIM 中，对照高速公路物理实体建设，同步生成“数字高速”，形成高速公路数字资产。对每一项工程构件设置唯一编码标识，将建造、养护全过程数据与之绑定，通过信息可视、流程透明、动作标准的管理平台，实现规划、设计、建造、养护、运维的全过程、全要素多源数据时空集成和互联共享，支撑高质量品质工程、平安工程建设，降低成本，高速推进施工建设，实现养护科学决策分析。

(15) 全旅程路图融合出行服务

全旅程路图融合出行服务基于多元交通信息数据，利用高速公路动态控制信息与导航地图叠加，实现公路基础设施状态、服务设施状态规划、交通运行状态、交通突发事件、公路施工养护、公路气象环境、急救援、安全辅助驾驶等信息在移动 App、车路协同设施、广播、可变信息标志的发布，提升交通信息发布的覆盖面和及时性，为用户提供基于位置的出行全旅程信息服务，满足出行者大众化、普适性的服务需求。结合公众出行的各种信息需求，事先互动，获取出行者的信息偏好，以出行者为中心对发布的信息进行筛选，锁定有效信息，为出行者提供连续性告知、强时序导航、个性化定制的综合信息服务。

3) 应用创新

路网运行监测主要是通过路侧设备采集交通流状态、交通事件和交通环境等信息，为指挥调度、信息服务等业务提供数据支撑。与传统离线智能分析、依赖人工研判的感知体系相比，智慧高速对人工智能的需求更为强烈，体现出快速化、规模化、智能化的趋势，对感知设备也提出了精细化、广覆盖、高可靠的要求，整个感知体系需要具备快速响应能力、大规模处理能力和更丰富的数据收集能力。目前,感知体系的建设在智慧高速投资中占比居于首位,感知等外场设施数量和智能性水平大幅增加,既在某种程度上决定了智慧高速建设效果,又在较大程度上影响了整体的工程造价和经济投入产出效益。高速公路运营单位要根据具体高速公路的交通特征,建设经济可行、路段差异化、多维适用的监测与感知体系,对重点路段进行实时、可靠、准确、全面的数据采集,满足路网、路段和交通现场的管理需要。

外场设施的能力以及软硬件集成的情况在很大程度上决定了路网监测效果和对业务的实际支撑能力。若采取以云计算为核心的集中式数据处理模式,由高速云完成各类外场设备的感知信息数据处理,数据的上传和云端数据处理会给网络带宽和服务器造成极大压力,出现带宽占用大、网络延时长、实时性差等诸多问题。由于端侧对功率、计算和通信能力都有一定的限制,因此,边缘计算以低时延、高可靠的数据处理方式成为云计算的有力补充,成为智慧高速在线智能分析、智能服务的重要手段,为通过云边协同完成全场景的智能应用提供了技术思路。

经过工程实践,汾石高速公路形成了对上述技术解决方案如何应用的技术理解。智慧高速感知体系领域最重要的任务是实现快速、准确、多样的边缘侧感知。从应用角度而言,在加强边缘计算算法,实现对丰富的感知数据的分析后,仍然需要解决边缘侧感知的碎片化问题。路侧各边缘设备的分析结果形成感知片段,导致感知碎片化,其原因在于各路侧单元各自独立、缺少跨设备的数据融合分析。为此,针对高速公路线性结构、里程长的特点,需在建立统一交通数据时空基准的基础上,搭建覆盖一定路段范围的数据整合平台,形成路侧智能中台,作为部署在路段范围的数据基座完成数据融合和业务价值分析的计算处理过程,以“边缘即服务”的形式为上层路网管理智慧大脑提供应用数据支撑,从而形成部署于路侧边缘设备的边缘计算、部署于路段管理机房的路侧智能中台、部署于云计算中心的路网数据中台三层垂直数据分析和算法部署结构,建成“智慧高速云控平台”,更好地支持边云协同智能体系的构建。

(1)交通事件感知

由于单一感知设备对交通场景的检测通常具有一定的局限性,因此,为满足业务要求,通常需要融合多种感知设备建立路侧感知系统,以提升交通事件和交通态势的感知能力。传统感知设备主要包括摄像机、道路/气象检测传感器、交通流检测设备等。其中,摄像机能够对目标的纹理、颜色信息进行有效获取,且支持一定程度的智能分析,但易受光线条件影响,缺乏准确的深度信息。近年来,随着激光雷达、毫米波雷达等设备逐渐成熟,路侧感知设施种类更加丰富,同时也为实现全时域、全天候、精细化感知提供了可能。激光雷达具有分辨率高、信息量丰富、对低速和静态目标识别较好的优势,能够获取更完整的目标位置、尺寸、颜色等信息,但设备成本较高、抗干扰能力差,在雨、雪、雾、沙尘等天气下性能大幅下降。毫米波雷达不易受上述天气情况的影响,更适合全天候、全天时工作,但在隧道等封闭环境下易受反射干扰影响,感知距离和感知精度大幅下降。

①基于视频的交通事件感知

为唤醒"沉睡的"视频资源,可利用前端视频监控设备和高清视频事件检测分析仪,对沿线固定摄像机采集的图像进行交通事件自动检测并告警。通过建立基于视频的交通事件主动发现模型,并在预先定义好的策略和配套算法的基础上,对需要分析的视频码流,按照建立图像背景模型、检测运动目标、分析目标特征、判别交通事件的过程完成智能分析。通常采用车辆跟踪、事件识别以及视频压缩等技术,从图像序列的变化中选取目标信息进行计算处理,对车辆移动轨迹进行分析,结合图像识别技术,对停车、交通拥堵、车辆排队超限、车辆逆行、交通事故、车辆丢抛物、能见度检测等交通事件进行检测。

视频分析结果可用于对监控人员进行自动报警提示,并根据应急预案和应急处置方案的数字化管理,提供预案录入、编辑和查询等功能。此外,视频分析结果可结合车辆号牌、收费业务数据等信息,基于时空关系分析、特征建模、动态库与静态库对比等方式,用于交叉挖掘事件时间、空间的连接关系,分析和预测交通态势演变趋势等深化应用。

②基于雷视融合的交通事件感知

a. 设备选型。

伴随智慧高速和车路协同建设,大量的新型路侧雷达应运而生。雷达可统计的交通流参数包括车流量、车辆瞬时速度、车道平均时间占有率、车道平均速度、车头时距、车辆排队长度、车辆通行速度和通行时间、车辆密度等,可检测的交通事件包括异常停车、车辆逆行、车辆超速、占用应急车道、碰撞事故、抛撒(洒)物等。

毫米波雷达对照射到汽车、行人所形成的毫米波反射所形成的多个点目标进行分析,通过点目标识别技术对目标的距离、速度、水平角度和反射强度进行检测,从而对车辆、行人、抛撒(洒)物等目标进行监测,并可根据多帧信号的连续测量点轨迹对目标进行跟踪,形成随时间更新的目标轨迹信息。对应指标包括各个测量数据的范围、精度以及雷达分辨能力。测量精度和分辨力越高,统计参数和检测的准确性就越高。综合考虑雷达的覆盖范围、测量频率、探测精度、设备维护、设备价格等多方面因素,定向毫米波雷达的效果更佳。《汽车雷达无线电管理暂行规定》要求,76 ~ 79GHz 频段供汽车雷达使用,自 2022 年 3 月 1 日起,其他雷达场景不得使用 76 ~ 79GHz 频段,因此,目前宜选择中心频率为 80GHz、频段为 79 ~ 81GHz 的定向毫米波雷达。

激光雷达基于激光点云,能够获得目标的三维轮廓以及在场景中的三维坐标信息,可利用三维检测技术与空间目标跟踪技术对目标进行定位、检测和跟踪,提供目标的坐标、尺寸、航向角、精度等信息。不同类型激光雷达的参数对比见表 4-2。

不同类型激光雷达参数对比 表 4-2

参数	类型		
	机械旋转激光雷达	半固态激光雷达	固态激光雷达
线束(线)	16、32、64、128	66、240、480、700	128、256、480、512
波长(nm)	905	905、1550	850、905、1550
测量距离(m)	150 ~ 250	60 ~ 300	5 ~ 240(80% 反射率)

续上表

参数	类型		
	机械旋转激光雷达	半固态激光雷达	固态激光雷达
安装方式	水平安装	水平安装、车头内嵌式安装	水平安装
视角	水平 360°	水平 15° ~120°	水平 45° ~360°
精度(cm)	±2 ~ ±5	±2 ~ ±5	±0.05 ~ ±8
设备维护	机械结构为易损件,并且需要定期调校	固态激光束不易损坏,无须定期调校	固态激光束不易损坏,无须定期调校
价格	较高	机械式是固态式价格的4 ~5 倍	机械式是固态式价格的4 ~5 倍

由于新型设备较多,因此,在工程应用中需加强感知系统设备选型。路侧融合感知系统包括感知设备、计算单元和通信单元。其中,毫米波雷达提供结构化的感知结果,摄像机提供图像视频流和结构化数据。计算单元用于接收毫米波雷达、摄像机的数据设备传输的感知信息,进行视频解码、AI(Artificial Intelligence,人工智能)推理、目标识别、目标跟踪和多传感融合处理,最终输出在途用户目标信息及事件判断信息。应根据业务需求开展雷达、移动边缘计算(Mobile Edge Computing,MEC)等设备选型。受功率使用限制影响,24GHz 毫米波雷达的感知距离较为有限(一般在 200m 以内),其速度和距离分辨率及精度也远低于 77 ~81GHz 毫米波雷达。因此,对交通诱导、交通管控、交通流采集等需求,可采用 24GHz 毫米波雷达,对轨迹跟踪、连续事件检测、精准时空等需求,可选择 80GHz 毫米波雷达或激光雷达。除了探测距离指标,还需要考察验证雷达的探测距离、角精度等指标。除此之外,还应重点考虑在雨雪天气易发生拥堵、事故等的交通事件时雷达识别准确率的问题。在 MEC 选型方面,除了要考虑与技术体系的一致性外,还要考虑算法和算力的要求、与路侧通信单元的标准匹配问题,其中算法和算力与 MEC 的技术指标相匹配,输出的数据格式能够被通信单元准确解析,并实时播发到车端。路侧的计算单元和通信单元应用按照软件定义硬件的整体

思路去进行设备的匹配工作。全向与定向毫米波雷达的参数对比见表4-3。

全向与定向毫米波雷达参数对比　　表4-3

参数	类型		
	全向雷达	定向雷达	说明
雷达体制	机械装置扫描	电子波束扫描	—
体积	大	小	全向雷达比定向雷达体积大30%左右
俯仰波束宽度	1.8°	20°	—
覆盖范围	半径450~500m,盲区半径20m	350~500m,假设高度为6m,盲区半径16m	全向雷达适用于车载系统,而在杆件上以400~500m间距立杆,背靠背部署定向雷达,优于全向雷达的效果
探测视场	为了探测远距离,需要降低高度;降低高度后容易造成远距离遮挡	高度可调,增加高度,探测距离增加,盲区增大	—
测量频率	4Hz	10~20Hz	定向毫米波雷达频率高,可以更精确地跟踪车辆轨迹并分析交通事件
距离精度	线性调频连续波	线性调频连续波	距离探测精度相似
方位精度	采用单固定波束机械扫描方式,每个周期测量次数有限,每360°测量频率400次,方位采样间隔为0.9°,角度分辨率有限	采用波束合成技术,近距离方位采样间隔1.2°,远距离方位采样间隔为0.18°,精度较高	定向雷达相比于全向雷达,可以实现更高精度的角分辨率
速度精度	统计多普勒频差的时长最多为0.625ms	最多可以实现50ms的多普勒频差采样时长	定向雷达速度精度远高于全向雷达
设备维护	机械结构为易损件,并且需要定期调校	固态天线不易损坏,无须定期调校	—

续上表

参数	类型		
	全向雷达	定向雷达	说明
设备价格	较高	较低	全向毫米波雷达价格是定向雷达价格的10倍左右

b.设备布设。

雷达设备的感知距离一般为几百米,而高速公路杆件和门架的间距一般为1km以上,如果要实现全路段覆盖,综合建设成本较高。为降低杆件布设成本,可采用雷达顺向追打或双向对打布设模式,并采取视频辅助等有效措施解决杆下盲区感知问题。雷达布局模式及安装位置的选取,不仅取决于设备自身、对成本的控制和接受度,还与主线、交安的整体设计以及后期在运营和管理方面的需求密切相关。在关键的杆件选择方面,杆件的高度、形状、固定方式都非常重要,安装不当会影响到设备对探测距离、探测精度的准确度。

考虑到交通视频信息更加直观且便于理解,可采用"雷达+视频"融合监测的方式,对大区域内的车辆进行全天候实时跟踪,精准定位通过与车道进行匹配计算,对交通事件进行检测,触发视频拍照截图,并在图像中标注异常目标,将报警信息和图像上传至平台,为交通管理部门提供准确的事件预警信息及违法交通行为视频图像依据。

c.设备标定。

雷视拟合的基础是基于统一的时空感知,通过摄像头、高精度毫米波雷达等感知设备,获取多源感知数据,并通过算力强、开放可扩展的路侧边缘计算完成数据融合,实现多车辆目标检测与追踪、交通行为、交通事件等的综合监测,支撑多样化边云协同应用。雷视拟合综合了不同传感设备的优势,成为一种更灵敏、更精细的交通事件感知手段。其具体实现分为三个方面,包括传感器的布设与数据采集、传感器标定和多传感器数据融合及目标识别方法。通常选择远焦、近焦两种枪机视频摄像机完成雷达数据与视频数据的匹配,并利用球机满足发现事件后的人工处理业务需要。由于不同传感器在传输和数据处理中还有一定的时间延迟,因此,不仅需要统一不同设备的时钟,还需要利用归一化的时间戳对多源数据进行时间匹配,并进一步结合已标定的空间坐标轴进行坐标转化和空间匹配。摄像机与雷达标定示意图如图 4-11 所示。

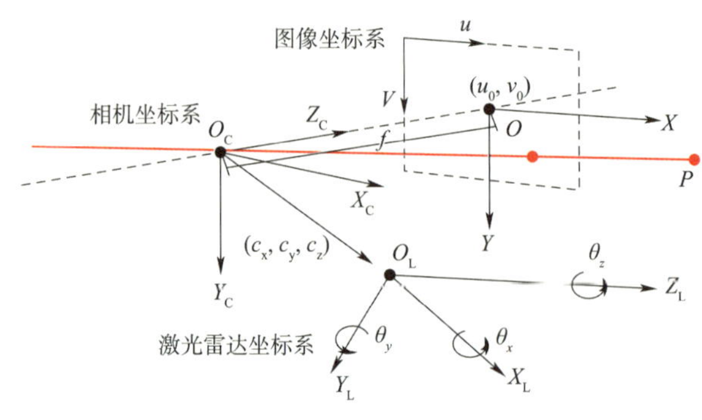

图 4-11 摄像机与雷达标定示意图

d. 轨迹追踪。

通过提高感知能力,实现车辆轨迹跟踪和微行为监测,能够与车路协同相关功能配合,完成车辆行驶过程中的各类预警功能。因此,通过雷达传感器跟踪车辆获取雷达跟踪数据,利用多目标追踪算法对多目标车辆进行 ID(Identity Document,身份识别号)赋予,并对同一目标进行持续追踪,结合车辆抓拍摄像机抓拍车辆信息,雷达传感器根据不同的车辆类型生成唯一对应的 ID 身份编号,数据采集处理器将雷达跟踪数据与车辆信息融合绑定并与车辆的 ID 身份编号相关联,保证目标的唯一性。通过车辆连续跟踪信息传递交互实现车辆在相邻区域间的连续跟踪。利用雷达传感器能够实现全天监控全路段的车辆行驶情况,减少因天气、环境因素的影响不能准确采集车辆信息的情况。通过雷达跟踪数据与抓拍的车辆信息融合生成车辆的行驶路径,能够精准定位车辆位置,对车辆长时间占用错误车道进行取证,提升整体调度指挥能力。

对于雷达覆盖区域重叠的情况,需要将两个临近雷达同时扫描的同一辆车的数据信息关联,并融合在一起对目标信息进行修正,以保证同一辆车的完整数据信息始终保持不变,并需要与车辆 ID 身份编号修正功能协同运行。

车辆遮挡、感知盲区、跨 MEC 识别保持率下降等会产生车辆目标丢失问题,需在边缘计算终端或上层平台完成车辆断点惯性补偿,主要包括车辆遮挡跟踪补偿、雷达数据处理同步触发抓拍、车辆 ID 身份编号修正、车辆连续跟踪信息传递交互、车辆完整数据信息丢失二次校准信息回溯、动态信息与特征信息绑定融合等算法,通过合乎时空逻辑和实际规律的推演,对轨迹跟踪效果进行补偿,最终实现多目标车辆的连续追踪。

在雷达感知信息中,不包含车辆号牌等重要信息,为实现车辆车牌与雷达感知信息的融合,需要在进行雷达数据处理的同时触发抓拍模块,通过对雷达采集回来的原始数据进行实时的分析处理,得到包含唯一 ID 身份编号信息的车辆的动态数据信息。当系统检测到被跟踪实时定位的车辆进入预先设定的车辆抓拍触发区域时,数据采集处理器将车辆的动态信息转化为车辆抓拍摄像机的触发控制信号,同步触发车辆跟踪定位抓拍。基于毫米波雷达的车辆跟踪示意图如图 4-12 所示。

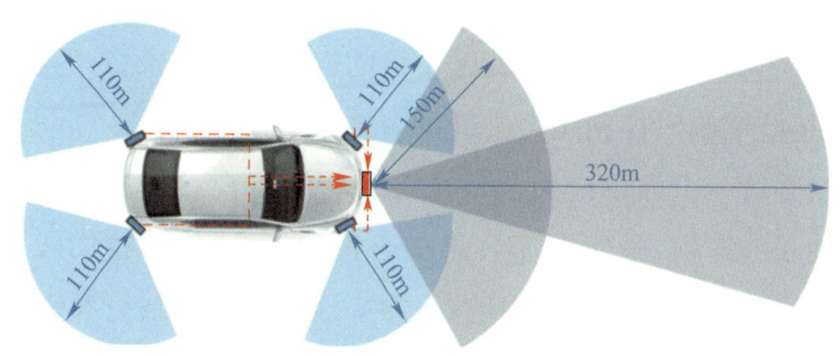

图 4-12　基于毫米波雷达的车辆跟踪示意图

③基于无人机的交通事件感知

无人机能有效弥补摄像机、雷达等路侧监测设备受固定点位约束的不足,实现快速补盲和抵近观察,满足节假日和部分偶发事件情况下的应急需要。为方便无人机启停,达到快速响应的目的,可使用专用的起降、充电和存储平台(机巢)。多个无人机蜂巢平台可以组成链式或蜂窝状覆盖,通过简单增加数量即可覆盖广大的区域。日常巡视飞行可以由客户在云端平台上规划无人机在“空中通道”内巡视的任务。该任务可以包括飞行路线、分段设置飞行高度、飞行速度、机载相机方位角、机载相机俯瞰角度、指定地点悬停、指定区域拍照等。如果高速公路上出现意外事故，可以通过中心平台快速呼唤无人机到达现场。事故点的位置可在电子地图上直接点选，同时可指定监视高度、角度、是否环绕、是否多角度拍照等，系统自动生成飞行任务下发到最近的蜂巢。

高速公路沿线按一定距离部署无人值守式无人机机巢系统。机巢具备防雨、防风、防尘、防雷等特点，能够在恶劣环境中保护好无人机，在气象条件许可时释放无人机进行巡视，并可在日常交通状态巡视中提供动态的视频数据，为整个智慧交通系统提供实时高效的信息来源。当发生交通事件时，可在第一时间指派最近位置的无人机飞往现场而获得现场信息，为远程指挥提供最快速的信息支持。

基于无人机事件监测的数据处理策略包含数据处理流程和业务流程。无人机的数据处理，由系统从无人机巢获取内部温（湿）度、外部温（湿）度、环境照度、能见度、降雨状态、无人机电量等信息，实时监测显示无人机巢的位置及状态信息。同时，能够查看无人机的巡检视频及录像，监控无人机的巡检轨迹，还能够临时控制无人机进行应急现场指挥。

无人机系统一方面可应用于日常交通状态巡视，通过预先设定巡航路线实现自动长线巡航，采集高速公路动态视频信息，有效替代人工巡检，并且可以抵达人工巡检不便到达的地点，为高速公路交通运行状态、路面状态的监测及预警提供实时高效的信息来源（图4-13）；另一方面可用于应对突发事件的紧急处理，当高速公路发生拥堵、事故等突发事件时，可在第一时间指派就近位置的无人机飞往现场、快速获取现场信息并将视频实时回传至指挥中心，便于管理者快速组织应急救援和现场交通疏导。另外，还可实现交通拥堵排队预警、违法行为抓拍、路径规划、现场应急指挥、环境监测、视频/录像、轨迹跟踪、数据分析和综合展示等功能。

④交通气象监测

雨、雾、雪、强风（横风）等恶劣天气及对公路交通安全影响较大。尤其是冬季，冻雨、降雪、凝冰、团雾等恶劣天气频发，严重影响高速公路的正常通行，高速公路管理单位应及时了解高速公路沿线的气象状况，根据气象状况采取相应的交通控制措施，保证驾乘人员的生命财产安全。

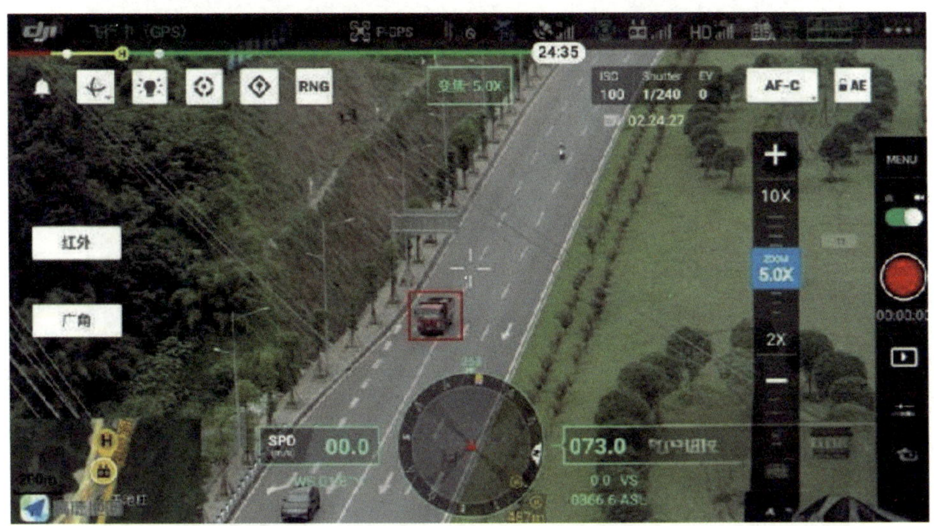

图 4-13　无人机系统日常交通状态巡视界面

现有的气象预测网格不适用于线性的高速公路交通气象体系，无法实现交通气象公里级、分钟级的预测。同时在高速公路沿线，站点密度不足，采集的观测数据不能满足团雾、结冰、积雪等天气预测要求。山东省利用现有的气象监测设备，建立团雾、结冰、降水、积雪等多种监测预测模型，研发了交通气象监测预警云平台（图 4-14），实现了气象监测预警、气象信息服务、气象辅助决策等功能，为进一步实现恶劣天气条件下高速公路的运营决策管理提供了基础支撑资料。

根据高速公路气象监测站网的布局需求，每 50km 建设一个全要素气象监测站，在团雾多发路段、跨水系重点桥梁等路段，结合路段自身的地形和观测条件，进行加密观测，间隔 10km 或 20km 建设一个气象监测站，并与当地气象局的数据进行结合，形成高速公路气象信息监测与预警系统，配合诱导系统联动工作。其中，高速公路气象监测站的观测要素应包括气温、湿度、风速、风向、能见度、地表温度等。同时根据交通运输部门需求，增加其他观测要素，如固态降水、天气现象、结冰等，数据采集频率为分钟级。

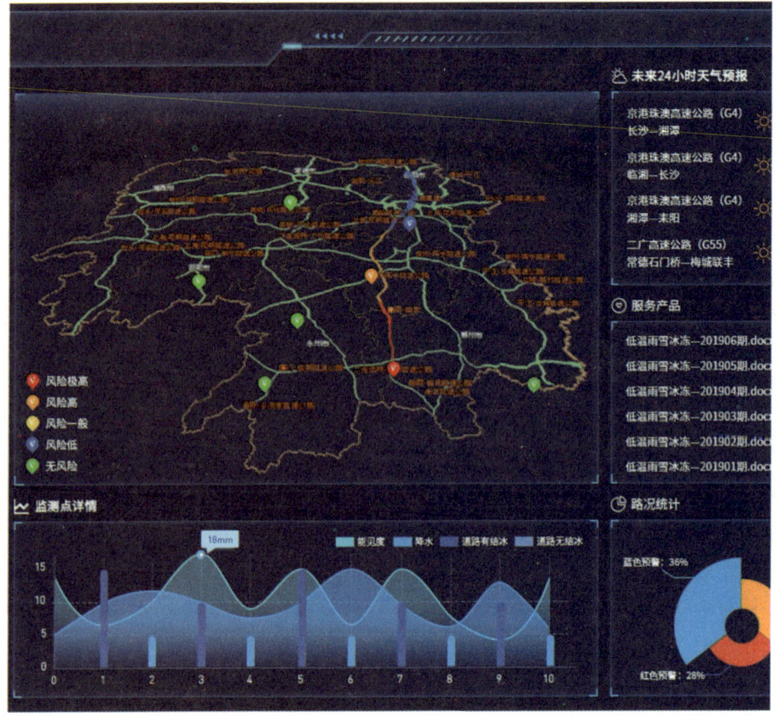

图 4-14　交通气象监测预警云平台

(2)路网态势感知

路网态势感知已经从传统的视频数据可视化发展到如今数据的多源化融合感知与分析，从“感而不知、感而略知”进化到“感而全知”，推动交通业务由“信息化优势”转化为“决策优势”，进而达到“行动优势”。通过多源交通数据感知、交通态势推演、AI 智能算法等技术，实现了高速公路交通运营状况的实时分析和精准预测，可模拟仿真交通流和交通事故等各种交通现象，复现交通流的实时变化，深入地分析车流、驾驶员以及公路的特征，为高速公路管理者提供可视化的管理手段和智能化的辅助决策。

基于大数据体系建立算法与业务模型，依靠高速公路沿线物理设施设备的静态信息与从感知设备获取的动态数据建立高速公路状态分析模型，采用数据聚合、聚类、分类等算法进行数据挖掘，建立高速公路实时运行状态模型，实现交通运行态势分析、短时及节假日交通流量预测、行程时间计算等功能。

①实时交通态势感知

利用全路网交通态势实时计算模型，将交通态势感知的数据分为实时数据和触发数据。实时数据包括车速、车型、车牌、车距、行驶方向、车道号等，数据主要来自摄像机、雷达、交通卡口、ETC 门架设备等；触发数据包括交通事件、气象数据、能见度数据、交通拥堵数据等，数据主要来自雷达、气象监测设备、互联网数据等。

通过建立实时交通态势算法模型，对高速公路按照每百米、每个独立路段（如收费站、服务区、互通立交、单个桥梁等）进行分段划分，利用设备感知数据建立单车模型，融合车辆位置信息、车辆画像、行驶轨迹、交通事件（如拥堵、事故、施工管制等）等信息，预测车辆的未来行驶轨迹。结合态势推演模型，动态还原全路段的车辆分布，从时间和路段维度计算通行指数、平均车速、车道占有率等多项指标，实现车辆位置信息的秒级更新。对因货车遮挡等问题丢失目标的场景，可通过车牌信息和算法拟合的方式进行弥补。对基础数据进行处理后，形成高速公路的平均车速、车道占有率、交通事件等数据，最终实现分钟级拥堵指数、交通环境指数的预测更新。

②短时交通路况预测

短时交通路况预测有助于运营管理单位提高对异常交通事件的应急处置效率，也可对车流量激增情况作出预警，切实提高管理服务水平。短时交通路况预测应根据实时交通态势感知产生的拥堵指数、平均车速、车道占有率等计算数据，结合交通流量数据，基于仿真孪生系统的预测预案，采用三维可视化技术，通过科学的仿真推演，分析查看管控措施后交通流的运行衍生情况，并分段模拟计算各路段未来 15min ~ 2h 的交通运行态势。基于运营公路的历史数据，建立高速公路运行状态数据模型，对指定路段和时段的路网交通运行状态进行预测分析。结合当前时间与未来时间的差距，综合实时预测数据与历史预测数据进行复合计算，可提供 15min、30min、60min、90min、120min 的短时交通路况预测。当遇到节假日时，基于历史数据采用时间序列神经网络模型，可提供分钟级的节假日车流量预测。

③行程时间预测

目前，主流的导航软件（如高德地图、百度地图等）均能提供到达目的地的时间，但其均主要利用自身 App 收集的数据对行程时间进行预测。随着智慧高速发展，高速公路的路侧感知设备不断增加，可收集的车辆车速、车型、交通流等数据类型也越来越丰富，这些数据可为高速公路的行程时间预测提供大数据支撑。当车辆正常行驶在高速公路上时，通过引入影响车速的所有参数，分段计算各路段的平均车速与预计通行时长，通过时间序列累加各路段预计通行时长，并结合同路段历史通行时间数据，实现全路段任意两点间行程时间的计算，为驾驶员提供更精准的行程服务。

4.1.4 突出亮点

（1）针对汾石高速公路连续弯核桃岩隧道段为其列出的长纵坡中坡道最为集中、长度最长且坡度最大的一段，同时包括连续弯道、桥梁和隧道，路段地形复杂的特点，设计了车道级管控系统。

该系统利用综合感知系统实现车辆识别、车道级定位、事件检测等功能，当系统检测到出现交通事件、排队、拥堵时，系统通过车道级可变信息板自动向来车方向对应车道发布交通事件和行车风险的预警信息、位置、距离，提醒驾乘人员谨慎驾驶，辅助管理人员对道路进行管控和引导。尤其是对该路段重点车辆的管控，包括重载货车、危化品车辆等，这些重点车辆在行驶过程中易发生事故从而造成严重不良后果，必须对其严加管控。重载货车在运输过程中存在超载、疲劳驾驶、分心驾驶、超速、超员、不系安全带等危险行为，易造成各类交通安全事故发生，损害群众生命财产安全；危化品运输车所运物品具有易爆、易燃、毒害、腐蚀等危险特性，一旦发生交通事故，不仅会造成人员伤亡和财产损失，还会导致环境污染。保证重点车辆正常安全通行，减少交通事故隐患。

基于智能安全感知系统，依托交通流分析实现危险信息判别、交通异常识别，实现针对不同高风险行为的实时智能引导管控方法，包括限速引导、换道提示、前方异常事件/事故/不良天气提示等。通过综合管控平台对路侧设施（包括车道级可变信息发布系统、太阳能显字系统）进行调度，从车道级限速、车道控制等角度，进行短时交通运行风险管控。对于干预内容，根据不同等级车流行车风险，发布车道级可变限速、禁止变道、单向变道、自由变道等干预信息，构建交通运行风险的智能预警管控方案库，为降低交通运行风险提供技术支持。该系统采用包括主线车道级管控、可变限速控制等技术，通过多源数据采集、路况感知、流量预警、后台管控、信息提示的智能化，实现特殊条件下灵活动态的安全威胁事件提醒与行车提示，实现路段安全问题提前预警、威胁规避措施提前发布、路网运行压力提前消解的目标。

设置高速公路情报板防篡改系统，可以实现与情报板中台互联互通，同时提供情报板网络安全防护能力，为情报板信息防篡改安全管理提供技术支撑。可以实现情报板文字发布、图片发布、播放内容读取、状态监测、开关屏控制等功能，同时提供情报板网关边缘安全防护能力，包括非法信息刺探、非法入侵监测、恶意程序监测、登录安全审计等能力，实现物联网安全态势全局感知，降低安全风险。提供内容安全防护能力：在事前，提供情报板内容发布敏感信息过滤，自动检测涉黄/涉恐信息；在事中，提供情报板内容防篡改能力；在事后，提供情报板敏感内容一键替换能力。实现情报板内容全链路安全。

（2）针对汾石高速交通重载运输突出的特点，设计了路侧轻量级诱导系统与长下坡重载车辆轮胎温度监测系统。

①路侧轻量级诱导系统

通过在连续弯核桃岩隧道段沿线布设的全要素感知设备，可实现对重点路段中的重点车辆进行全程实时监控和跟踪，在连续弯核桃岩隧道全段布设路侧智能诱导系统，每隔 20m 布设一组太阳能显字诱导灯，具备道路轮廓强化、行车主动诱导、防止追尾警示等工作模式，可根据路域天气变化及前方交通状况，通过显字提示，引导车道保持车距，控制车速，从而降低事故发生概率。如图 4-15 所示。

同时，在连续弯核桃岩隧道全段布设定向声音信息发布系统，通过定向声学的特性,可实现声音有方向、远距离的精准投声,清晰传达语音指令,且不会对周边环境造成噪声干扰。声音警示效果可以弥补视觉标志的有限警示。定向声音信息发布系统通过智能行为分析后可根据不同场景“主动示警,远程处置”,减少安全事故的发生,最大限度保障人员生命财产安全。通过附属设施的警示诱导,避免二次事故。

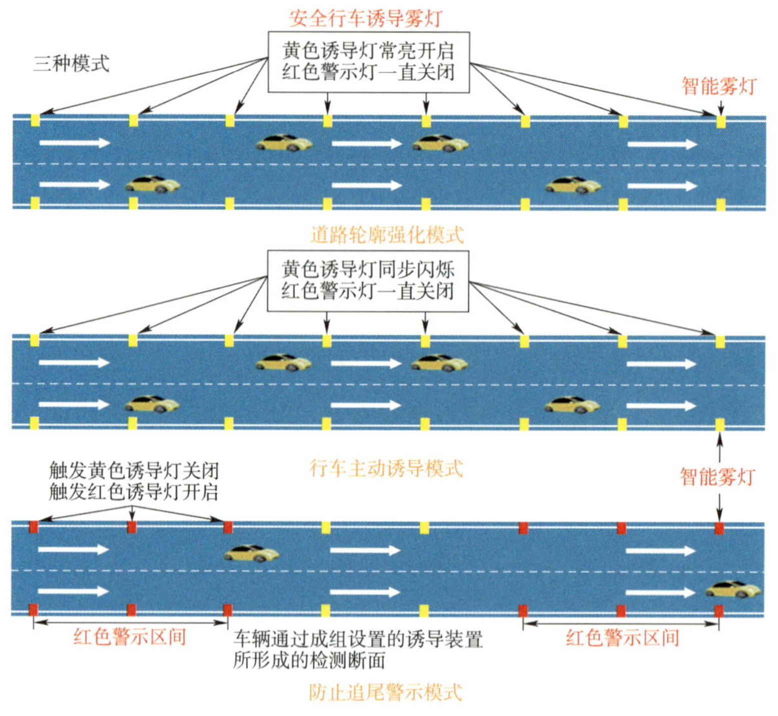

图 4-15　路侧轻量级诱导

在危险环境前方和路侧对车辆行驶状态进行提示,以降低行驶风险。通过以上措施,可对重载车辆交通运营实现实时管控,保障交通运行效率。

②长下坡重载车辆轮胎温度监测系统

连续弯核桃岩隧道段存在 K47 + 080 ~ K47 + 815、K48 + 135 ~ K48 + 700、K49 + 540 ~ K50 + 290 共 3 个连续长大纵坡。针对长大纵坡的分布情况,布设轮毂测温设备,对车辆动态信息、刹车温度的感知,通过车道级可变情报板、路侧智能诱导系统提醒车辆及时采取降温措施,降低行驶风险。

(3)针对汾石高速核连续弯桃岩隧道段桥隧众多,复杂的环境变换及气候多变带来交通行驶的小气候频发,且多数出现在连续长下坡段和桥梁隧道连接段的特点,设计了连续长下坡小气候诱导系统。

通过在此路段针对性布设2处气象站及路面检测装置,实现恶劣气候的及时、准确检测,可通过车道级可变情报板及路侧智能诱导系统进行结果发布,实现团雾预警及能见度监测和路面监测功能。

通过前端的气象能见度监测设备,对团雾等小气候情况进行监测,小气候发生时及时报警上传,指挥中心值班人员通过综合管控平台接收到预警信息,确认信息准确后,启动信息发布指令,进行交通管控。当气象条件正常后,系统可以自动恢复到道路原设计限速状态。

通过气象监测设备与车道级可变情报板、路侧智能诱导系统的智能互联互通,实现智能安全预警、智能事故预防、智能车辆管控、智能发布应急预案,有效提升高速公路运行速度,大幅提升通行效率,能做到第一时间发现、第一时间预警、第一时间预防、第一时间管控、第一时间发布信息。

(4)针对隧道内能见度下降、视觉参照物单一、环境复杂,驶入和驶离隧道紧急停车带时存在安全风险,隧道进出口存在黑洞与白洞效应的特点,在核桃岩隧道设置隧道紧急停车带诱导系统、隧道蓄能自发光安全应急诱导系统和隧道入口事故柔性阻拦系统。

①隧道蓄能自发光安全应急诱导系统

通过在核桃岩隧道口设置新型隧道反光诱导构件和电光蓄能自发光条形标,可以弥补隧道内外亮度差的问题,增加隧道参照物,减少视觉疲劳,提高驾驶员的能见度,减少出入口变道行为,解决黑白洞效应,减少交通事故的发生。补光系统可以进行智能化控制,根据隧道口的车流量、天气等因素调节灯带诱导方式,可以呈现流水、渐变、追逐、五彩变化,提高驾驶员的视觉舒适度和行车安全性,避免因亮度不足或过度照明对隧道造成损害,从而延长了隧道的使用寿命,引导车辆顺利进入隧道。

②隧道入口事故柔性阻拦系统

基于智能感知设备检测到车辆目标后,实现声音及文字同步预警,语音清晰,“前方隧道,禁止变道”等提示语句,强迫驾驶员接收到信息。另外,声音具有穿透力,也可起到防疲劳效果,减少交通事故。

当隧道附近发生交通事故时或交通拥堵时,定向声接收到平台信息,通过定向声可远距离清晰地通知后方车辆“前方事故,减速避让”,路侧轻量级诱导系统同时出现“停”字样,实现快速柔性阻拦。

4.1.5 系统特点

(1)可靠性。整个系统的构成、设备的选型应确保系统整体运行处于良好、稳定的状态,并且便于维护。

(2)实用性。根据地形复杂段落智能安全感知系统的目标要求,做到最基本的系统配置。分析、预测今后若干年内的交通量变化与环境变化,以及可能导致对整体服务水平的影响,事先采取对策,将近期目标与远期目标做统筹考虑。

(3)完备性。根据安全感知需求与交通参与目标的特点,做到感知系统全天候、全环境、全时段的有效感知,并通过多源传感器保证感知信息的完备性;通过融合信息判断保证事件感知的完备性;通过多种信息广播方式结合实现信息发布渠道的完备性。

(4)可互换性。监控系统的设备选型应符合国内、国际标准和行业规范。

(5)安全性。整个系统的设备及机房应确保供电、防雷等安全。

4.1.6 建设成效

(1)增加管理部门对潜在地形复杂路段交通、道路状况感知能力。

(2)增强管理部门对快速路交通异常事件的处理能力。

(3)减少由于交通阻塞、偶发事故、道路维护、施工及气象条件对交通运行的不良影响。

(4)降低事故严重程度,尽可能避免二次事故的发生。

(5)保障道路机电设施运行安全与稳定。

通过该系统的建设，可以针对山西省内交通重载运输突出、隧道风险较大的特点，汾石高速公路部分地区容易出现大雾天气和团雾微气候的特点，智慧交通建设发展存在数据基础较薄弱、数据互联性不足的痛点，在汾石高速公路地形复杂段落提出具体的解决方案，在重点路段实现全面的安全保障措施。可以提升汾石高速公路在交通基础设施数字感知、交通大数据增智赋能、交通行业数字治理、交通运输数字调控、公路出行智慧服务与科技创新技术支撑等方面的数字化、网络化、智能化水平。

推进先进信息化技术在公路领域的应用，推动重点位置道路无盲区监控与基础设施同步规划建设，在重点路段实现全天候、多要素的状态气象感知，包含路面覆盖物（水、冰、雪）的种类、厚度、路面温度、大气温度、湿度、风向、风速、雨量、光照及能见度等多项状态检测，应用智能视频、雷达融合数据分析等技术，搭建安全事件检测预警平台，分析前端设备采集的道路实时状况信息，及时进行交通状态信息发布，提供事件预警信息，推动公路建设、管理、运行一体的综合性管理服务平台建设。

增加管理部门对潜在地形复杂路段交通、道路状况感知能力。增强管理部门对快速路交通异常事件的处理能力。减少由于交通阻塞、偶发事故、道路维护、施工及气象条件对交通运行的不良影响。降低事故严重程度，尽可能避免二次事故的发生。保障道路机电设施运行安全与稳定。

4.2 高速公路智慧化综合管控平台系统

4.2.1 建设思路

高速公路智慧化综合管控平台依据统筹规划、标准统一、整合共享的建设原则，建设“1 中台、1 中心、1 标准、N 应用”，实现综合办公、党建、人力资源、资产、综合培训等关联关系的横向数据、流程打通，实现各个业务数字化支撑与精细化运营，实现对管辖业务的全流程监督、全方位监管、智能化考核。如图4-16所示。

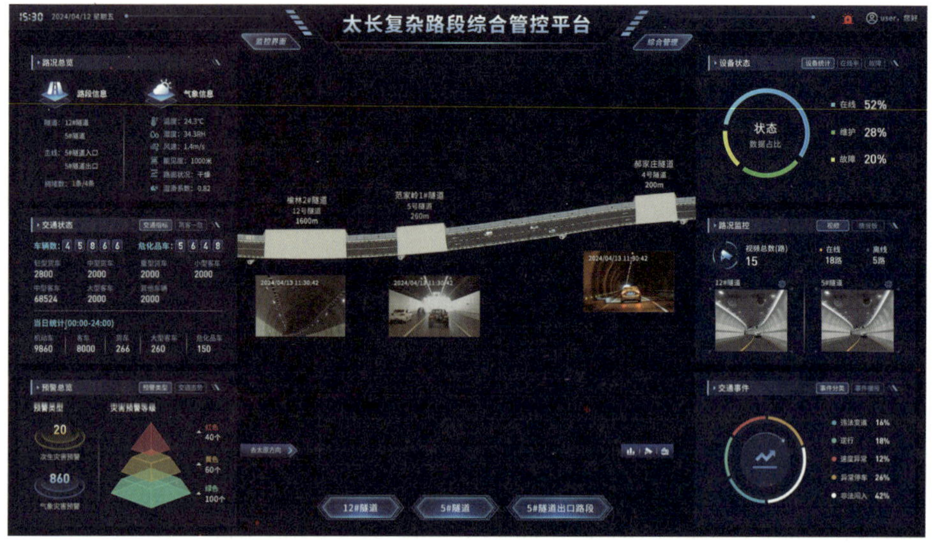

图4-16　高速公路智慧化综合管控平台

围绕“智慧交通、品质交通、平安交通、绿色交通”的建设目标，建设涵盖数据中台、业务中台和综合协同、路产保护、收费运营分析、机电运维、养护、交通流量流向分析等业务的高速公路智慧化综合管控平台，为高速公路“保安全、促增长、控成本、提服务、强管理”的可持续发展提供有力的数据支撑，提升资源配置效率，提高管理水平，提升质量品牌和增强核心竞争力。

构建汾石高速公路数据资源底座，汇聚办公、党建、资产、教育培训、人力资源等综合办公数据，路产保护、收费运营分析、机电运维管理、养护管理等路网业务数据，形成统一、标准化的数据标准规范，实现向山西交控集团的数据推送，以数据资源开发利用为目标，充分利用数据治理、共享服务、智能分析能力，为线上协同办公、业务智慧运营、提供辅助决策等提供全面的数据赋能。

4.2.2　系统特点及优势

高速公路智慧化综合管控平台系统具有出色的实时监测和响应能力，能够实时监测交通状况、交通事故和紧急事件。通过这些监测数据，高速公路智慧化综合管控平台系统能够快速响应并采取有效的措施，从而提高交通安全和流畅度。

高速公路智慧化综合管控平台系统拥有强大的数据驱动决策能力。它通过大规模收集交通数据，利用先进的数据分析和预测技术，为交通管理者提供准确可行的决策支持。这些决策涵盖了道路维护、交通流量管理和路产保护等多个方面。通过数据驱动的决策，高速公路智慧化综合管控平台系统可帮助交通管理者实现更高效、更明智的决策。

高速公路智慧化综合管控平台系统还能有效降低运营成本。智能管控平台采用自动化和数据驱动的方法，能够显著降低运营和维护成本。同时，通过优化资源配置和减少人力资源浪费，高速公路智慧化综合管控平台系统还能最大限度地降低成本，提高整体运营效率。

智能管控平台的未来发展的可扩展性也是其一大优势。它可以轻松扩展和升级，以适应交通系统的不断变化和发展。高速公路智慧化综合管控平台系统的灵活性使其能够适应各种交通领域的不同需求，确保用户在未来的发展中始终保持领先地位。

4.2.3 高速公路智慧化综合管控平台架构

高速公路智慧化综合管控平台依据统筹规划、标准统一、整合共享的建设原则，建设“1 中台、1 中心、1 标准、N 应用”。

1 中台即“业务中台”，业务中台对综合协同管理平台、路产保护、收费运营分析、机电运维管理、养护管理、交通流量流向分析、门架车型识别稽查、视频联网综合监控进行系统集成、统一管理，实现全公司所有用户、应用的统一门户入口，实现所有系统的平台管理、权限管理实现应用系统实时监测、统一运维。

1 中心即“数据中心”数据中心对办公、党建、资产、人力资源等综合办公数据，道路资产管理、路网运行管理等路网业务数据，进行统一汇聚、存储，避免重复建设、降低运维成本。基于数据横向、纵向关联关系，制订综合考核指标，保证数据质量，实现数据跨业务关联调用与流转。基于数据流转模式,改革优化管理流程。通过数据共享与综合分析,提升数据应用与价值变现能力。

1 标准是指数据标准体系,以国家标准/规范、行业标准/规范为参照依据,全面梳理、统一制订符合运营管理高质量发展的数据标准体系,实现运营业务数据格式、数据分类、数据交互、数据共享、数据传输、数据接口标准化、体系化,为向信息化、数字化产业化、产业数字化转型奠定“数字底座”“标准基石”,打造全国领先的一流高速公路标准体系。

N 应用即“路产保护”“收费运营分析”“机电运维管理”“养护管理”“交通流量流向分析”“门架车型识别稽查”“视频联网综合监控”“综合协同管理平台”。

(1)路产保护。路产保护系统主要是提供完善的路产信息数据库,对所有高速公路资产信息有全面的掌握、动态的管理,同时也为工作在一线的路产保护中队的工作人员提供更为便捷、高效的操作系统,摆脱全纸质化的数据填写、填报、归档等工作流程,进而用数字化、智能化的系统进行替代。实现对路产信息的全面掌握、路权维护的全面管理、工作流程的数字化以及沟通的无障碍化等目标。

(2)收费运营分析。实现对汾石高速管理公司各个路段、各个收费站的通行费收入精细化管理、清分结算管理、收费考核管理、客户服务管理、联网收费稽核管理等,对通行量和通行费收入总体情况、ETC 及移动支付业务、通行费减免情况、各收费站通行量及通行费情况、主要技术指标完成情况等进行细粒度统计分析,自动生成统计分析报表,并进行可视化展示,便于对汾石高速管理公司收费运营情况进行日常管理。

(3)机电运维管理。面向汾石高速公路机电养护运营业务,实现对路段、收费站、隧道、通信系统、机房、门架设备、监控设备等全部机电设备的统一管理,对巡查巡检任务落实到详细过程管理。

(4)养护管理。针对各个路段的日常养护管理、养护项目管理、养护运营管理等形成养护管理类指标和各项管理功能,并进行统计分析、报表自动生成,实现数据采集、业务管理、可视化分析、科学决策的良性循环,为养护科学指导、养护效率提高、路况指标提升及路域环境改善等方面提供信息化支撑。

(5)交通流量流向分析。利用高精度 GIS 地图,基于大数据、路径规划、数据挖掘等先进技术,对高速公路门架系统数据、收费站出入口数据、跨省通行数据等进行实时采集、分析与挖掘,以大数据算法为支撑,从车牌及车辆特征、时间、流量、流向等多维度入手,实现汾石高速公路的收费站按车型、车种、时间等维度进行交通流量统计、路段流量统计、断面流量统计,以及车辆从不同省份、区域之间的流向分析,为路网运行监测与指挥调度提供数据支持,为路网拥堵提供数据分析能力。

(6)门架车型识别稽查。依托高速公路门架部署车型识别智能一体化设备,采集车型、轴型、车种等车辆特征信息,通过算法智能化判别车辆是否存在车型不符、丢轴等偷逃费行为存在,并将信息传至稽核平台完成追缴。门架车型识别稽查主要实现信息采集、数据处理、数据、可视化看板、数据查询、设备管理、统计分析和配置管理等,构建覆盖整条高速的虚拟电子围栏,实现对进出路段的车辆的全时段联网监控,提升稽核工作效率。

(7)视频联网综合监控模块。该模块为公司提供了一套全面的视频监控解决方案。从基础信息管理到视频回传、播放、回放、调取、运行监测、分屏和大屏可视化,该模块涵盖了各个层面的功能。它支持视频设备信息的登记管理,将不同位置的监控视频保存并记录重要信息,实现多种录像模式和存储方式。用户可以实时查看、播放和回放视频,以及根据不同条件调取视频。同时,监测设备的运行状态,报警信息记录和日志形成有助于维护。分画面和分区域监控提供多角度查看不同视频,而大屏可视化则为全公司的实时监控提供了直观的展示方式。通过这些功能,视频监控管理模块有效满足了公司的监控需求,促进了安全和运营的有效管理。

(8)综合协同管理平台。构建统一框架的协同办公体系,实现公司各个部室的横向协同以及与基层单位纵向审批审核,打通、整合目前独立、分散的办公、党建、人力资源等各个流程,实现对日常办公中涉及的多种业务场景进行全覆盖,包括收发文管理、请示管理、办公管理、日常管理、检索管理、协同管理、流程管理、信息管理、配置管理等功能。提高工作效率，加强沟通协作，降低管理成本；打造汾石高速党员活动阵地，实现党员管理、党员发展管理、廉政建设、组织关系管理等功能，提升党组织凝聚力和党员归属感，通过平台发挥党员先锋模范作用，党建工作争创先锋；对教育培训相关的考试、人员和培训内容及咨询等进行统一管理；可以提高员工的综合素质，增强企业竞争力，帮助员工更好地了解企业文化和价值观，更好地融入企业；规范了资产实物日常管理的流程，保护固定资产完整无缺，充分挖掘潜力，不断改进固定资产利用情况，提高固定资产使用的经济效果；降低人力成本，实现员工档案管理、培训、考勤、绩效、报酬等方面的数智化管理，规范化企业管理制度，帮助企业提供决策数据支持。

4.2.4 系统应用

通过高速公路智慧化综合管控平台构建智慧业务管理能力，支撑每个独立部门对管辖业务实现“1 平台”全管，实现全部业务可视化展示，实现一点看全、全面把控；实现业务横向融通，实现路产保护、收费运营分析、机电运维管理、养护、交通流量流向分析、门架车型识别等各业务的横向协同管理；实现业务纵向对接和贯通，支撑对所属机构业务管理、考核评价、统计分析等纵向管理。

通过高速公路智慧化综合管控平台构建线上协同办公能力，实现汾石高速与所属机构间、领导与部门间的纵向审批审核；实现各部门间横向协同办公；实现流程重塑，整合分散、独立的工作流程，打通党建、资产、人力资源、综合培训各系统之间的工作流、审批流，实现请示、审批、通知公告等办公事项线上办公。

通过建设高速公路智慧化综合管理平台，为流程制度建设注入新的活力。规范机电巡检、路网养护、隧道监控、路产保护等业务运营流程；完善收费、隧道、机电等运营考核制度，包括优化考核权重、考核标准、考核周期等措施；健全人力、财产、资产等元素管理制度，推动从上到下业务流程的重塑、运营考核的完善、管理体系；实现对收费、养护、机电等业务精细化管理，构建路网综合服务能力。

高速公路智慧化综合管控平台基于一线实际业务管理需求，对高速公路路产保护、路网运行、收费等方面，进行专业化、精细化、智慧化、全业务的运营管理，将道路基本信息、路况、交通事件、车流量、收费、养护等多维度信息，实现数字化管理，进行全面、深入的监测和分析。每个独立部门对管辖业务实现“1 平台”全管，实现一点看全、全面把控。通过全方位、全业务、多维度的综合指标分析，自动生成统计报表和分析报告，提高管理效率，辅助科学决策。

高速公路智慧化综合管控平台建设充分利用互联网便利性，实现业务线上办公，实时监控流程进展，全面提升企业办公效率，调动员工的积极性，确保企业执行力的落实。有效增强企业上下级协作关系，使得企业各项办公管理更加规范合理、科学有效，确保企业各项办公任务的高效达成。便捷、高效的无纸化办公节约大量人力资源，实现办公自动化管理，为企业大幅度节约管理成本，助力企业建立健全的信息化管理机制，推动企业稳健发展。

建设统一的数据资源中心，可对路网运行管理、路产保护、综合指标分析等业务运营数据，进行统一汇聚、存储，从多维度、多方向开展数据指标综合分析，并实现可视化大屏展示。基于分析数据，制订考核指标，改革优化管理流程，对业务责任人进行业务指导、监督、考核、排名，规范考核机制，提高办公、管理效率，辅助科学、精准管理。

综上可知，高速公路智慧化综合管控平台的建设将会极大地提高汾石高速的办公效率、管理水平和服务质量，提高信息化水平。

4.3 综合能源管理系统

4.3.1 需求分析

交通运输是碳排放的重要领域之一，占我国碳排放总量的 10% 左右，公路交通是交通运输行业节能减排的重点领域。高速公路项目能源消耗巨大,如何在高速公路运营期强化重点用能单位节能管理,提高能源利用效率,优化能源消费结构,降低二氧化碳排放强度,是全面贯彻落实资源节约和环境保护的基本国策和实现"双碳"目标的需要,也是目前公路行业面临的重要任务。

山西交控集团积极推进综合能源管理平台的建设,要求对全省高速公路路段、隧道、服务区和收费站用能、产能、节能进行统一监控,是适应交通运输行业发展的需要。因此,针对汾石高速公路特点设计、建设综合能源管理系统并与交控能源平台实现有效数据对接显得尤为重要。综合能源管理系统对汾石高速公路营运期能耗监测与管理,对促进交通与能源融合发展,形成"交通+能源"清洁低碳一体化综合智慧能源体系,实现交通网+能源网+信息网+服务网的四网融合,既可降低高速公路营运期的能耗水平,有助于节能减排目标的实现,同时又可以为高速公路项目节能评估专项报告的编制、审批等提供科学依据,具有良好的实际意义和理论价值。

4.3.2 建设思路

汾石高速公路综合能源管理系统通过对能源进行分类分项精准采集统计,对各类能源利用率进行精细化管理,实现对隧道、收费站、服务区、隧管站等各类主体参与的能源生产、转化、交易、消费等全周期、全链条、全类型、全方位管控,为能源精细管理和能源高效利用打下坚实的平台底座和数字基础,构建交通能源大数据平台,并与山西交控集团能源管控平台对接,通过对能源结构优化、用能方式调整、用能交易策略改进等方式,全面降低用能成本,推动能源绿色低碳发展。

综合能源管理系统基于物联感知技术构建数字化采集体系和网络化传输体系,对能源进行分类分项精准采集统计、传输与监测,并结合用能过程中能源预算、能源质量、负荷监测等功能需求,形成可定制化的能源监测管理体系,实时对能源消耗、能源需量、能耗 KPI 等进行分析和管理。与山西交控集团能源管控平台对接，构建交通能源大数据平台，对能源生产、转化、交易、消费等全周期、全链条、全类型、全方位管控。通过对能源结构优化、用能方式调整、用能交易策略改进等方式，全面降低用能成本，推动能源绿色低碳发展。

具有碳排放水平识别、碳排放来源分析、碳排放数据查询、统计分析、碳排放趋势预测与预警等功能，实现碳排放统一管理。同时，对区域内碳减排水平进行综合评价，深入挖掘减排专项并结合专家意见制订相应减排方案，持续提升能源效率，优化能源成本。支持能源用户及广泛的物联设备快捷接入，支持用户注册、数据接入、数字展现等，更便捷、更高效开展多样化服务。提供智能化分析工具，多角度、多战略开展能量管理、能效分析、用能优化、节能诊断，帮助用户降低用能综合成本。持续提升能源效率，优化能源成本。为运营单位提供可持续发展的运营方案，提升服务能力和盈利能力。平台提供开放式的结构，方便后期用能设备、发电设备、储能设备等接入，并实时与交控能源管控平台交互。

系统设计范围包括主线隧道、收费站、服务区、养护工区的供配电线路能源管控系统方案的设计，主要功能包括能源计量与统计分析、节能管理与改造、能源设备管理、综合能碳服务等。

4.3.3 系统架构

综合能源管理系统负责对汾石高速公路隧道、收费站、服务区、隧管站等各类主体能源的用能情况进行统计分析与展示，具体功能是：对汾石高速及下属各单位的能耗及碳排数据、光伏电站等情况进行监测，实现能源监测、用能分析、能耗对比、能耗排名、可视化展示、能源报告与报表、数据上传交控能源管控平台等功能，分析能耗较大单位能源使用中存在的问题，减少不必要的能源消耗，达到节能减排的目的。能源管理系统如图 4-17 所示。

系统采用分散、分层、分布式结构设计，本着分散控制、集中监视的原则，模块化设计，按照综合监控系统的需求，整个系统分为三层：现场设备层、网络通信层和站控管理层。

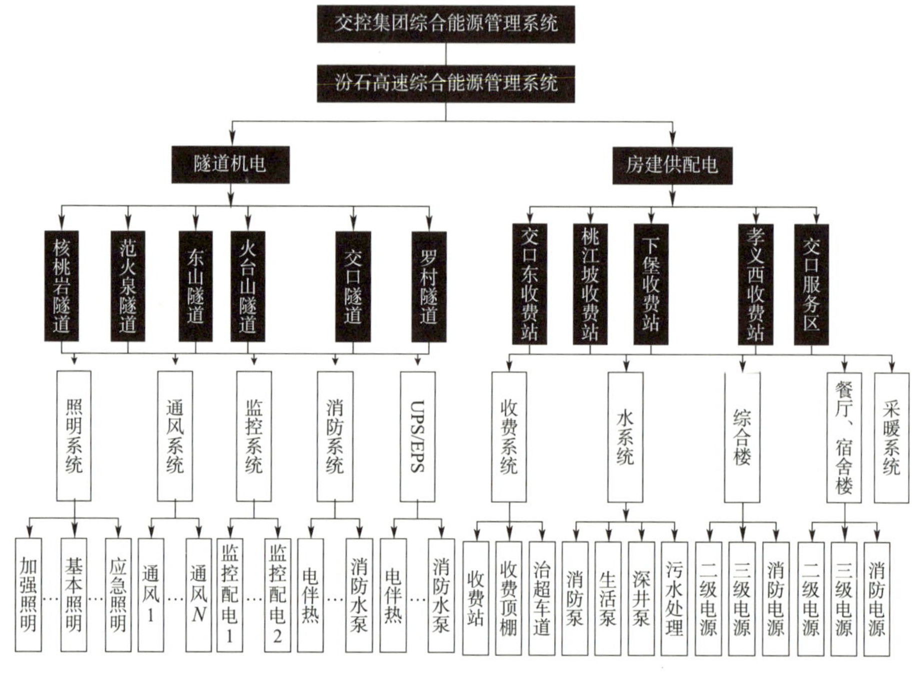

图 4-17　能源管理系统

现场设备层：综合监控装置采用模块化、单元化、分散分布式结构采集数据和数据信息集中转换传输的标准模式配置，完成低压输出回路的数据监测功能、信息采集功能。

网络通信层：利用监控系统提供的高速光纤通信网（不在该供配电设计范围内），系统仅需要隧道监控系统在各变电所提供相应的工业以太网接口，该接口把数据传输到隧道管理所电力监控主机进行数据收集、处理。

在每个变电所设置一台通信管理机，通信管理机设有以太网接口，上行接入隧道监控系统的通信网络，与监控中心的电力监控工作站进行通信。通信管理机下行通信接口为 RS485RS232. CAN 等接口，与智能装置进行通信，采集终端装置的数据信息，进行协议转换、数据处理、数据转发，上传有效数据至电力监控工作站。

站控管理层：站控管理层设置在监控中心，它主要完成对能源管控的高级应用,并具有与其他系统的接口等功能。主站从各变电所的现场设备中获取供配电系统的实时能耗信息,从整体上对能耗进行监视和控制,分析供配电系统的运行状态,对监控的供配电系统在全局上进行有效的控制、管理,使供配电系统处于最优的运行状态。

4.3.4 系统功能

系统对汾石高速公路办公区、隧道、收费站、服务区、隧管站等产用能站点进行设计开发,对各类能源的使用情况进行统计分析与展示,主要功能模块包括能源计量与统计分析、节能管理与改造、能源设备管理、综合能碳服务等。通过高效的数据采集、全天候的智能运维、智能化的能源调度、精确的用能质量监测和能碳数据分析,实现汾石高速公路各类能源的监管功能,并针对节能减排工作的开展提供数据支撑与决策建议。

1)能源计量与统计分析

能源计量与统计模块主要包括各类能源的实时能碳数据采集、系统运行状态监测、能耗数据分析、展示等功能。通过对各类能源实时数据的采集与统计分析,利用可视化手段直观展示各类能源消耗及碳排放变化曲线及占比,帮助用户精准掌握用能详情,为提高能效、节能减排决策提供详细且精确的数据支撑,全景式呈现汾石高速公路能源系统数字化运营情况。

2)节能管理

节能管理模块主要包括各类能源的用能诊断与能效评价、节能量评估与审核、自主节能控制等功能。利用能源计量与统计分析模块所提供的数据提炼关键性指标,自动生成用能诊断与能效评价、节能量评估与审核等报告文档,为管理层提供关键指标的细化、深化分析和决策依据。

3)能源设备管理

能源设备管理模块主要包括各类终端设备的接入设备管理、能源环境监测、工作流程/工单管理、设备台账等功能。统计各类产能、用能设备信息,实时监测各产能与能耗设备的工作状态,发现异常设备后下发工单任务并给出运维建议,实现全天候的运维和智能化的能源调度。

4)综合能碳服务

综合能碳服务模块主要包括碳盘查统计、能碳趋势分析预测、节能目标管理、碳资产评估、能碳综合报表等功能。系统梳理汾石高速公路碳排边界内各类碳排及碳减排数据,对能碳趋势进行分析与预测,实时与节能目标进行比对,根据比对结果动态调整用能策略。

第五章　隧道管控应用

5.1 东山隧道全息车辆过隧道自动感知和警示系统

东山隧道全息车辆过隧道自动感知和警示系统，从人、车、路、环境多方位解决了全息车辆过隧道的安全防控技术难题，利用雷达和视频融合数据处理和深度学习等技术，实现对隧道内行驶车辆的精准辨识、跟踪定位、异常事件识别，行驶车辆在隧道内发生突发事件或异常时第一时间进行自动报警，及时将车辆位置进行信息共享，与隧道监控、路网运行监测与指挥调度等系统进行联动处置，打通前端事件“现场”和后台指挥“会场”，实现管理部门“看得见、喊得应、调得动”。

5.1.1　需求分析

助力全息车辆过隧道的运行监测和应急处置的需要。加强车辆在隧道内发生突发事件或异常时的监测与预警，打通前端事件“现场”和后台指挥“会场”，实现车辆在隧道内发生突发事件或异常时公司领导和相关部门“看得见、喊得应、调得动”，是实现车辆过隧道实时精准化跟踪的有效手段。

以往，车辆在进入隧道前、在隧道内行驶时、出隧道后，无法获取隧道内车辆实时位置、行车速度、载货状态等信息；在发生交通事故前无法与隧道监控系统、应急指挥系统等平台进行联动控制，无法准确的将位置发送给管理单位、监督单位、联动单位。隧道内行驶车辆全信息化跟踪辨识，实现行驶车辆在隧道内实时跟踪,能对车辆在隧道内的位置、轨迹进行实时掌握;能够对车辆在隧道内行驶实现准确的识别,解决车辆在隧道内无法进行实时定位的技术难点。

5.1.2 建设目标

该系统的建设将为公司管理部门提供有效的精准化监管工具,对行驶车辆过隧道时开展“全覆盖、全方位、全天候”的精确感知,实时掌握行驶车辆及货物信息、进出隧道情况及在隧道内运行情况等,解决高速公路全息车辆过隧道的安全管控问题,帮助决策者实时了解车辆的动态运行情况。

该系统将为隧道管理部门、从业人员提供隧道内行驶车辆的车牌号、卫星定位时间、经纬度、行驶速度、是否超速、行驶方向、运输起终点、驾驶人姓名及联系电话等相关信息查询功能,帮助隧道管理部门进一步掌握车辆的行驶状态,极大地提高安全管理水平。通过对行驶车辆的基础信息资源、行政许可结果、车辆定位信息、运输货物信息的全面掌控和共享,科学地开展行驶车辆的监测分析。当车辆在隧道内发生事故时,相关管理部门可以及时获取车辆以及运载货物的具体信息、性质及应急处置措施等信息,及时高效进行决策和救援,最大限度减少次生事故发生概率,减少社会和环境危害。

5.1.3 建设思路

基于人工智能和深度学习技术实现隧道内车辆异常事件监测,通过人工智能和深度学习技术,实现视频和雷达多源数据融合,对隧道内车辆发生的逆行、违停、碰撞等异常事件进行监测预警。为车辆隧道内突发事件的应急处置提供精确信息,通过智能化的监测预警,对车辆在隧道内发生的突发事件第一时间进行自动报警。通过掌握的行驶车辆位置和货物信息,实现多部门的信息共享,结合隧道监控系统、应急指挥系统,为应急处置部门对事故车辆的快速处置和应急联动提供信息支持。

5.1.4 系统架构

1)系统硬件

该系统的硬件包括隧道专用雷达传感器、卡口摄像单元、高清摄像机、可变情报板、服务器、工作站、电源装置等,其中雷达传感器50套,安装在隧道侧壁;卡口摄像单元2套,东山隧道右洞入口前安装1套,东山隧道左洞入口前安装1套;高清摄像机、可变情报板与隧道内摄像机共用;所有设备信号通过光缆传输,汇集通过隧道管理站以太网交换机,与隧道管理站内的服务器进行数据交换和处理,实现底层设备与服务器的通信,进一步进行数据分析和事件分析。隧道管理站内设置一台工作站,通过应用软件实现全息车辆过隧道的实时动态路径显示以及异常事件管理,并与现有监控摄像机、可变信息标志实现联动控制。

2)系统软件

(1)全息车辆过隧道自动感知和警示系统软件

将监控视频数据和雷达数据进行深度融合,通过高性能服务器精确运算出隧道内行驶车辆的位置、速度、方向、运动轨迹等,对车辆发生的逆行、超速、低速、慢行、抛撒物、违停、碰撞等异常事件进行预警,并以图形界面形式形成报警信息。

(2)雷达专用软件平台

基于雷达设备,通过网口通信,可配置雷达参数,采集车辆信息,对采集数据进行处理、加工、标准化以及存储,实现雷达数据的上传以及设备控制。

(3)全息车辆车牌车型识别软件

应用神经网络与机器视觉算法实现车辆车牌识别以及车型识别功能,并对识别出的车辆进行标记,若行驶车辆是危化品车辆,软件会重点监控。同时为降低误报率,软件会将识别出的危化品车辆与山西省静态危化品车辆数据库比对,进一步确定车辆身份信息。

(4)视频事件监测软件

通过隧道内高清监控摄像机的视频数据,应用人工智能和深度学习技术,实现隧道内异常事件的监测。

5.2 基于数字孪生的隧道智慧管控平台

5.2.1 建设思路

基于数字孪生的隧道智慧管控平台汇聚隧道通风设施、照明设施、监控设施、消防设施、紧急呼叫设施、火灾探测警报设施等数据,获取隧道内车辆定位、轨迹、隧道标志、标线、标牌等状态的精确描绘。采用深度学习、对抗学习、大数据分析、数字孪生平行仿真等技术,融合隧道标线、道路区域真实三维纹理、设备模型、车辆模型等建模元素,建立隧道真实3D动态运行环境模型,实时描绘出实际隧道路况场景下的真实车辆轨迹、形态、行为,及时反映设备的运行状态,实时全息还原回溯隧道内交通态势,以实现对特长隧道精细化管理与控制决策的辅助支撑。

5.2.2 系统架构

1)数字孪生引擎

它是数字孪生系统的核心模块,利用高精地图实现空间基准,通过GNSS授时实现时间线的标定,实现与现实隧道时空坐标相一致的时空基准,最终实现高精度采图、制图、真实场景三维建模、3D模型展示等功能。

2)隧道运行监测

基于隧道内多维感知设备,依托数字孪生引擎,实现在数字空间构建现实交通系统的映射模型,构建孪生世界内的隧道真实场景的细节刻画信息。基于基础物联环境,通过数字孪生可视化及多维数据展示设备通信状态、车辆连续跟踪、事件信息、设备状态等信息,及时反映隧道运行状态。

3)隧道智慧管控

针对隧道机电设备种类繁多、统一管理困难、系统之间较为独立等问题,将交通信号、信息发布、火灾消防、通风、照明等设备整合至一个平台中,构建机电设备自动控制和科学管理的隧道机电设备综合监控体系,统一监视、监控和管理各专业机电设备的运行状态。该体系主要包括设备远程管控、设备联控、照明自动调控、通风自动调控。

4)应急管理

可对隧管站的各类预案进行上传、下载、预览,可依据预案配置隧道火灾、交通事故、危化品泄漏、交通拥堵等应急处置方案。在3D隧道引擎的基础上,对各类应急处置方案进行数字孪生虚拟模拟,控制隧道内各类数字孪生机电设备完成特定的运行指令,同时伴随各种声光震信息传递,完成对虚拟交通对象的合理疏导,实现应急处置方案的评估。

5)智慧分析决策

支持将多源、异构、海量数据进行时空校准,并按照时间、空间、层级结构等维度进行可视化分析,支持数据实时显示、态势历史回溯,辅助隧道管理人员全面掌控数据变化态势、深度挖掘运行数据的时空特征及变化规律,帮助用户洞悉复杂数据背后的关联关系。

5.2.3 系统应用

该系统具有实时的智能监控和预警功能,完美复现隧道整体运营环境,能够全方位掌握隧道运营状态,有效提升了综合应急处置能力,为隧道运营智慧化决策提供保障。具体体现为以下几点:

(1)解决隧道内部行驶车辆尤其是"两客一危"等重点车辆的自动跟踪监控问题,消除监控盲点,节省人力。

(2)实现隧道内车辆和交通运行的数字化,将各类宏观、中观和微观参数信息及时返回平台进行分析。

(3)构建隧道3D数字孪生模型,实现现实隧道运行情况在数字孪生隧道的实时映射。

第六章　安全保障和数据增值应用

6.1 隧道智慧消防物联网平台

6.1.1　需求分析

在国家积极建设交通强国战略的大背景下，交通运输作为国民经济和社会发展的动脉，是经济社会发展的基础行业和先行产业。2022 年 3 月交通运输部和科学技术部联合发布的《“十四五”交通领域科技创新规划》中强调要大力发展智慧交通，推动云计算、大数据、物联网、移动互联网、区块链、人工智能等新一代信息技术与交通运输融合，开展智能交通先导应用试点。在《山西省推进交通强国建设行动计划（2021—2022 年）》中，也强调要打造一批“智慧交通”示范工程，推进智能交通综合信息平台建设。然而，智慧交通相关技术在山西省的发展还不完善，还存在着智慧巡检效率低、风险研判能力差、智能决策能力弱等典型问题，亟须发展一套基于系统集成设计及隧道智慧应用服务于一体的隧道立体化智慧交通模式，提升山西省高速公路隧道交通智慧化水平。

当前，山西省通车运营高速公路 5000 余公里，根据 2035 年规划，预计高速公路总里程将达到 8418 公里。由于山西省特殊地貌环境与煤炭运载要求，导致高速路段存在隧道分布广、山区道路多、环境复杂等特点，特别是隧道、服务区、收费站等场站因其运营环境的特殊性，导致火灾事故具有突发、隐蔽、救援困难等特点，严重影响高速公路的运营安全。随着高速公路建设的不断发展，高速公路消防安全也显得越来越重要。

综合来看，传统的消防管理体系难以适应复杂的火灾隐患环境，可能会导致火灾预防不到位、应急救援不及时等问题的发生，消防安全隐患很难完全消除。在物联网、大数据等新兴信息技术大力发展的背景下，推进智慧消防在交通领域的深度应用，加快建立隧道智能化运营模式，完善隧道消防数据上报、设备巡检、风险研判、应急处置等工作的智能化实现，对提升高速公路火灾防控、灭火救援能力和安全运营水平具有重大意义。

汾阳至石楼高速公路是山西省“四纵十五横三十三联”高速公路网调整规划第9横的重要组成部分，是山西省“十四五”基础设施投资建设的重大举措，是山西省交通领域“县县通高速”的重点工程，是打通吕梁革命老区对外开放的重要通道。汾阳至石楼高速公路建设对补齐山西省高速公路网、巩固吕梁山集中连片特困地区脱贫攻坚成果、推动县域经济发展、促进乡村振兴、提升交通公共服务水平、服务国家战略实施和支撑山西转型发展具有重要意义。

公路隧道一般呈扁担状、大断面，多为双孔状设计，相比通常的路面、桥梁结构，隧道结构较为封闭，空间狭小，且隧道内的亮度、通风和气候环境较差。因此，通车运营的隧道一旦发生火灾事故，极易造成堵塞，隧道内人员、车辆面临疏散困难，不利于及时采取营救措施。伴随火灾事故的持续，隧道内燃烧、产生的高温或爆炸现象，易对现场人员造成缺氧、中毒或物体撞击等恶性事故。因此，在火灾发生初期，隧道内消防设施能及时监测发现火灾事故，现场人员及时采用消防栓、灭火器等设备将火灾消灭在萌芽阶段，快速有效地控制和消除火灾事故，减少火灾事故带来的损伤。

近年来，虽然高速公路隧道安全运营管理不断受到重视，但在实际工作中仍存在一些失控漏管的现象。其中隧道消防设施建设完成并交付使用后，日常的维护管理往往易被忽视或者不重视，这就容易导致隧道消防设施如灭火器失效或缺失、消防管道失压、消防栓阀门生锈失效及水龙带漏水等问题未及时发现和修复；其次高速公路隧道一般地处偏远，车流量大，且部分隧道里程较长，部分养护人员在巡检工作中可能也是随机抽查，走过场形式的巡检；再者由于养护单位安排的维护或操作人员的技术水平和经验不足，不能胜任现场巡检和故障处理，导致巡检工作不能达到预期目标。因此，管理上存在的缺陷因素，给隧道消防设施维护管理提出了更高的要求和挑战。

为提升山西省高速公路运营安全水平，针对高速公路隧道结构封闭、通风环境差、车流密度大的特点，该系统运用云计算、物联网、大数据等先进技术手段，建立隧道智慧消防物联网平台架构，将消防设施、消防监管、灭火救援等各种要素，通过物联网、信息传感和通信等技术有机链接，及时采集、传递和处理消防信息，达到火灾隐患早发现、火灾事故早处理、火灾情况早上报的目的，将火灾风险和影响降到最低。

6.1.2 建设目标

面向高速公路隧道、服务区、收费站的特殊运营环境，建立隧道、服务区、收费站重点消防设施状态数据库，搭建消防设施数据驱动的物联网大数据平台，从高速公路火灾事故发生前期的消防设施巡检与维护保养，中期的火灾隐患智慧监测与自动报警，后期的火灾事故应急与联动响应三方面进行研究，实现高速公路消防的全流程智慧处理。

6.1.3 技术路线

针对高速公路隧道的消防设施巡检与维护保养，火灾隐患智慧监测与自动报警，火灾事故应急与联动响应，该项目以集成创新和应用测试为导向，在事故情况、行为表现、交通状态、道路条件等多维数据的基础上，融合物联网、机器学习、人工智能等方面的先进技术，面向隧道火灾全流程，刻画重点消防设施数据和隧道环境要素的时空分布与特征表示，以数据驱动的方式将高速公路隧道消防与智能化技术有机融合，重点研究了消防系统故障检测与精准预警、隧道火情安全态势智慧检测、隧道火情探测自动报警、隧道内人员疏散与火灾救援、智慧应急、隧道外救援力量联动响应几个重点问题，最终构建高速公路智慧消防物联网平台系统，实现数字化、智能化的隧道消防体系，通过示范应用工程，进行消防效果评估与优化，全面提升高速公路隧道消防总体安全水平。项目总体技术路线如图 6-1 所示。

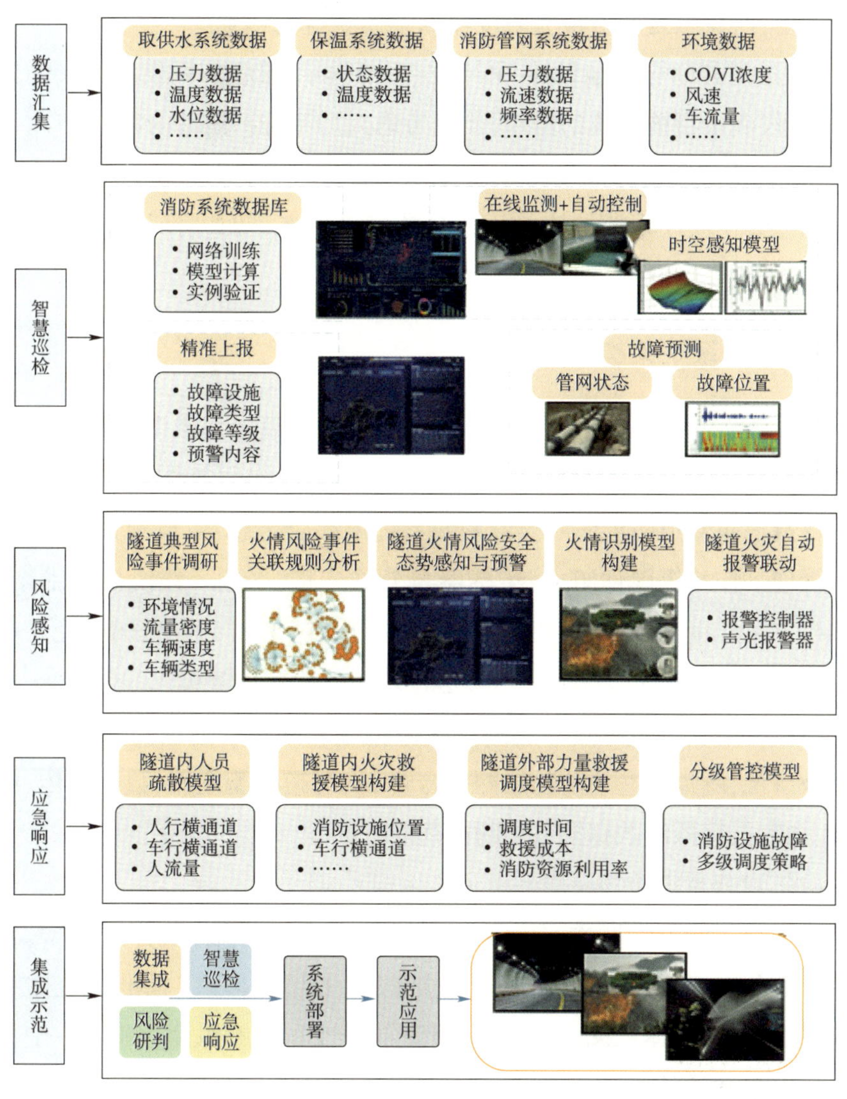

图 6-1 项目总体技术路线

6.1.4 设计原则

(1)保障原消防系统的正常稳定运行,不更改或调整现有消防系统设备的安装位置和工作方式,避免影响消防系统的正常工作。

(2)新增设备与已有系统的协调统一,避免设备的重复设置,充分复用已有设备,避免重复投资最大限度发挥整体效益。

(3)通过科学合理地设计,采用成熟、可继承、具备广阔发展前景的先进技术,不仅满足目前系统的需求,而且考虑今后系统扩展性的需要。

(4)各系统采用标准化设计,确保系统之间的透明性和互通互联,并充分考虑与其他监控系统的连接。在设计和设备选型时,将科学预测未来扩容需求,进行余量设计。

6.1.5 系统架构

该系统设计主要包括在隧管站安装隧道消防管道防渗防漏监测预警系统和隧道智慧消防物联网平台系统两方面内容。

隧道消防管道防渗防漏监测预警系统由综合传感器、检测分站、检测主站和管理工作站等硬件组成;传感器与分站连接,采用一线协议技术结构;分站与主站连接,采用总线技术结构;主站利用隧道内 PLC 处的 2 光 8 电交换机,采用 MODBUS 协议上传到隧道管理站的智能计算机。

隧道消防管道防渗防漏监测预警系统嵌入隧道智慧消防物联网平台,针对该系统,隧道智慧消防物联网平台含 2D 隧道模型定制、数据上传、应用扩展、火灾报警系统数据接入等功能模块。

1)隧道智慧消防物联网平台整体架构

隧道智慧消防物联网平台采用先进的互联网思维,结合大数据、云计算、物联网、AI、BIM 等先进技术,通过构建“七层两体系”标准规范体系架构,实现数据资源体系标准化、数据资源唯一性和可溯源性。通过一个数据中心,多个功能模块实现消防数据的统一标准、统一采集、统一管理以及统一应用。整体架构如图 6-2 所示。

展示层:为平台内各应用提供统一展示入口。

应用层:用户可直接使用的应用集合,包括隧道消防管道智能保温系统、隧道应急停车带自动灭火系统等各项应用。

传输层:应用与数据库之间、应用与应用之间、用户与应用之间搭建安全、可控的数据传输链路。

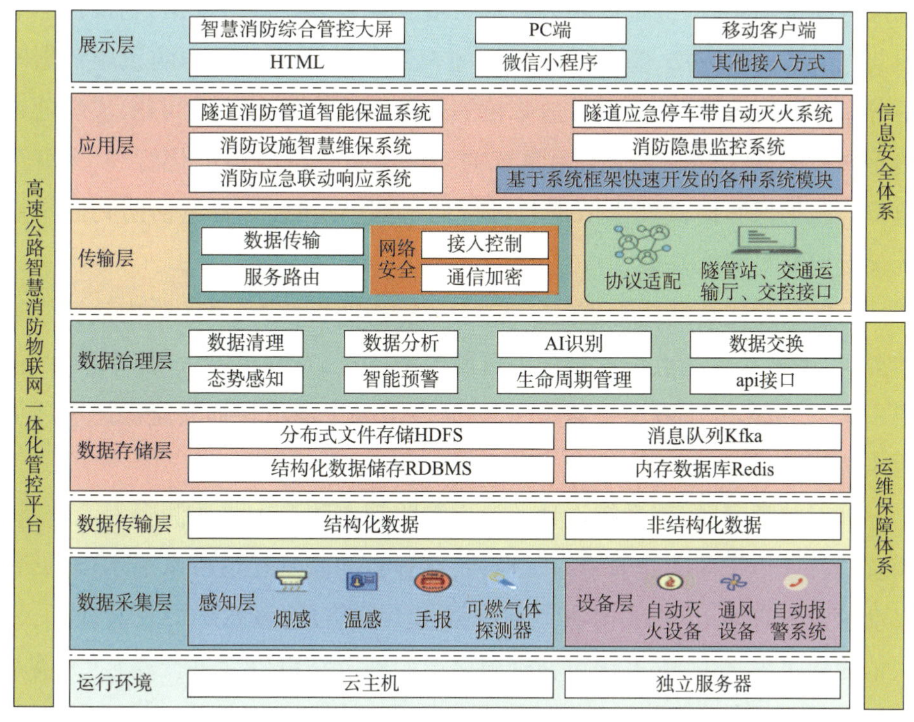

图 6-2　整体架构图

数据治理层：部署介于应用系统和系统软件之间的中间件，使用系统软件所提供的基础服务，衔接网络上应用系统的各个部分或不同的应用，达到资源共享、功能共享的目的。

数据存储层：对整个平台的数据进行管理，关系型数据存入 MySQL 数据库，非关系型数据以文件形式存储。

数据传输层：整合采集到的环境信息数据，并传输至数据储存层。

数据采集层：包括烟感、温感、手动报警器、可燃气体检测器等构成的感知层，以及包括自动灭火设备、通风设备，自动报警系统等的设备层，相互协同采集环境信息，获取数据。

2）隧道消防管道防渗防漏监测预警系统

通过对研究隧道的广泛调研、现场勘察以及与第三方合作等方式，汇聚隧道外取水及供水系统，隧道内、外消防管网系统，干粉、水成膜灭火系统，发热电缆保温系统,隧道内防火防烟封堵设施等多种时序数据,利用机器学习与人工智能等方法,重点攻克山西省高速公路隧道重点消防设施数据时空分布与特征表征、消防系统故障检测与精准预警两个关键问题,实现隧道内管网系统/取供水系统/保温系统的动态风险管控与精细化管理,为智慧巡检与维护保养提供理论依据与可行性示范。同时,为智慧消防物联网系统奠定研究与实施基础。

目前公路隧道消防管道主要靠人工巡检,随机性大,当隧道内消防管道渗漏时,确定其渗漏点位置过程中资源浪费严重、安全风险大、效率低、维护成本高,严重影响了隧道交通秩序,同时也带来了隧道交通安全隐患和环境污染等问题。

针对此类问题,该系统设计了隧道消防管道防渗防漏监测预警系统,该系统能替代传统的消防管道人工巡检,远程自动监测管道渗水漏水信息,并自动预警与自动记录、实时查询渗水漏水点位信息;该系统的安装应用,极大地简化了施工工艺,系统可在管道保温层施工结束以后进行安装,无需与管道安装作业交叉施工,极大地提升了施工效率和系统安装稳定度。系统报警信息可引导工作人员快速到达故障点进行抢修,大幅提升抢修效率,降低资源浪费和二次事故的风险。

隧道消防管道防渗防漏监测预警系统采用在消防管道的接口处、支管处、闸门处设置渗水漏水检测传感器并与隧道桩号位置对应编码的技术路线。传感器与分站连接,采用一线协议技术结构;分站与主站连接,采用总线技术结构,主站利用高速公路通信系统,采用 IODBUS 协议上传到隧管站的技术方案。在隧管站通过“消防管道防渗防漏监测预警系统”进行处理,对隧道消防管道存在的渗漏等异常问题及时预防、报警,使管理人员做到对异常的准确定位、及时处理。通过改善优化施工工艺,进一步提升了施工效率和系统安装稳定度。

(1)高压水池巡检模块

隧道外取水及供水系统的自动巡检包括消防水池与水泵房,其中消防水池设定有远传水位仪实时监测水位变化;水泵房出水管设有压力表,实时监控水泵供水压力是否正常;平台实时监测蓄水池水位阈值变化,当过高或过低时,平台联合出水管压力数据、水泵房温度数据、水源井静水位,动水位数据、潜水泵启动数据,对潜水泵实现自动控制。当消防池水位升至高水位时停泵;当水位降至低水位时开泵。

(2)消防水管道巡检模块

目前公路隧道消防管道主要靠人工巡检,随机性大,当隧道内消防管道渗漏时,确定其渗漏点位置过程中资源浪费严重、安全风险大、效率低、维护成本高,严重影响了隧道交通秩序,同时也带来了隧道交通安全隐患和环境污染等问题。

针对此类问题,隧道消防管道防渗防漏监测预警系统,此系统能替代传统的消防管道人工巡检,远程自动监测管道渗水漏水信息,并自动预警与自动记录、实时查询渗水漏水点位信息。该系统的安装应用,极大地简化了施工工艺,系统可在管道保温层施工结束以后进行安装,无需与管道安装作业交叉施工,极大地提升了施工效率和系统安装稳定度。系统报警信息可引导工作人员快速到达故障点进行抢修,大幅提升抢修效率,降低资源浪费和二次事故的风险。

发热电缆敷设于隧道间管道、消火栓箱内的泡沫箱和消防支管上,平台采集响应位置的温度数据与发热电缆开启状态数据,在开启状态无法达到预设温度阈值时,进行超高温报警、超低温报警、断缆报警、漏电报警、过流报警等。

(3)设备在线监测模块

高速公路设备巡检模块是确保设备安全、稳定运行的重要保障,可以及时发现和处理设备问题,提高设备运行效率,确保高速公路的畅通与安全。设备巡检包括感温光纤、火灾探测器、手动报警装置、AI 摄像头及卷帘门等多设备的设备管理档案,进行设备的巡检、维修、保养、备件更换等动态记录。

(4)智慧巡检模块

智慧巡检模块根据业务分为自动巡检和人工巡检两部分。自动巡检系统通过搭载传感器,实时监测路面的破损、坑洼、积水等情况;对高速公路上隧道进行结构检测、裂缝识别等,进行终端数据的收集整合,发现异常情况第一时间将数据分析结果推送至智慧消防监控平台、联动报警通知到隧管站管理员和维保人员。人工巡检主要为人工复检和人工巡检,巡检人员依据平台下发的巡检计划,使用 RFID 系统收集的数据进行分析和监督,以监测人工巡检的实际到位情况;应沿着高速公路行走,检查路面的平整度、破损、裂缝、坑洼等情况。对于发现的问题,应及时记录并上报系统,以便及时进行维修。

(5)设备维护养护模块

高速公路智慧维保是应用先进的技术和手段,提高高速公路的维护效率和质量,确保高速公路的安全、畅通和高效运行。高速公路智慧维保包括以下两个方面:

①自动报警:通过搭载传感器等设备,对高速公路进行全面监测和分析。这可以实现对道路的实时监控和预警,提前发现并修复潜在问题,减少事故发生的可能性。

②定期维护保养:定期维保计划的制订,包括维保设施、养护周期、养护路线的确认、实施监控的查看和 APP 上报后数据的统计。维修人员通过用 APP 进行维护和保养的全过程记录。

高速公路智慧维保是通过集成和应用各种先进的技术与设备,实现高速公路的全面、高效、智能化的维护和管理。这不仅可以提高高速公路的运行效率与服务水平,还可以降低维护成本,提高道路安全性,为公众提供更好的出行体验。

(6)智慧消防综合管控数字大屏

高速公路智慧消防综合管控数字大屏是一个集成了多种消防数据和信息,用于实时监控、分析和展示高速公路消防安全的数字化平台,如图 6-3 所示。智慧消防综合管控数字大屏实现的功能如下:

①实时监测

数字大屏能够实时显示高速公路各区域的消防设备设施状态、消防水源情况、消防通道畅通状况等关键信息。通过高清视频监控和传感器数据的集成,可以实现对高速公路消防安全的全方位、无死角监控。

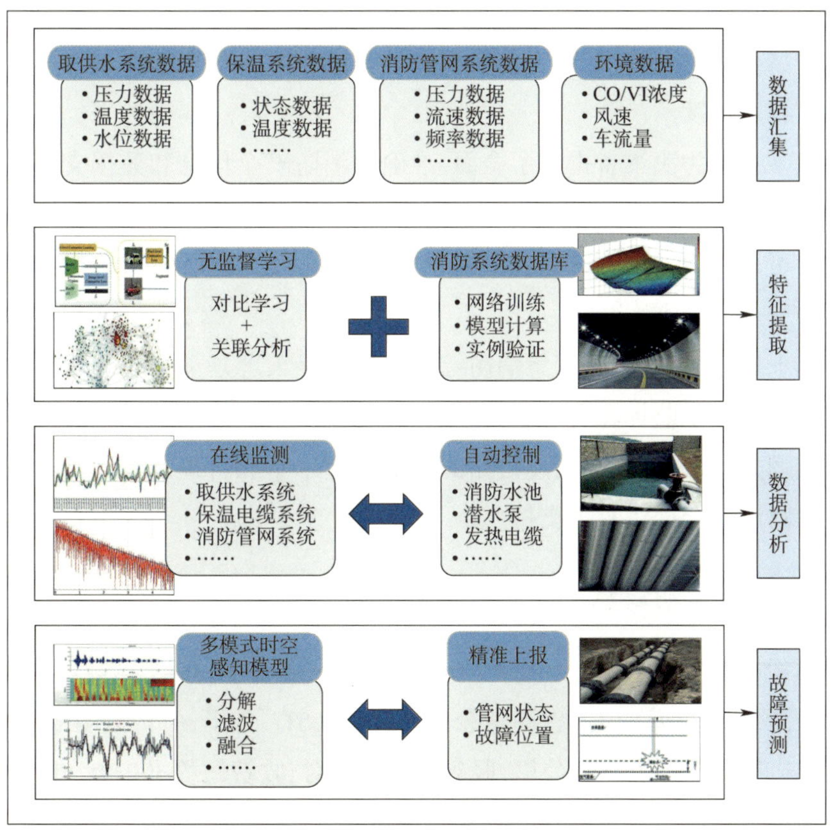

图 6-3 智慧消防综合管控数字大屏

②智能分析

系统具备强大的数据分析能力,可以对消防数据进行挖掘与分析,发现潜在的安全风险和问题。通过智能算法与模型的应用,可以对火灾发展趋势进行预测和评估,为决策者提供科学依据。

③可视化展示

数字大屏采用图形化、可视化的展示方式,将消防数据和信息以直观、易懂的形式呈现出来。通过动态图表、三维模型等可视化手段,可以帮助用户快速了解和分析高速公路的消防安全状况。

④报警与预警

当发现异常情况或潜在风险时，数字大屏能够触发报警机制，通过声光报警、短信通知等方式及时向相关人员发送报警信息。同时，系统还可以根据分析结果提供预警功能，提前发现并处理潜在的安全隐患。

⑤智慧调度

数字大屏为决策者提供了全面、准确的消防安全信息和数据支持，可以帮助决策者快速作出决策和应对措施。通过数字大屏的展示和分析功能，决策者可以全面了解高速公路的消防安全状况及问题所在，制订科学合理的消防安全管理方案。

综上所述，高速公路智慧消防综合管控数字大屏是一个功能强大、全面覆盖的消防安全监控和管理平台。通过实时监控、数据集成、智能分析等手段的应用，可以显著提高高速公路的消防安全水平和管理效率，为保障人们的生命财产安全提供有力支持。

6.1.6 预期效益

1)经济效益

截至2020年底，山西省高速公路总里程6513公里，省内现有隧道730余座，隧道总里程约1000公里，服务区约130对，收费站约390个。依托“智慧消防”理念，结合云计算、物联网、大数据等技术手段，研究开发消防设施智慧巡检与维护保养、火灾隐患智慧监测和自动报警、火灾事故智慧应急与联动响应等系统，有针对性的提高隧道、服务区、收费站等重点场所的火灾防控、灭火救援能力和安全运营水平，满足高速公路运营企业应对突发性火灾风险“预防为主，预防与应急相结合”的实际需求，建立起综合协调、分级负责、综合管控的火灾应急管理体系，对于全国各地高速公路交通网络消防系统的智慧管理具有良好的示范和推广价值。

2)社会效益

(1)提升消防安全管理水平

借助物联网技术，实现对高速公路消防安全的全面管理。通过数据分析和监测，及时发现安全隐患和管理漏洞，为消防安全提供有力保障。通过物联网技术的应用，消防部门能够更加高效、准确地掌握高速公路沿线的消防安全状况，提高消防安全管理水平。这有助于及时发现和处理火灾隐患，降低火灾风险，从而保障人民群众的生命财产安全。

(2)优化消防资源配置

智慧消防物联网系统可以实现对消防资源的实时监控和调度，确保在火灾发生时能够迅速、有效地调配资源，提高灭火救援的效率。这有助于优化消防资源的配置，减少资源浪费，提高消防资源的利用效率。

(3)优化应急响应机制

利用物联网技术，实现消防部门与高速公路管理部门的信息共享，优化应急响应机制实现消防资源共享。

通过物联网平台，整合高速公路沿线各类消防资源，实现资源共享。各消防单位可通过平台查询所需资源信息，提高资源利用效率，减少资源浪费。

(4)促进智慧城市建设

高速公路智慧消防物联网建设项目是智慧城市建设的重要组成部分。通过智慧消防物联网系统的建设，将推动智慧交通的发展，进而推动智慧城市在消防安全领域的应用和发展，提高城市整体的安全水平和治理能力。通过与其他交通管理系统的联动，实现高速公路交通安全、消防安全等多个领域的协同管理，提升智慧交通整体水平。

(5)提升消防监控效率

通过物联网技术，实现对高速公路沿线消防设施的实时监控，提高监控效率。通过数据分析，及时发现潜在的安全隐患，为消防决策提供有力支持。

(6)提升政府公共服务能力

智慧消防物联网系统的建设和应用，体现了政府对公共安全的高度重视和有效管理。这有助于提升政府公共服务能力，增强政府的公信力和执行力，提高人民群众对政府的满意度和信任度。

高速公路智慧消防物联网的建设将极大减轻消防安全管理的人力成本，有效提高消防风险管控和隐患治理水平，实现火情早期预警、快速定位、及早扑救，最大限度地降低火灾事故发生的可能性和严重程度，能够挽救生命、保护财产，减少事故造成的交通延误，提升高速公路运营企业的服务形象，也能作为救援辅助提高消防监督执法效能，进而实现社会效益的最大化。

6.2 基于团雾激光雷达技术应用的雾区引导防撞系统

6.2.1 需求分析

低能见度气象可分为雾、暴雪、暴雨、沙尘暴、雾霾、夜间等。低能见度对行车产生的影响主要包括三个方面：一是能见度大大降低，驾驶员对前方和周围的情况的不清晰，行车视线距离也大幅缩短；可变情报板、标志标线及其他交通安全设施的辨别效果较差，致使行驶车辆无法保持最短的安全间距，驾驶员的观察和判断能力受到严重影响，极易引发连锁追尾事故；二是低能见度气象使车辆与路面的摩擦系数减小，尤其是雨、雪、雾的气象危害更大，使车辆制动距离延长、行车稳定性下降，不易被驾驶员察觉，造成行车危险；三是造成驾驶员心理紧张，低能见度行车，由于视线受阻，驾驶员自知容易发生事故，心理压力增大，一旦发生意外慌忙之中极易因采取措施不当而引发交通事故。另外，过度的心理紧张也可能会导致驾驶员无法正确把握前后车车距。

为了提高低能见度下高速公路通行能力与安全，不仅需要高速公路管理部门在政策和方法上采取科学合理的交通组织措施与控制策略，还需在技术层面依托科学技术的进步，通过一定的装置设备，指示、预警、引导高速公路车辆在低能见度气象条件下安全行车，形成技防上的保障体系。

气象部门对能见度和雾的监测主要通过地面实况观测（主要依据天空状况、能见度、相对湿度进行判断）和气象卫星资料反演等手段，地面观测主要针对单站单点的观测，卫星资料主要对大范围的雾及其动态进行监测。

此外,气象部门还与高速公路管理部门合作,在高速公路沿线布设能见度自动观测仪器,用于进一步监测能见度。团雾存在明显的局地性特征,不仅能在大雾天气中出现,就是大雾中数十米到上百米的局部范围内,也能出现能见度更低的雾。在大范围天气状况较好的情况下,也有可能出现极小区域的团雾,增加了监测难度。此外,因为团雾的突发性、尺度小、浓度大等特征,常规观测资料和卫星很难及时准确地捕捉到团雾信息。

团雾内部能见度极低,严重遮挡驾驶员视线,往往在凌晨突然出现,诱发车辆连环碰撞导致群死群伤的重大事故。有关部门目前正在不断推进团雾防治工作。中国气象局于2007年发布《高速公路能见度监测及浓雾的预警预报》行业标准;2013年公安部交管局发布《关于进一步做好预防团雾天气高速公路多车相撞交通事故工作的意见》;公安部交管局于2014年1月公布了全国1468处高速公路团雾多发路段,2018年11月更新发布了全国3188处高速公路团雾多发路段。但是由于团雾尺度小,生消移动快速,难以预报,传统的前向散射式能见度仪、红外摄像头等设备也难以对其实时监测定位。团雾是造成高速公路交通事故的严重灾害性天气之一,被称为“公路流动杀手”。由于团雾发生尺度小,常规气象站很难捕捉,不能有效的开展团雾预报预警服务工作。如何准确预报团雾,有效减少和防范因团雾对交通安全的不利影响是气象部门和公安部门急需解决的问题。

6.2.2 建设背景

1)团雾监测技术现状

目前团雾监测技术常见的主要有摄像式能见度监测技术、散射式能见度监测技术、透射式能见度监测技术和激光雷达能见度探测技术,各个技术特点如下:

(1)摄像式能见度监测技术:基于亮度对比度和暗原色先验原理的白天道路图像能见度检测方法。首先根据霍夫变换直线检测方法提取道路兴趣域,然后根据亮度对比度方法检测人眼可分辨最远像素点,将其作为目标点,最后基于暗原色先验原理求取目标点的透射率,并根据能见度与消光系数的关系公式求取图像能见度值。

(2)透射式能见度监测技术:发射器和接收器位于基线的两端,工作时发射器提供恒定的光通量源,对基线上空气柱样本进行照射,接收器检测出接收到的经空气柱衰减后的光通量,从而得到光通过的空气柱的透射系数。

(3)散射式能见度监测技术:直接测量来自一个小的采样容积的散射光强,光学发射器与接收器分置于散射体两侧。通常认为大气均匀分布,且不含具有吸收效应的气溶胶粒子,因此光的衰减主要由散射引起,散射光强正比于消光系数。这样,通过仔细选择对粒子形状和大小相对不敏感的某一散射角度,由散射量反演出大气消光系数,然后计算出气象光学视程。散射仪根据角度不同,可以分为前向散射仪、后向散射仪和总散射仪。

(4)激光雷达能见度探测技术:激光光束与大气物质相互作用而产生回波信号,通过激光雷达测量大气消光系数的方法来推测能见度。激光与大气物质的相互作用机制有多种,由此产生了不同种类的大气探测激光雷达,分别用于对大气不同成分的探测。激光在大气中散射类型有 Mie 散射、瑞利散射和拉曼散射。

2)团雾激光雷达研制和系统集成技术

发展高速公路团雾激光雷达技术,获得团雾高精度高时空分辨率主动遥感监测手段。构建团雾激光雷达系统全参数的模拟仿真模型,完成团雾激光雷达总体方案和技术指标体系论证。攻克高灵敏单光子计数采集器、无盲区紧凑光学系统和强噪声抑制等关键技术。完成激光雷达回波信号的多道光子计数中的死时间修正和饱和校正,研究能够减小温度干扰影响的激光雷达反演算法。研制团雾激光雷达主机设备、扫描组件、分析方法和软件平台,开展团雾激光雷达监测系统对环境的响应和适应性研究,集成小型化团雾扫描激光雷达系统样机,为高速公路团雾高精度监测奠定技术基础。

6.2.3 系统架构

汾石高速公路基于团雾激光雷达技术应用的雾区引导防撞系统工程由

团雾激光雷达系统与雾区引导防撞系统两个子系统组成。各子系统结构及功能如下：

1）团雾激光雷达系统

（1）团雾激光雷达系统结构

该系统由团雾激光雷达主机、雷达扫描云台、砖块电源、云台支架和配电箱组成。图6-4为该系统的架构示意图。

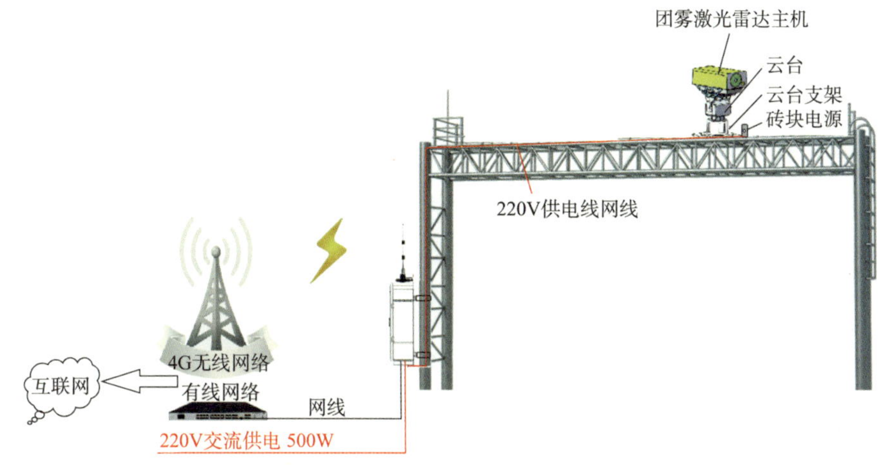

图6-4　团雾激光雷达系统构成示意图

团雾激光雷达系统组成框图如图6-5所示，主要由雷达主机、高精度云台扫描装置和雷达主控箱三部分组成。

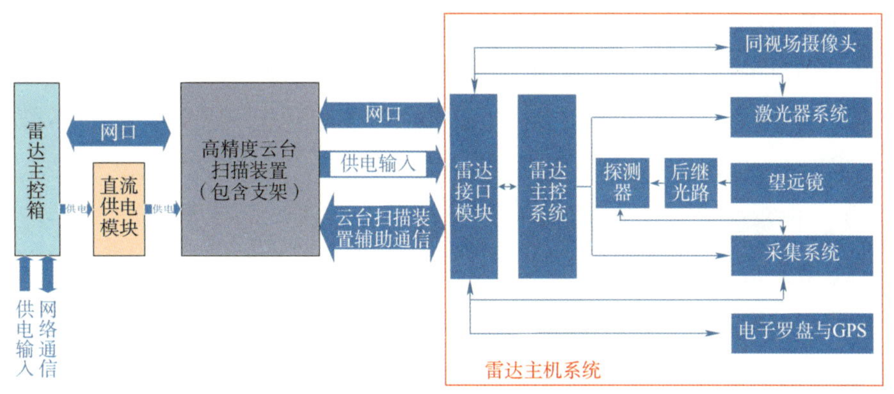

图6-5　团雾激光雷达系统组成框图

①雷达主机

雷达主机系统是团雾激光雷达系统的核心部件，主要由激光器系统、望远镜、后继光路、探测器和采集系统组成，实现激光雷达激光发射和回波信号接收与信号采集等功能。

此外，主机系统还包含雷达主控模块、接口模块和电子罗盘模块。主控模块主要用于雷达舱内温(湿)度检测、温度主动控制和各个模块的供电控制与电流检测等功能，确保激光雷达系统可测可控。

雷达主机对外接口采用简化接口方案，接口模块将雷达主机内部各种通信接口转换为网口，使得雷达主机通过一根网线即可与外部进行通信。

②高精度云台扫描装置

高精度云台扫描装置主要用于雷达主机的扫描测量，要求具有能够负载雷达主机的载重能力，定位精度和运动速度满足团雾扫描测量的要求。

③雷达主控箱

雷达主控箱是团雾激光雷达系统的主控核心，主要由配电模块、工控机和网络通信模块组成。工控机上运行采集软件、分析软件和远程通信软件等。

团雾激光雷达主机与工控机分离安装配置可以更加方便雷达系统的使用、测试和运维。在测试状态，采用笔记本等计算机即可直接与雷达主机进行通信，使雷达主机正常工作。

团雾雷达一般安装在较高的地方，雷达主控箱可以安装在方便接触的地方，方便日常运维工作。此外，还可以更加方便外扩附加功能。雷达主机出现问题，则可以直接更换主机，雷达主控工控机等没有任何变化，不需要进行软件和设置的重新部署和配置。

(2)团雾激光雷达系统原理

①激光雷达系统结构

图6-6给出了颗粒物激光雷达的系统结构图，主要由激光发射子系统、激光接收子系统、信号处理与控制子系统、数据反演子系统4个子系统组成。系统采用高精度探测器，通过共轴结构设计并采用合适的几何重叠因

子,接收望远镜采用的是 Cassegrain 型望远镜,接收望远镜的所有镜面均采用高透过率或者高发射率光学膜。在接收望远镜焦点处安装了小孔光栅,在各个探测器前安装超窄带高透过率高截至率的滤光片,抑制背景噪声,提高系统信噪比。从误差来源来分,主要分为光机结构的影响、电子学的干扰、数据反演方法的不确定性等 4 个方面的误差。

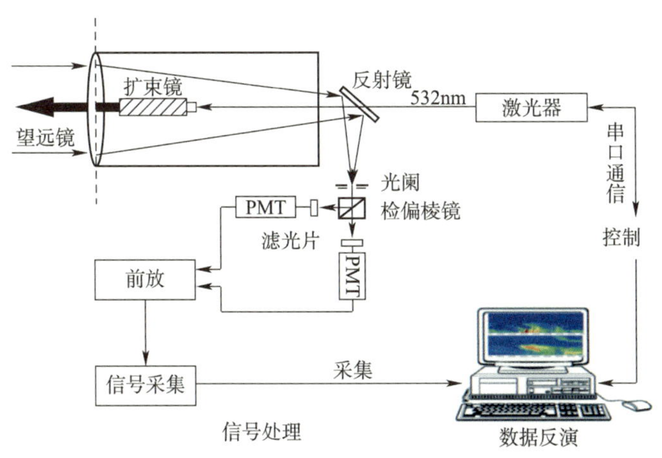

图 6-6 激光雷达系统结构图

②反演算法

激光在空气中传播时,受到传输轨迹上大气气溶胶和空气分子消光的共同作用,使得信号受到衰减,同时一部分被大气气溶胶和空气分子散射的激光沿原路径返回,并且再一次受到传输路径上信号的衰减,最终被激光雷达接收系统所接收。米散射激光雷达方程通常表示为:

$$P(z,\lambda)=\frac{KP_0(\lambda)A\Delta z}{z^2}[\beta_m(z,\lambda)+\beta_\alpha(z,\lambda)]\times \exp\{-2\int_{z_0}^{z}[\alpha_\alpha(z,\lambda)+\alpha_m(z,\lambda)]\mathrm{d}z\} \tag{6-1}$$

式中,$P(z,\lambda)$为接收系统接收到高度 z 处的回波信号功率;λ 为激光波长;K 是与激光雷达系统有关的校正常数;$P_0(\lambda)$为发射激光束的功率;A 为接收望远镜的收光面积;z 为当前回波信号所对应的高度;$\beta_m(z,\lambda)$和 $\alpha_a(z,$

λ)分别表示空气分子与大气气溶胶的后向散射系数和空气分子与大气气溶胶的消光系数;z_0 是激光雷达所在的高度。

对于单波长的米散射激光雷达,常用的消光系数反演方法为 Collis 法、Klett 法和 Fernald 法。众多研究证明 Fernald 方法是最稳定且最成熟的反演方法,获取的结果准确率最好。

Fernald 法认为粒子散射与消光系数成正比(孙新会等,2014),如式(6-2)、式(6-3)表示,其中 S_a 是大气气溶胶消光后向散射比,数值一般在 0~90 之间。通常简单作法是选择一个固定的常数作为气溶胶消光后向散射比,即假定在垂直高度上并不改变大气气溶胶的尺度谱和化学组成,并且大气气溶胶粒子消光的变化仅仅是由数密度的不同引起的。S_m 为大气空气分子消光后向散射比,可根据美国标准大气模式提供的空气分子密度垂直廓线,再由分子瑞利散射理论计算得到。

$$S_a = \frac{\alpha_\alpha(R_c)}{\beta_\alpha(R_c)} \tag{6-2}$$

$$S_a = \frac{\alpha_m(R_c)}{\beta_m(R_c)} = \frac{8\pi}{3} \tag{6-3}$$

如果事先已知某一位置 z_c 处(标定高度)的空气分子和大气气溶胶粒子消光系数比值(标定值),就可以分段求出整条消光系数廓线(张天舒等,2009)。标定高度通常选取近乎不含大气气溶胶的清洁大气层所在高度来确定,标定高度选择过高会造成选择位置信噪比过低,影响数据反演,而标高位置过低则会由于气溶胶的存在,造成数据产生严重的偏差。

因此,利用后向积分求解标定高度 $\mathrm{Z_c}$ 处以下的消光系数为:

$$\alpha_\alpha(z) = -\frac{S_a}{S_m}\cdot\alpha_m(z) + \frac{P(z)z^2\cdot\exp\left[2\left(\frac{S_a}{S_m}-1\right)\int_z^{z_c}\alpha_m(z')\,\mathrm{d}z'\right]}{\frac{P(z)z^2}{\alpha_\alpha(z_c)+\frac{S_a}{S_m}\alpha_m(z_c)} + 2\int_z^{z_c}P(z')z'^2\exp\left[2\left(\frac{S_a}{S_m}-1\right)\int_z^{z_c}\alpha_m(z'')\,\mathrm{d}z''\right]\mathrm{d}z'} \tag{6-4}$$

利用前向积分求解标定高度 z_c 处以上的消光系数为：

$$\alpha_{\alpha}(z) = -\frac{S_a}{S_m} \cdot \alpha_m(z) + \frac{P(z)z^2 \cdot \exp\left[-2\left(\frac{S_a}{S_m}-1\right)\int_{r_c}^{r}\alpha_m(z')\mathrm{d}z'\right]}{\frac{P(z)z^2}{\alpha_{\alpha}(z_c)+\frac{S_a}{S_m}\alpha_m(z_c)} - 2\int_{z_c}^{z}P(z')z'^2\exp\left[-2\left(\frac{S_a}{S_m}-1\right)\int_{z_c}^{z}\alpha_m(z'')\mathrm{d}z''\right]\mathrm{d}z'} \tag{6-5}$$

在反演消光系数之前，须对雷达原始数据进行预处理，具体流程如图 6-7 所示。

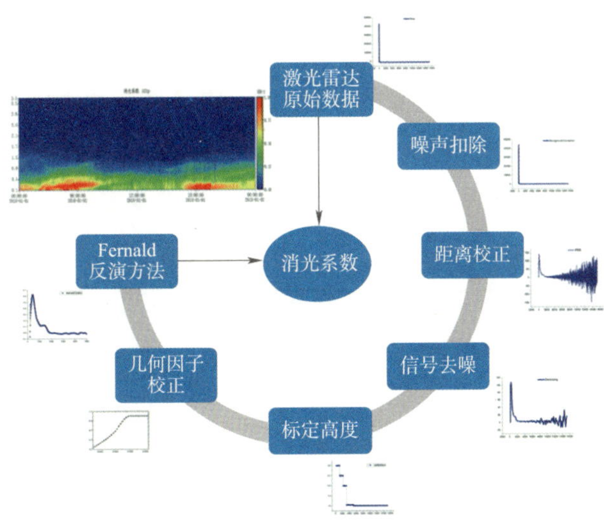

图 6-7 消光系数反演流程图

解析原始数据：激光雷达信号处理系统是将接收系统收到的光信号转换成电信号，然后保存成二进制文件，不同的生产厂商保存的格式各不相同，常见的有欧洲 Licel 格式、气象 Netcdf 格式、十进制文件等。

背景噪声扣除：由于随着探测距离的增加，激光的后向散射信号越来越小，到达一定距离后即淹没在背景噪声中，因此在一定探测距离后的大气回波信号即可认为是背景噪声，如 18 ~ 20km 所有点的平均值作为背景。

距离平方校正：接收系统接收到激光雷达的回波信号，由于近场信号强，远程信号能量越来越弱，衰减率与距离高度平方成反比，因此需要对接收到的回波信号数据进行距离校正，校正方法为将各高度上的原始回波信号强度乘上该高度值的平方。

信号去噪：激光雷达的信号去噪通常采取平均法和滤波法。平均法一般取几十至几百个脉冲进行平均，可以降低随机噪声，提高数据精度，但无法消除远距离的噪声，在此基础上发展的滑动平均法和滤波对去除斑点噪声较为有效。

几何因子（overlap）校正：为了确定激光雷达的几何因子，选择一晴朗天气，激光雷达水平发射和接收，利用斜率法确定激光雷达的几何因子。

路径规划功能主要用于扫描流程控制，需要根据部署情况对雷达扫描的路径进行规划，确保雷达按照规划的路径运行。扫描时需要考虑扫描测量时的模式，通过引入边走边测的方式，确保雷达所测数据能够代表对应角度范围内的能见度情况。

2）雾区引导防撞系统

（1）雾区引导防撞系统结构

雾区引导防撞系统结构由雾区诱导装置、能见度检测仪、区域控制器、摄像机组成。图6-8为该系统的结构示意图。

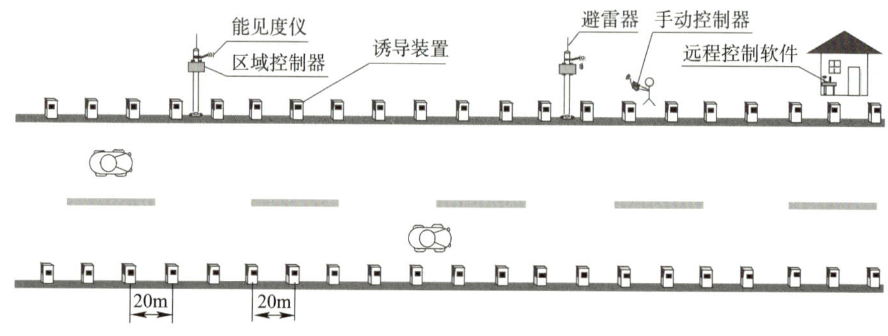

图6-8　低能见度主动发光诱导与自动防撞预警系统构成示意图

①能见度检测仪

能见度检测仪（图6-9）主要检测能见度、气象（如雨、雪等）、亮度等信息，为整个系统提供控制依据。雾、霾、烟、雨都是由空气中许多微小的水滴或各种细小颗粒物共同组成。从光源发出的红外光被水滴散射,然后被高灵敏的探测器所检测。在一定的范围内,检测到的水滴或其他微小颗粒越多,散射光强度就越大。通过嵌入式软件计算,将光散射强度转化为标准能见度数值。

②雾区诱导装置

雾区诱导装置由无线通信单元、控制芯片、锂电池、指示阵列等组成,使其具备智能硬件基础,通过自适应无线组网接收区域控制器控制命令,最终实现可调可控的智能指示功能。如图 6-10 所示。

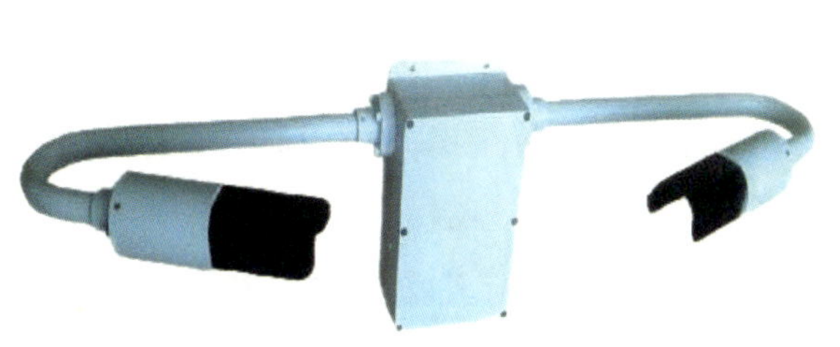

图 6-9　能见度检测仪

图 6-10　雾区诱导装置

③网络高清摄像机

网络高清摄像机用来监测路段天气情况,作为路面监控使用,分辨率不低于 400 万像素,1/2.8 英寸 CMOS 红外网络摄像机,低功耗,红外照射距离最远达 150m,支持 ONVIF(profileS/profileG)协议接入,有背光补偿和强光抑制功能。区域控制器为该系统的本地控制模块,通过与远程上位机软件、雾区诱导装置、能见度仪、手动控制器通信与控制,实现本地主动发光诱导和防撞预警。

④区域控制器

可采用市电或太阳能冗余供电,保障系统通信稳定。区域控制器为该系统的本地控制模块,通过与远程上位机软件、雾区诱导装置、能见度仪、手动控制器通信与控制,实现本地主动发光诱导和防撞预警。

(2)雾区引导防撞装置技术

雾区引导防撞装置是一种高度集成的智能路侧设备,具有模块化结构,另外配备能见度检测仪及激光雷达检测技术，实现实时数据检测，再通过监控中心使龙门架、道路情报板、预警器、预告牌等道路标示组成雾区安全主动引导系统，能更有效地诱导和预警雾天交通行驶，降低交通事故率。

①工作原理

默认情况下，产品处于本地星历周期调整模式：晚上自动开启黄色诱导单元，显示道路线形，白天则自动关闭。另外，产品内置车检感应模块，它能感应到有车经过，自动开启红色警示单元，同时过几秒钟（警示时间长短可调整）之后，产品自动切换至黄色诱导单元。

②实现功能

智能路侧终端主动线形发光并同步闪烁，强化低能见度环境（如雾雨夜等）下的道路轮廓，向行车驾驶员呈现清晰的道路走向，有利于行车驾驶员对车速的合理控制，降低甚至避免一次或者二次事故的发生。

智能路侧终端内置车距检测模块，能够对行驶车辆进行检测和定位，远距离形成一组动态随车移动的红色尾迹，可增强车辆视距1.5～2倍，使路途上所有车辆均可获知自己与前车的距离，进而有效减少雾天追尾事故。

恶劣天气环境时，设备自动运行与当前能见度数值对应的引导策略和安全控制策略。不同的策略可满足各种能见度数值下的道路交通安全保障需要。

配备自动与手动双控制模式：可通过上位机软件及手机APP切换启动；也可根据配套能见度检测仪提供的现场实时道路环境自动开启；设备默认处于星历闭环自控模式；应急情况下，还可以用手持遥控器进行手动控制。

优先顺序：手持遥控器控制、上位机控制、能见度仪本地控制、星历控制。

设备装机容量具有极强的可伸缩性，可根据需要随时对容量进行调整，为分期安装设备提供了极大的便利。

③技术成果总结

重点围绕应对大雾/霾、沙尘暴等恶劣天气，针对低能见度与突发团雾等事件提供24小时实时、精准的监测和预警，及时实施、变更及解除等级管制的智能化技术手段和完整解决方案。在团雾多发路段适当加密团雾激光雷达点位，可实现高速公路网内突发较小尺寸的团雾时的智能预警全覆盖。

6.2.4 建设成效

该系统技术是基于激光雷达使用脉冲激光进行主动探测，测量光通路上气溶胶和水汽后向散射信号，反演各采样点消光系数，与大气分子消光系数合并后计算获得激光传输路径上任意一点的大气能见度，可以从原理上解决现有监测设备面对的问题，既可定量又可定位，实现团雾和常规雾霾的大范围覆盖、高时空分辨率监测同时安装雾区行车诱导系统，该系统能够结合高速公路网的路网结构、交通流特征等特点，通过一定的控制算法实现对通行车辆智能引导、路形显示、盲点黑点提示、车距警示、动态尾迹控制等功能，发光引导车辆行驶，形成有效的主动安全引导驾驶的道路指示，提高低能见度条件下高速公路运行的安全性与可靠性。

基于团雾激光雷达技术应用的雾区引导防撞系统实现了在低能见度气象条件下高速公路车辆提高通行能力的目的，尤其在高速公路隧道出入口、收费站出入口、桥梁、急转弯道、匝道入口等各种事故易发路段布设，可以避免很多事故的发生，挽回很多宝贵生命和减少大量财产损失，使得高速公路更具安全性和可靠性，具有重大的经济效益和社会效益，并值得在其他交通场景或者行业进行推广应用。

6.3 “ETC+”应用

6.3.1 系统结构

“ETC+”应用由加油站零管子系统、网络传输子系统、晋e行平台子系统、ETC 拓展服务平台子系统、ETC 拓展平台分账子系统、增值税电子发票子系统及软件等构成。

6.3.2 建设思路

系统通过向车主发送随机验证码进行唯一性验证,验证通过才能扣款成功。车主只需要告知加油员验证码、加油金额,校验通过,加油员挂枪即可扣款,方便快捷。

6.3.3 建设目标

充分发挥高速公路的优势,探索路域经济融合发展,提升高速公路运营服务水平,扩大 ETC 社会影响力。力求做到重软件、轻硬件,实现基本功能,经济合理,简单实用。

(1)提升车辆加油效率,增加用户便利性。

(2)促进路域经济发展,打造亮点工作。

6.4 网络数据安全保障系统

6.4.1 需求分析

按照《全国高速公路联网监测工作实施方案》从业务上分析的需求,在汾石高速公路智慧交通系统建设过程中,需要考虑系统的网络安全建设。在安全建设过程中,除了物理环境的安全外,还要从边界接入、终端安全、业务合规等角度,真正达到政策文件要求等保合规,即需要从等保标准要求的"一个中心,三重防护"进行充分的安全考虑。片区中心系统与省级平台存在网络连接和数据交换,是全网系统的重要接入点和组成部分,参照网络安全等级保护中安全通信网络、安全区域边界及安全计算环境方面的三级安全保护要求开展安全保护。

6.4.2 建设思路

在网络出口边界部署防火墙设备,提供完善的1.2-7层安全能力,包括防火墙、入侵防御、防病毒、IPsecVPN等能力,有效抵御各类网络安全威胁,包括蠕虫病毒、木马、恶意软件、拒绝服务攻击等,以满足等保三级中对于边界防护、入侵防范、恶意代码防范和安全审计等区域边界安全的要求。同时,防火墙设备可以与省中心等建立IPSecVPN备份链路,并具备SD-TAN能力,能够对带宽及视频等传输进行优化,全面满足等保三级中对于数据完整性、数据保密性、入侵防范、边界防护、安全审计等要求。

日志审计系统提供了众多基于日志分析的强大功能,如安全日志的集中采集、分析挖掘、合规审计、实时监控及安全告警等,系统配备了全球IP归属及地理位置信息数据,为安全事件的分析、溯源提供了有力支撑。日志审计系统能够同时满足实际运维分析需求及审计合规需求,是日常信息安全工作的重要支撑平台。系统能够实时不间断地采集汇聚企业中不同厂商不同种类的安全设备、网络设备、主机、操作系统、业务系统的日志信息,协助进行安全分析及合规审计,及时、有效地发现异常安全事件及审计违规。

运维安全管理系统作为专业的运维安全管理设备,能够为用户提供集账号管理、身份认证、单点登录、资源授权、访问控制和操作审计为一体的运维安全审计服务。它能够对服务器、网络设备、安全设备、数据库等资产的运维操作过程进行有效的运维操作审计,使运维审计由事件审计提升为操作内容审计,通过内控管理平台的事前预防、事中控制和事后审计来全面解决运维安全问题。

漏洞扫描系统是一款自动化全面安全检测系统。产品拥有系统洞扫描、Teb洞扫描、安全基线合规性检查、变更检查、弱口令扫描五大安全扫描引擎,一键全面解决脆弱性检测的需求。通过配置巡检任务,定期生成脆弱性扫描报告。对于高危洞或用户感兴趣的脆弱点,系统自动触发告警,邮件通知对应的资产责任人。通过告警复核完成漏洞修复后的复检,全面实现自动化扫描,闭环脆弱性跟踪,极大地提高了安全检测的效率。

部署数据库审计系统，针对数据库的安全审计系统主要用于监视并记录对数据库服务器的各类操作行为，通过对网络数据的分析，实时、智能地解析对数据库服务器的各种操作，一般操作行为如数据库的登录、注销动作，特定的操作如对数据表的插入、删除、修改，执行特定的存储过程等，都可以被记录和分析，分析的内容可以精确到 SQL 操作语句一级。它还可以根据设置的规则，智能地判断出违规操作数据库的行为，并对违规行为进行记录、报警和实时阻断。

第七章　智慧能源应用

山西是全国重要的综合能源基地，为保障国家能源安全和经济社会发展作出了重要贡献。进入新时代，山西综合能源基地作用更加凸显，推进能源革命、提升能源产业质效、加快能源绿色低碳发展的要求也愈发紧迫。2019 年 5 月，中央全面深化改革委员会第八次会议审议通过了《关于在山西开展能源革命综合改革试点的意见》，作为国内煤炭主产区和能源基地的山西省，正式成为全国首个能源革命综合改革试点。该智慧能源应用是在国家支持山西开展能源革命综合改革试点的背景下，以绿色低碳发展为引领，充分依托新能源和新型储能应用，立足项目全生命周期能源管控，加快交通运输绿色低碳转型，以在高速公路交能融合发展方面取得突破。

7.1 需求分析

围绕新时代能源战略全局，进一步推动新能源及清洁能源创新应用关键技术与交通运输深度融合。党的二十大提出，要积极稳妥推进碳达峰碳中和，立足我国能源资源禀赋，坚持先立后破，有计划分步骤实施碳达峰行动，深入推进能源革命，加强煤炭清洁高效利用，加快规划建设新型能源体系。该智慧能源的应用聚焦国家碳达峰碳中和与绿色交通发展要求，突出新能源与清洁能源创新应用。按照“十四五”交通运输科技规划对发展“交能融合”有关要求，建设交通自洽能源系统，突破交通能源互联网、交通导向的多源多态能源转换控制与管理、基础设施分布式光伏发电及并网、交通能源产储配用一体化、充(换)能设施网络布局等技术，推动电气化公路发展，将有助于山西省“绿色交通”示范工程的打造,有利于推动山西绿色交通发展方式的转型升级。

支撑新能源汽车国家战略,通过智慧能源应用加快高速公路充(换)电相关标准制订与完善。发展新能源汽车是我国从汽车大国迈向汽车强国的必由之路,是应对气候变化、推动绿色发展的战略举措。随着汽车动力来源、生产运行方式、消费使用模式全面变革,新能源汽车产业生态正由零部件、整车研发生产及营销服务企业之间的“链式关系”,逐步演变成汽车、能源、交通、信息通信等多领域多主体参与的“网状生态”。2023 年 5 月,国家发展改革委、国家能源局在《关于加快推进充电基础设施建设　更好支持新能源汽车下乡和乡村振兴的实施意见》提出“适度超前建设充电设施,支持符合条件的高速公路及普通国省干线公路服务区(站)、公共汽电车场站和汽车客运站等充换电基础设施建设”;6 月,国务院办公厅印发《关于进一步构建高质量充电基础设施体系的指导意见》,提出“结合电动汽车发展趋势,适度超前安排充电基础设施建设,在总量规模、结构功能、建设空间等方面留有裕度,更好满足不同领域、不同场景充电需求。持续完善充电基础设施标准体系,推动中国标准国际化”。通过该智慧能源应用,结合电动汽车智能化、网联化发展趋势和新型能源体系建设需求,促进持续完善充电基础设施标准体系,加强建设运维、产品性能、互联互通等标准迭代更新,加快先进充换电技术标准制(修)订。

拓展产业新业态、探索交通融合应用的新型商业模式创新,促进成果转化和产业化。2020 年 5 月,习近平总书记在山西考察时提出“在新基建、新技术、新材料、新装备、新产品、新业态上不断取得突破”①。2021 年 5 月颁布的《山西省“十四五”新业态规划》也明确指出,到 2025 年在智慧能源与智慧交通等若干领域掌握一批关键核心技术。“绿色环保”新型技术相关成果的示范应用不仅顺应了山西省资源型经济转型的大势,更契合了山西省交通行业大力拓展“交通 +”新业态的发展要求。随着国家在电力市场改革不

① 习近平在山西考察时强调:全面建成小康社会　乘势而上书写新时代中国特色社会主义新篇章,《人民日报》(2020 年 5 月 13 日 01 版)。

断推进,新型储能并网接入管理,优化调度运行机制,充分发挥新型储能作用,支撑构建新型电力系统成为“交能融合”发展的商业机遇。通过促进基于“源-网-荷-储”一体化能源微网技术的高速公路充(换)能设施网络布局建设,支持新能源+储能、聚合储能、光储充一体化等模式发展,优先调用新型储能试点示范项目,充分发挥各类储能价值。其中,结合新型储能多场景和市场化运行需求,积极开展新型储能电站与其他电源协同优化调度技术、规模化储能系统集群智能调度关键技术、基于新型储能的电网主动支撑技术、电动汽车等分布式储能虚拟电厂聚合互动调控技术等研发攻关工作,将有助于在高速服务区微电网能源自洽等场景探索新型商业模式创新,促进成果转化和产业化。

7.2 基于能源自洽导向的高速公路能源韧性智慧管控系统

能源自洽系统是指在一个封闭的系统内实现能源的自循环和自供给,减少对外部能源的依赖。以能源自洽为导向,研究高速公路能源管控系统并进行工程应用,可提升高速公路能源的自循环自供给,从而降低运营成本。根据汾石高速公路用电负荷类型及用电需求,从能源端、传输端、消耗端、智能化管理等角度,构建覆盖整个高速公路内所有供用能设施的能源互联网,涉及源-网-荷-储一体化系统、光储系统、充电桩系统、智慧管控系统、碳盘查系统5个系统,以实现高速公路清洁能源的最大化利用、负载的高效运行,最大限度提高汾石高速公路用电经济性。

该项技术在已有成果的基础上拟在以下方面开展进一步研发:

(1)运营高速公路碳排放信息管理与评价技术

建立综合能源全息数据模型,梳理和分析场站内主要设备,整合设备基础台账、运行监测、三维模型等信息。开展全生命周期碳排放信息管理技术研究,实现碳排放数据的统计分析、监测、趋势预测与预警、计划与水平识别等功能。深入挖掘减排专项,明确各场景减排方向和措施,开展碳排放评价技术研究并构建碳排放评价指标体系。

(2)运营高速公路多场景能源综合管控技术

基于各场景能源管控需求,构建物联感知模型,实现能源数据统一采集与传输。综合能源数据接口制订,统一各类实时监测数据上传标准和技术要求,确保感知终端设备接入。搭建能源综合管控平台,实现场站内可视化设备监控、智能运维、碳排放及能耗数据综合分析等功能。

构建高速公路基础设施高弹性、高能效自洽能源服务管理与健康系统,基于物联网和互联网技术,开展综合能源微网的交通自洽能源技术研究,研发能源自洽条件下监-运-维设施感知与高速公路运维装备能源保障管理系统,提供信息采集、能效分析、节能服务、需求响应、能源托管、能源生产等服务,实现场景用能全面监测、能源使用智慧高效、柔性负荷可调可控、用能节点服务智能便捷,全面支撑高速公路综合能源服务业务的发展。如图7-1所示。

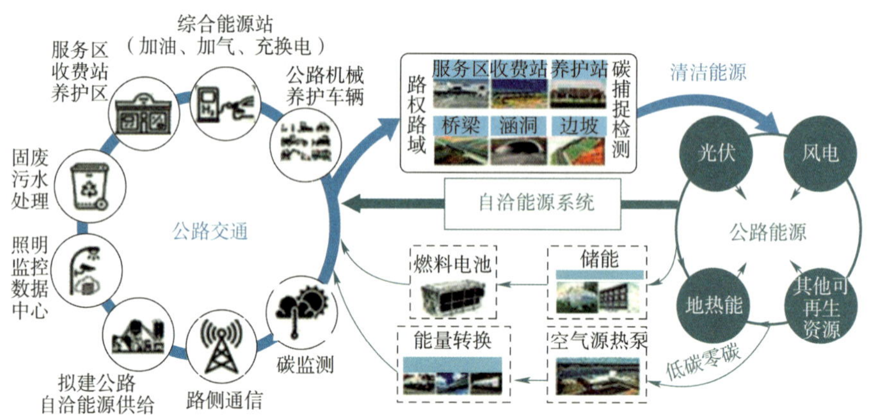

图7-1 交通用能自洽系统示意图

1)微电网能量管理系统研究

微电网是一个小型发配电系统,具有自我控制、保护和管理的自洽能力,包含分布式电源(包括风能、太阳能、水电能、燃料电池等)、储能装置、能量变换装置、负荷和监控以及保护装置,既可以与大电网并网运行,也可以孤立运行。微电网概念的提出主要是为了减少分布式电源对于传统电力系统管理调度带来的困难。因此,微电网可以被传统电网视为单独的电源或者负载,从而减少单个分布式电源对于微电网的影响。为了提高系统运行水平,微电网通常采用分层控制结构,包括维持微电网频率、电压稳定的本地一次控制,侧重于实现系统电压、频率恢复和有功、无功功率合理分配的二次控制,以及根据市场和调度需求协调微电网与配电网、多微电网运行的三次控制。

微电网能量管理系统用于保障微电网的稳定和经济优化运行。其是一种计算机系统,包括提供基本支持服务的软件平台,以及提供微电网内发电、配电、用电设备有效运行所需功能的一套应用软件,是微电网监控系统核心,担负着系统电源管理、负荷管理以及统计分析、评估等功能。微电网能量管理系统基本功能包括数据信息采集和处理、数据库管理、人机界面、设备控制等。系统控制功能包括微网运行基础控制、计划无缝切换控制、外部故障下无缝切换控制、离网功率平衡优化控制、功率波动平滑控制等。系统应用功能包括分布式电源的运行分析与展示、微网运行效益分析、有功功率整体优化控制、无功电压整体优化控制、电能质量优化控制等。

2)能源管理系统硬件及相关装备研究

微电网能量管理系统由就地设备层、协调控制层和能量管理层组成。就地设备层为光伏发电储能电池、可中断负荷、可控负荷等设备;协调控制层由通信控制器、串口服务器、光纤交换机、协调控制器等设备构成;能量管理层由前置服务器、工作站、GPS、防火墙、打印机、显示大屏等构成。协调控制负责微网运行基础控制、计划无缝切换控制、外部故障下的无缝切换控制、离网功率平衡优化控制、功率波动平滑控制等功能;能量管理负责全局能量管理目标制订、全局优化策略运行和具体执行目标下发。

数据采集通信网络采用串口和以太网接口,通信控制器支持多种标准通信协议及定制协议,并拟提供 RS-232、RS-485 串口及 100/1000M 以太网接口,通信控制器可将特殊或非标准的通信规约转换为标准的 IEC60870-5-104 或 MODBUS 规约,以便于前置服务器处理。协调管理层通信主要采用以太网接口,距离较远的系统使用光纤以太网进行信息传输。通过防火墙隔离,协调管理系统可以接入因特网,实现数据的远程转发和共享。

3)能源管理系统软件结构研发

能量管理系统软件体系结构由操作系统、支撑平台、应用功能3个层次组成,应用功能又分为基本应用功能和高级管理功能两个部分,如图7-2所示。操作系统支持跨平台,支撑平台包含数据采集管理、数据库管理、网络通信管理、图形管理、报表管理、权限管理、报警管理、计算统计等模块。基本应用功能包括SCADA处理、监控功能、统计分析功能、安全WEB数据发布等。高级管理功能包括全局能量管理目标制订等。

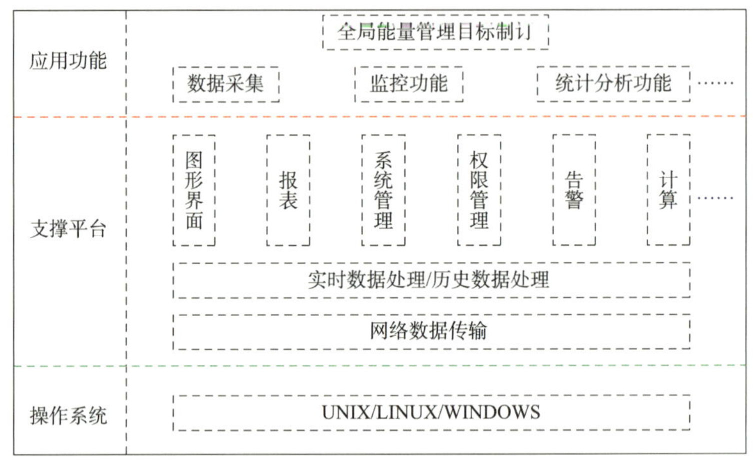

图7-2 能量管理系统软件层次结构图

协调控制器采用B/S结构,包括硬件控制器、功能控制软件和浏览器用户工作界面。协调控制器的软件体系结构如图7-3所示。协调控制器的服务器端包括支撑软件和功能软件两部分。功能软件包括微电网协调控制和设备协调控制。微电网协调控制功能包括微网运行基础控制、无缝切换控制、功率平衡优化控制、功率波动平滑控制、有功功率整体优化控制、无功电压整体优化控制、电能质量优化控制等。设备协调控制功能包括光伏发电出力控制、可控负荷调节、可中断负荷调节、有功无功优化控制。协调控制器的浏览器端是用户工作界面,可观察协调控制功能软件工作状态、配置参数、控制工作模式等。

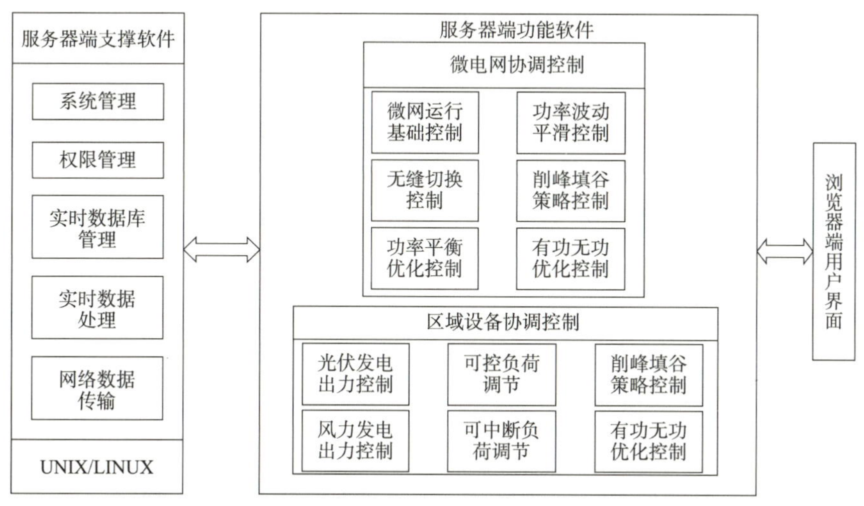

图 7-3 协调控制软件层次结构图

7.3 "源-网-荷-储"一体化能源微网与近零碳技术集成应用

汾石高速公路围绕"双碳"国家战略目标，以"绿色汾石、智慧汾石"为抓手，以"清洁化、节能化、循环化、智慧化"为原则，提出"数智化+近零碳"的服务区设计理念，结合交口服务区资源禀赋、区位环境、发展定位和建设基础，开展绿色能源领域技术的集成应用和智慧化管理的创新实践，借助"双碳+数字化+服务区"的多跨融合，建设"光储充供"系统。通过整合先进能源技术和装备，构建面向大规模可再生能源管控的零碳能源系统，配套光伏发电、储能、充电桩、交直流微网等基础设施，确保绿电的高效生产和稳定消纳，保障服务区用电设备的稳定运行。将交口服务区打造成山西省内首个融合"源-网-荷-储"一体化、数智化能源综合管控于一体的近零碳综合示范工程。

根据交口服务区用电负荷类型及用电需求，并基于清洁能源演化机理和负载用能变化趋势，从能源端、传输端、消耗端、能源监测、智能化管理、服务区建设等角度，构建覆盖整个服务区内所有供能及用能设施的能源互联网，从设备节能、技术节能、管理节能、控制节能等方面，实现交口服务区清洁能源的最大化利用、负载的高效运行，从而降低能耗，实现近零碳目标。

结合服务区资源禀赋、区位环境和建设需求，建设“源－网－荷－储”一体化系统。通过整合先进能源技术和装备，构建面向大规模可再生能源管控的零碳能源系统，配套交直流微网等基础设施，确保绿电的高效生产和稳定消纳。架构示意图如图7-4所示。

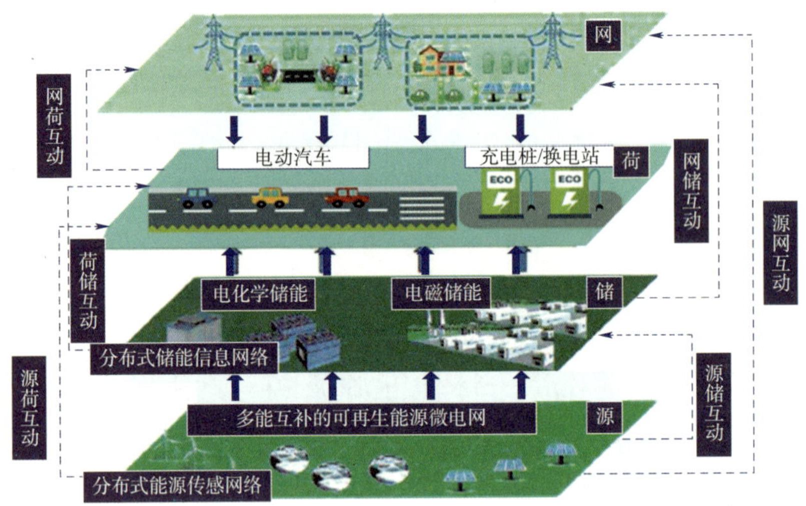

图7-4　交口服务区“源-网-荷-储”一体化能源微网技术示意图

搭建源网荷储一体化仿真模型，模拟源网荷储各环节运行状态，确认各环节容量配置及运行策略，达到最优后进行源网荷储一体化系统建设，实现源源互补、源网协调、网荷互动、网储互动和源荷互动等多种交互形式，提高微电网系统功率动态平衡能力，确保绿电的高效生产和稳定消纳。

(1)光伏发电技术

光伏发电方面，通过半实物仿真平台搭建光伏组件模型，采用MPPT方法控制光伏电池的输出端口电压来实现太阳电池组件的最大功率输出，最大限度地将光能转化为电能。利用长短期记忆神经网络进行光伏发电预测，为光伏日前及日内运行策略的制订提供依据。

(2)储能技术

采用高功率、高安全、长寿命的大容量磷酸铁锂电池，将能量管理系统

EMS、电池管理系统 BMS、储能变流器 PCS、温控系统、消防系统、门禁系统、照明系统等进行集成,提供标准通信接口,方便系统管理与调度,在平抑光伏出力不确定性的基础上制订"低充高放"策略,保证系统运行时的功率平衡,提高系统绿电使用比例,提升系统供电质量。

(3)能量管理策略

为智能配电网制订能量管理策略,依据宜交则交、宜直则直、宜低则低、宜高则高的原则进行配置,交/直混合、低压/中压混合的多类型配电,减少因交直流、高低压变换造成的电能损失。根据清洁能源发电量、负荷需求及分时电价,动态调节柔性负荷大小与储能充放电策略,将供用电模式从"源随荷动"变为"源荷互动",在满足负荷需求的基础上最大程度消纳清洁能源,降低系统运营成本。

(4)负荷侧需求响应

由于该系统具有空气源热泵、可调节 LED 照明系统等柔性负荷,可通过时序分析、典型负荷曲线提取等机器学习方法,制订柔性负荷需求响应运行策略,如在高峰时段提前储热、改变热泵设定温度、降低照明亮度等,在不影响人体舒适度及照明需求的前提下,参与负荷侧需求响应,促进网荷互动,减少服务区用电成本的同时保障电网运行的稳定性。

7.4 全生命周期大规模长线型光储技术研究与应用

汾石高速公路光伏发电拟初步分别规划设计管理站区光伏发电和边坡光伏发电。

站区光伏发电,拟在三个互通(孝义西互通、下堡互通、交口东互通),两个枢纽(汾阳南枢纽、交口枢纽),两处隧道出入口(东山隧道出口、范火泉隧道进口)位置,以及服务区和各管理站区等建筑物顶面设置光伏发电设施,实现"自发自用、余电上网"。

边坡光伏发电,是在汾石高速公路沿线东西走向的直线路段向阳侧边坡和不产生眩光影响的曲线路段向阳侧边坡设施光伏发电设施,主要设置在路堤或路主段的南向边坡。

分布式并网光伏系统是利用光伏组件将太阳能直接转变为电能的发电方式，并且能一定程度保证发电的稳定性、可靠性及供给配电网电能质量，是一种新型的、环保型且具有长远发展前景的发电系统。《交通运输部关于推动交通运输领域新型基础设施建设的指导意见》明确提出“鼓励在服务区、边坡等公路沿线合理布局光伏发电设施，与市电等并网供电”，在传统“网-荷”交通供电系统的基础上融入清洁能源、储能和微电网技术，开展全生命周期大规模长线型光储技术的示范应用，构建“源-网-荷-储”多层级一体化交能融合系统，利用沿线的边坡、加油站、隧道隔离带、互通立交和匝道中的闲置土地等土地资源就地开发光伏新能源，实现清洁能源的自洽供给，将新能源、公路交通两个条块分割、行业隔离且各自发展的系统逐渐演变为相互融合、集成衔接的协同发展形态，最终形成清洁、低碳、融合高效的全生命周期大规模长线型光储供能体系。该技术主要内容如图 7-5 所示。

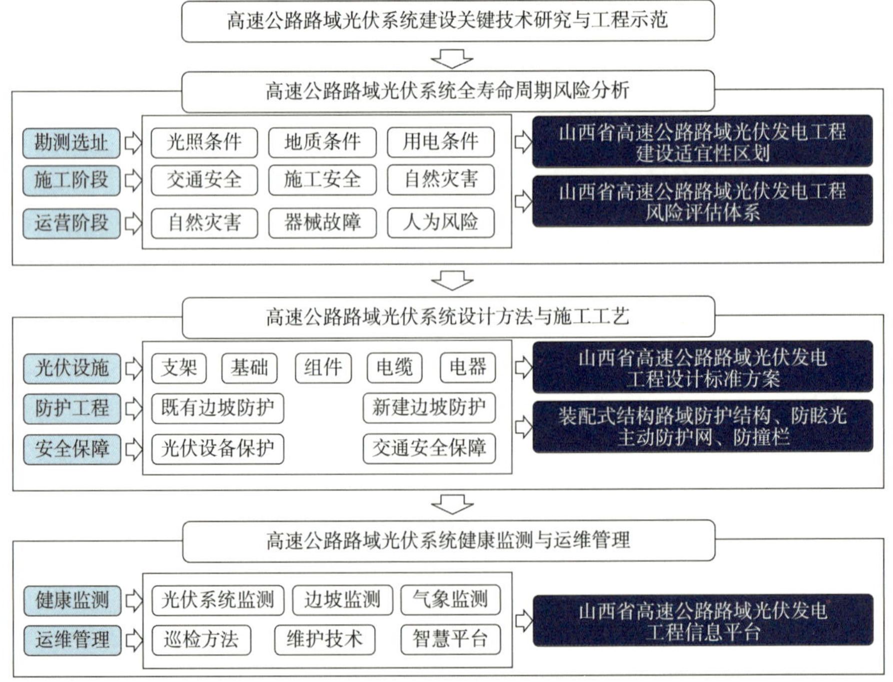

图 7-5 全生命周期大规模长线型光储供能体系主要技术内容

7.4.1 高速公路长线型大规模光伏系统全寿命周期风险分析

建设高速公路长线型大规模光伏系统需要对沿线环境进行风险分析，全寿命周期中，建设期和运营期是最为关键的两个阶段，涵盖了前期勘测选址、设计、设备生产、运输、电站建设、运营等，针对项目建设期和运营期进行动态风险分析与评估。

在勘测选址阶段，通过综合评价光照、地形地貌、岩性等条件，对项目选址进行分析评估，构建山西省高速公路光伏系统建设适宜性分区。围绕道路边坡、建筑屋顶、弃土场、隧道隔离带、服务区、收费站、沿线电子设备等全场景的施工阶段主要面临的风险有交通安全、施工安全及自然灾害，通过对路线、交通量、道路光照条件等信息进行综合分析，评估施工对交通安全的影响，建立定量评价体系。针对施工阶段易发生暴雨、暴风、泥石流、雷击、雪灾、火灾等极端气候条件，采用层次分析法或指标体系法，分别赋予自然因素和人为因素权重，进行风险评估及管控。针对运营期内可能出现的风险因素进行统计分析，考虑自然灾害、机械损坏、电气事故、技术风险、人为风险等要素，建立定量数学模型，针对新建高速公路及运营高速公路，提出对高速大规模长线型光伏系统全寿命周期的风险管控措施。

7.4.2 高速公路大规模长线型光伏系统设计方法与施工工艺

高速公路大规模建设的光伏系统主要包括光伏设施、边坡防护设施、防排水设施以及安全保障设施。光伏设施主要包括支架、基础、组件、电缆、逆变器、变压器、电容等设备，其中支架形式是决定光伏系统结构稳定的关键要素，根据纬度条件、气候条件以及地形条件研究适宜的支架形式、材料类型及布设方式。以边坡为例，光伏设施的基础与边坡密切相关，会直接影响到边坡稳定性，针对不同岩性、不同坡度、不同防护措施（运营期）的边坡，通过研究光伏设施-边坡防护工程之间的力学作用模式，结合现场试验、室内模型试验及数值计算，提出成套光伏基础-边坡防护设计方案。同时，根据岩土体排水条件，相应地提出防排水措施。针对边坡施工的作业面积小、坡度陡、工期短的特点，研究预制装配式结构，提升施工质量，保障施工安全。此外，为防止路堑边坡光伏设施掉落对道路安全造成威胁，研发太阳能电池板表层主动防护网结构，在保证安全的前提下，降低眩光，提升发电量，降低维护成本。针对路堤边坡光伏设施安全隐患，研发高强度防撞护栏，布设在路侧硬路肩处，进一步降低道路安全隐患。

7.4.3 高速公路大规模长线型光伏系统健康监测与运维管理

为了提高光伏系统的运营效率，降低安全事故，开展对光伏系统的健康监测和运维管理研究。健康监测主要包括对光伏系统的视频监控、结构监测、电量监测与评估、边坡整体稳定性监测、气象监测等内容，通过采用自动化监测手段及实时传输技术，实现对高速公路大规模光伏系统的全时监测。融合现有的高速公路地质灾害数据平台，对监测数据进行实时跟踪反馈。依托项目建设方和公路管养单位，建立常态化巡检制度与方法，形成光伏系统运维管理指南，通过构建山西省高速公路大规模光伏系统平台，实现对大规模光伏系统的基础设施、防护工程、安全保障设施、健康监测设施等信息的统一管理。如图7-6所示。

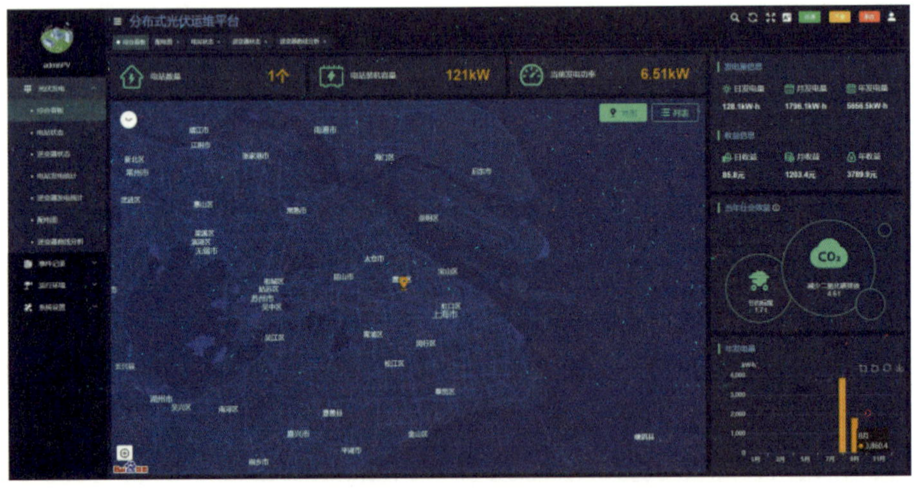

图7-6　高速公路路域光伏系统健康监测与运维管理平台图

7.4.4 高速公路光伏发电防孤岛安全保障技术

光伏并网柜在运行中，会出现电网侧电压、频率等方面的波动对本站造成冲击、负荷过高等现象，不仅会对电网设备造成损坏，还会威胁到维护人员的生命安全。谐波问题是光伏发电的主要问题，光伏发电使用交、直流逆变器，由于逆变器是通过半导体功率开关的开通和关断作用，把直流电转变成交流电，在此环节会产生谐波问题。另外，由于光伏项目的不确定性，造成输出功率的随机波动，导致电网频率偏差，电压波动与闪变等。当孤岛效应发生时，负荷大于或者小于光伏发电功率，电网不能控制供电孤岛的电压和频率，电压幅值和频率的漂移会对用电设备带来破坏。当电网侧停电检修，若并网光伏电站的逆变器仍在继续供电，维修人员可能忽视分布式系统的存在，易造成事故，危及维修人员的安全。如果逆变器仍然在发电，由于并网系统输出电压和电网电压之间产生相位差，当电网重新恢复供电时会产生浪涌电流，可能会引起再次跳闸或对分布式发电系统、负载和供电系统带来损坏。

利用防孤岛保护装置采集并网电压、频率及电网进线电流等信号，当发生孤岛现象时，快速切除并网点，使本站与电网侧快速脱离。同时配置电能质量在线监测装置，对电压谐波、电压波动与闪变、频率偏差、电压不平衡度、电压暂降/暂升/短时中断等进行实时监测。通过这些设备在光伏并网柜中的使用，为电网的可靠运行提供保障。如图 7-7 所示。

7.4.5 高速公路大规模长线型光储技术

探索利用汾石高速公路向阳侧空间，科学优化路域光伏发电系统设计，研发建设交能融合一体化智慧管理平台，推动“源-网-荷-储”智能优化控制调度，实现对能源网、交通网和数字网进行信息融合与智慧调控。其中，源网荷储一体化调控功能，对高速公路全域的光伏、储能、用电负荷和电网进行统一协调控制，实现清洁能源灵活调度，可以对高速公路全域的光伏、储能、用电负荷和电网进行统一协调控制，使绿电优先在高速公路全域内部消纳利用。如图 7-8、图 7-9 所示。

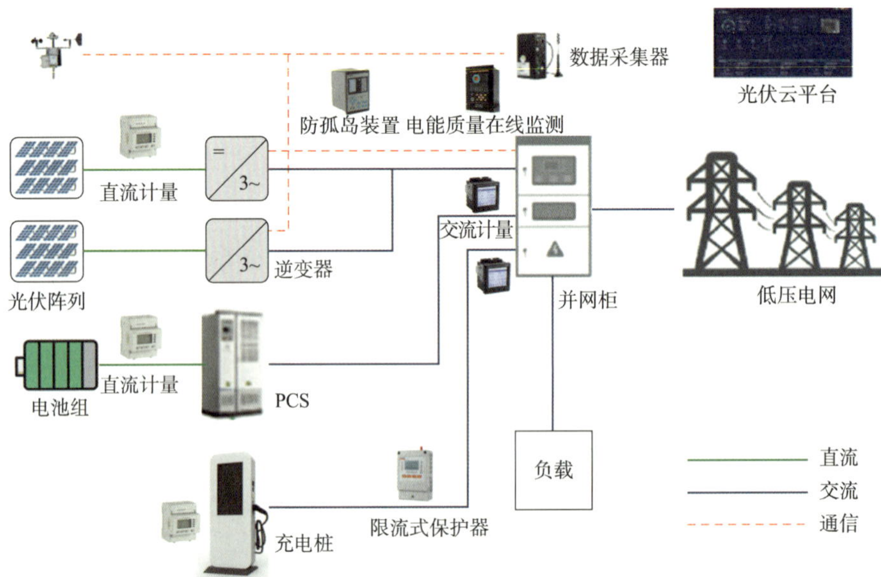

图 7-7　高速公路路域光伏发电防孤岛安全保障技术示意图

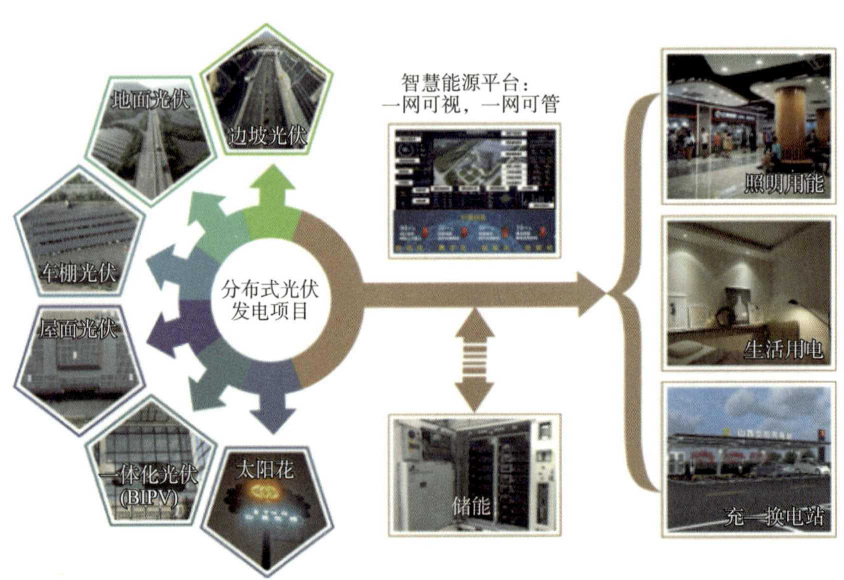

图 7-8　高速公路光伏发电项目示意图

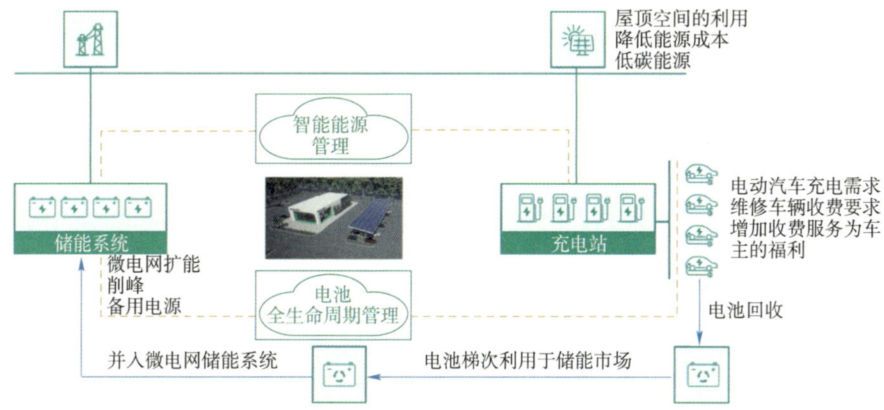

图 7-9　高速公路大规模长线型光储技术示意图

7.5 高速公路新能源车辆快速充(换)电技术研究与应用

新能源供能技术研究是为了保证新能源汽车正常使用的充电方式和充电方式组合，主要开展了供电、充电、换电、控电等技术研究，如图 7-10 所示。

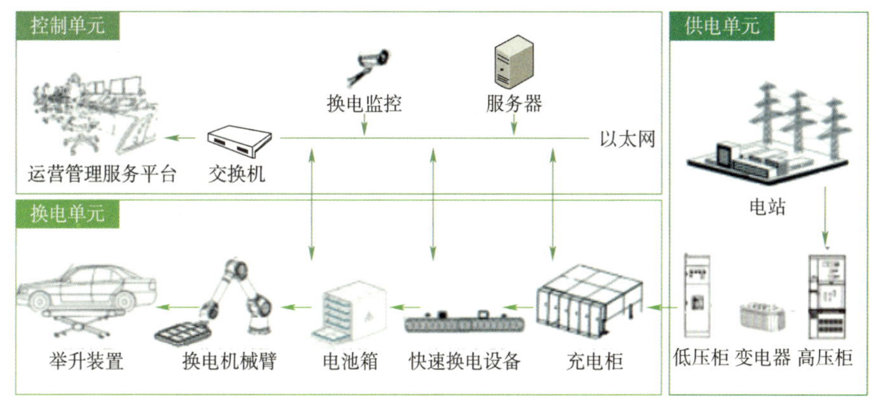

图 7-10　新能源供能示意图

(1)供电单元关键技术

新能源汽车换电站采用双回路供电，电源均从汾石高速公路自洽能源系统中 220kV 变电站接入，两路一主一备供电方式。0.4kV 配电装置采用单母分段的接线方式。10kV 及 0.4kV 开关柜、变压器布置于同一房间内。

(2)充电单元关键技术

依托服务区内的光伏与储能设备,建设光储充一体化微电网系统,将市电、光伏系统、储能系统和充电桩整合,构造一个功能完整、要素齐全的微电网系统,可以有效缓解充电桩大电流充电时对市电电网的冲击,也可以实现高速公路在配电需求上对峰谷电价差异的合理应用,减少对市电的依赖,节省电费开支,同时解决高速公路快速充电基础设施建设的电网扩容问题。利用大数据和物联网技术搭建智慧充电管理平台,为用户提供精细化运营、自动化运维和智能化诊断等服务,全面推动新能源汽车在高速公路服务区充换电的应用。智慧充电管理平台管理端功能见表7-1。

智慧充电管理平台管理端功能表 表7-1

模块名称	模块功能
监控概览	展示平台所接电站、充电桩的数量、地图位置、实时功率等信息
场站管理	进行站点信息管理、场站实时功率、充电桩状态监控、充电桩远程升级等
告警管理	对充电桩过温保护、充电桩输入输出过/欠压、绝缘检测故障等进行警告
计费管理	峰谷电价设置、桩站分时计费设置、服务费设置、停车费设置等
统计报表	充电量统计、充电方式统计、充电收入、用户统计等

客户端包括移动支付、桩站定位、订单管理、扫码充电、自助服务等模块,各模块功能见表7-2。

智慧充电管理平台客户端功能表 表7-2

模块名称	模块功能
移动支付	对充电费用进行支付或账户进行储值
桩站定位	查看桩站位置信息,获取附近的电站信息,选定充电桩站后进行导航
订单管理	查看充电充值记录,展示未结算、已结算、充电中等状态下的订单
扫码充电	一键扫码,随时查看充电的进度情况
自助服务	用户可以自助开发票、自助退款

(3)换电单元关键技术

作为换电示范工程的核心部分,电池更换系统主要包括换电设备、集装箱式充电架等部分。其工作流程为:将电动汽车开到指定位置,从架上取电池-行走-从车上取电池-向车上装电池-行走-向电池架上装入电池。汽车两侧共配置 9 个电池外箱,每次更换以电池外箱为单位成组更换。电池架上配备了相应的电池舱位,与汽车侧的电池位置成镜像排列。汽车两侧的电池由两台快换设备来完成,两侧电池配置相同,因此两台电池更换设备分别设在工作站两侧,从架上取、从车上取、向车上装、向架上装这 4 个过程做必要的联接,完成电池箱换装过程。商用车电池更换系统包括 1 个换电工位,2 套全自动换电设备,2 套 20 尺一体化充电架,电池箱及其附件均布置于集装式充电仓内。

(4)控制单元关键技术

换电站电池更换系统通过工业以太网络连接到综合监控系统后台,电池箱更换设备本体与自己的通信控制器通过滑动有线进行内部通信,电池更换站后台监控通过以太网或者 WLAN 同通信控制器相连。电池箱堆垛设备本体与自己的通信控制器通过滑动有线进行内部通信,电池箱横移设备、电池箱传送设备以及电池箱升降设备配备通信控制器,电池更换站后台监控通过以太网或者 WLAN 同通信控制器相连。计量系统由关口电表、交流电表、用电采集终端、工作站以及服务器构成。充换电站内的各个用电采集终端主要用于采集各关口电表以及交流电表的实时电量数据,并利用本地的工业以太网和工作站之间建立信息通信,把充换电站总的电量信息传输至系统后台进行处理,并将电表的电量数据存放到数据库服务器内。利用用电采集终端实现同用电信息采集系统或者上一级监控中心之间的数据传输,保证上一级系统可以及时得知充换电站内的用电量数据,从而实现上级系统统一的电费管理。

第八章　建设成效评价

8.1 评价指标体系研究

目前各地的普通国省道智慧公路建设工程大多结合自身现状和道路基础设施特点来探索建设普通国省道智慧公路建设,但对于建设后的普通国省道智慧公路缺乏定量的评价方法。通过研究普通国省道公路智能化评价指标,将为普通国省道智慧公路未来建设提供有力的科学依据。由于普通国省道智慧公路是一件比较复杂的工程,涉及的指标非常复杂,我们利用层次分析法对智慧公路相关因素分解为 3 个层次,将评价指标体系分为目标层、中间层和指标层。普通国省道智慧公路后评价指标体系围绕普通国省道智慧公路“建管养运服”全寿命周期需求,参照《江苏省普通国省道智慧公路建设技术指南》,选取智能感知、智能管控、智能服务和基础支撑 4 个指标作为目标层的一级指标。根据公路的投入、效能和功能 3 个表征维度,根据每个目标层的内涵,分解为中间层和指标层,在 4 个一级指标下共设立了中间层的 13 个二级指标和指标层的 29 个三级指标,这些评价指标构成了完整的普通国省道智慧公路后评价体系指标。由于改建道路过程不存在智慧管控下的二级指标数字化设计和智能化建造,因此评价指标分为普通国省道新建智慧公路自评价指标体系和普通国省道改建智慧公路自评价指标体系。

8.1.1　智能感知指标研究体系

智慧公路的智能感知是通过在公路上安装传感器、雷达、摄像等设备对公路的周围环境数据进行实时采集，通过机器视觉、数据处理等技术手段，实现对于公路主体及沿线设施、交通运行状态以及公路路域环境的感知，从而协助工作人员进行公路养护和管控相关工作。智能感知的具体指标见表 8-1。

智能感知评价指标　　表 8-1

二级指标	三级指标	计算方法(A、B、C 为常数,A+B+C+D+E=1)
公路主题及沿线设施感知	道路状态感知能力	A×重点路段基础设施覆盖率得分+B×道路监测精度得分(路面荷载,路面病害,边坡塌陷和路基沉降)
	桥梁状态感知能力	A×重点桥梁(三特)基础设施覆盖率得分+B×重点桥梁(三特)基础设施结构监测精度得分
	隧道状态感知能力	A×隧道基础设施覆盖率得分+B×隧道基础设施结构安全监测精度得分
	沿线设施状态感知水平	A×交通安全设施自动监测率得分×B×重点路段机电设备自动监测率得分
交通运行状态感知	行人与非机动车感知能力	A×交叉口设施覆盖率得分+B×行人与非机动车监测精度得分
	车辆运行感知能力	A×关键节点设施覆盖率得分+B×车辆运行感知时延得分+C×车辆信息检测准确率得分
	交通参数感知能力	A×关键节点设施覆盖率得分+B×交通参数(断面交通量/平均速度/车型)检测精度得分
	交通事件感知能力	A×关键节点设施覆盖率得分+B×交通事件检测种类得分+C×交通事件检测准确率得分+D×交通事件检测定位精度得分
公路路域环境感知	气象环境感知能力	A×重点位置气象检测设备覆盖率得分+B×气象状态预警准确率得分

8.1.2 智能管控指标研究体系

智慧公路的智能管控通过 BIM、数据处理等新型技术实现对公路进行设计、建造、养护和管理。通过对公路状态的感知对公路未来状态趋势进行判断和预测,辅助工作人员做出决策,实现公路的高效安全运转。智慧公路的智能管控包括数字化设计、智能化建造、科学化养护和全路网管理。由于改建道路不包括数字化设计、智能化建造,因此对于新建道路,智能管控指标下有数字化设计、智能化建造、科学化养护和全路网管理4个二级指标。对于改建道路,智能管控指标下为科学化养护和全路网管理两个二级指标。智能管控的具体指标见表8-2。

智能管控评价指标　　表8-2

二级指标	三级指标	计算方法(A、B、C为常数,A+B+C+D+E=1)
数字化设计	公路主体及沿线设施设计水平	公路主体及沿线设施设计数字化率得分
智能化建造	智慧工地水平	智慧工地智能设备覆盖率得分
	智慧梁场水平	智慧梁场自动化率得分
科学化养护	路面养护能力	A×养护自动化智能辅助巡查覆盖率得分+B×养护事件响应时间得分
	桥梁养护能力	A×养护自动化智能辅助巡查覆盖率得分+B×养护事件响应时间得分
	隧道养护能力	A×养护自动化智能辅助巡查覆盖率得分+B×养护事件响应时间得分
全路网管理	主动监测效果	A×设备运行状态在线率得分+B×路网异常事件预警准确率得分+C×事故定位精度得分
	智联调度能力	A×基于数据驱动的应急及救援指挥及调度决策率得分+B×异常交通事件响应时间得分+C×阻断平均处置时间得分
	智慧决策水平	基于数据驱动的科学决策覆盖率得分

8.1.3　智能服务指标研究体系

智慧公路的智能服务是通过在公路上布设各类预警设备、智慧服务区的建设,利用数据分析等技术为公路用户提供出行安全和便利服务,通过在公路布设车路协同感知和通信实施实现公路协同的自动驾驶。智能服务指标是对智慧公路对于公众服务质量评估的指标,智能服务的具体指标见表8-3。

智能服务评价指标 表8-3

二级指标	三级指标	计算公式(A、B、C为常数,A+B+C+D+E=1)
公众出行服务	出行安全服务能力	A×重点位置预警系统设备覆盖率得分+B×预警系统设备管控效果得分
	通行效率服务效果	A×交叉口延误时间得分+B×公路拥堵指数得分+C×收费站延误时间得分
	在途信息服务水平	A×农村公路地图精准导航覆盖率得分+B×智慧情报板覆盖率得分+C×发布信息能力评估得分
	智慧服务区水平	A×基础设施功能完善度得分+B×停车车位得分+C×新能源充电位得分
车路协同自动驾驶	车路协同能力	A×重点路段车路协同感知和通信设施覆盖率得分+B×车路协同实现功能场景得分

8.1.4 基础支撑指标研究体系

智慧公路的基础支撑是运营智慧公路的基础设施建设,包括融合通信与设施供电、数据中台、云控平台与信息安全、智能运维。智慧公路的基础支撑系统保证了智慧公路的安全高效运转。基础支撑的具体指标见表8-4。

智能服务评价指标 表8-4

二级指标	三级指标	计算公式
融合通信与设施供电	融合通信水平	A×通信覆盖率得分+B×平均信号质量得分
	供电水平	A×供电稳定性得分+B×供电容量得分
数据中台	数据中台水平	数据中台实现功能得分
云控平台与信息安全	运控平台服务水平	运控平台服务功能得分
	信息安全水平	信息安全等级保护得分
智能运维	智能运维效果	智能运维实现功能得分

8.2 评价指标权重研究

因为普通国省道智慧公路的指标体系构成是多层级的，我们通过在专家打分法和层次分析法结合的方法来确定评价体系各指标的权重。

8.2.1 建立评价层次结构

普通国省道智慧公路自评价指标指标层次共分为三层，分别为目标层、中间层和指标层，具体的层次分级如上文所示。

8.2.2 构造判断矩阵

为定量分析评价指标对上层元素的影响程度，通过专家打分的形式，采用1~9评判标度法，对隶属于上一层次同一个评价。标的各因素间的相对重要性进行两两比较以获得重要性标度，构造判断矩阵。其中表示同一层次中第 i 个元素和第 j 个元素在判上层元素时，i 相对于 j 的重要程度。a 的取值标准根据表8-5所列各专家的有效意见平均处理，可得到各级指标判断矩阵。

$$A=\begin{bmatrix} a_{11} & \cdots & a_{1n} \\ \cdots & \cdots & \cdots \\ a_{n1} & \cdots & a_{nn} \end{bmatrix} \tag{8-1}$$

评判标度取值标准　　表8-5

标度	定义	标度	定义
1	同等重要	9	绝对重要
3	稍微重要	2/4/6/8	上述两判断集中中间值
5	较强重要	倒数	反比较
7	强烈重要		

8.2.3 一致性检验

计算矩阵的最大特征根和对应的特征向量，通过计算一致性指标 CI、一致性比率 RI 对于建立的判断矩阵进行一致性检验。计算过程如下：

计算矩阵的最大特征根为 λ_{max}，判断矩阵为 n 阶，则有度量判断矩阵偏离一致性指标 CI(Consistency Index)。

$$CI = \frac{\lambda_{max} - n}{n - 1} \tag{8-2}$$

当判断矩阵的阶数 n 较大时，则引入随机一致性指标 RI(Random Index)进行修正，经修正的一致性指标用 CR 表示。

$$CR = \frac{CI}{RI} \tag{8-3}$$

当 $CR < 0.1$ 时，排序结果具有满意一致性，否则需调整判断矩阵的元素值。

8.2.4 权重计算

在单一的最优目标下，计算每个影响因素的权重的计算过程如下：

(1)计算判断矩阵中每一行的所有元素之和。

(2)归一化处理元素之和，计算在最优目标下单个矩阵中每个因素相对权重。

(3)以每层要素的相对权重为基础，采用乘积法确定每个要素对顶层目标的组合权重，计算步骤如下：

[指标层权重向量] = [目标层权重向量矩阵] × [中间层权重向量矩阵] × [指标层权重向量矩阵]

具体指标见表 8-6(本指标权重取 6 位小数)。

指标权重 表 8-6

一级指标	二级指标	三级指标	新建权重	改建权重
智能感知	公路主题及沿线设施感知	道路状态感知能力	0.012746	0.012746
		桥梁状态感知能力	0.012746	0.012746
		隧道状态感知能力	0.012746	0.012746

续上表

一级指标	二级指标	三级指标	新建权重	改建权重
智能感知	公路主题及沿线设施感知	沿线设施状态感知水平	0.006373	0.006373
	交通运行状态感知	行人与非机动车感知能力	0.011070	0.011070
		车辆运行感知能力	0.007519	0.007519
		交通参数感知能力	0.036218	0.036218
		交通事件感知能力	0.026079	0.026079
	公路路域环境感知	气象环境感知能力	0.024580	0.024580
智能管控	数字化设计	公路主体及沿线设施设计水平	0.048141	0.000000
	智能化建造	智慧工地水平	0.055407	0.000000
		智慧梁场水平	0.055407	0.000000
	科学化养护	路面养护能力	0.064122	0.101034
		桥梁养护能力	0.064122	0.101034
		隧道养护能力	0.064122	0.101034
	全路网管理	主动监测效果	0.041083	0.064732
		智联调度能力	0.026126	0.041165
		智慧决策水平	0.016553	0.026082
智能服务	公众出行服务	出行安全服务能力	0.038326	0.038326
		通行效率服务效果	0.059131	0.059131
		在途信息服务水平	0.025106	0.025106
		智慧服务区水平	0.109342	0.109342
	车路协同自动驾驶	车路协同能力	0.077302	0.077302
基础支撑	融合通信与设施供电	融合通信水平	0.017710	0.017710
		供电水平	0.017710	0.017710
	数据中台	数据中台水平	0.025518	0.025518
	云控平台与信息安全	运控平台服务水平	0.015143	0.015143
		信息安全水平	0.015143	0.015143
	智能运维	智能运维效果	0.014409	0.014409

8.3 评价模型研究

8.3.1 指标预处理

由于评价指标数据源多样,其数量级和数据单位存在较大差异,为得到客观合理的评价结果,需要对评价指标进行统一的标准化方式处理,将不同量纲的数据归一化在[0,1]区间内。通过无量纲化标准函数对评价指标进行归一化处理,将归一化的指标值带入效能评价模型,得到最终的标准化分数。具体方法如下:

(1)极大型指标无量纲化标准函数

$$x_i' = \begin{cases} 0, & x_i < m_i \\ \dfrac{x_i - m_i}{M_i - m_i}, & x_i \in [m_i, M_i] \\ 1, & x_i > m_i \end{cases} \tag{8-4}$$

(2)极小型指标无量纲化标准函数

$$x_i' = \begin{cases} 1, & x_i < m_i \\ \dfrac{x_i - m_i}{M_i - m_i}, & x_i \in [m_i, M_i] \\ 0, & x_i > m_i \end{cases} \tag{8-5}$$

(3)居中型指标无量纲化标准函数

$$x_i' = \frac{M_i d_i}{|x_i - M_i d_i| + M_i d_i}, x_i \in [m_i, M_i] \tag{8-6}$$

式中,m_i 和 M_i 分别为评价指标阈值的上下限;$M_i d_i$ 为评价指标的建议值;x_i 为评价指标 i 的测算值;x_i'为评价指标 i 无量纲化后的标准值。

8.3.2 评价模型构建

基于普通国省道智慧公路后评价指标权重标定的结果,建立普通国省

道智慧公路自评价指标评价模型,如下所示:

$$\text{Score} = \sum (Wijz \times Sijz)$$

其中,各评价指标为依据上述方法无量纲处理后的归一化值,模型最终输出在[0,1]区间内的效能评价得分。对于具体参评的公路而言,由于公路等级、构造物设置等存在差异性,总有些指标项不适用(如某公路没有隧道,则相关的隧道养护就按照满分计算),按照满分计算。依据评价得分得到评价等级,具体评定级别见表 8-7。

智慧公路自评价评价等级 表 8-7

评价标准等级	优	良	一般
评价得分	[0.9,1]	[0.8,0.9]	[0.7,0.8]

第九章　发展愿景

9.1 智慧高速的迭代演进

我国智慧高速主要发展阶段可归结为初步探索期、试点示范期、总结推广期和大规模应用期。目前智慧高速已由2012年以来的初步探索阶段进入到总结推广阶段，这一阶段将在各省试点的基础上，逐渐形成可执行的指导性文件，为智慧高速建设提供支撑。如图9-1所示。

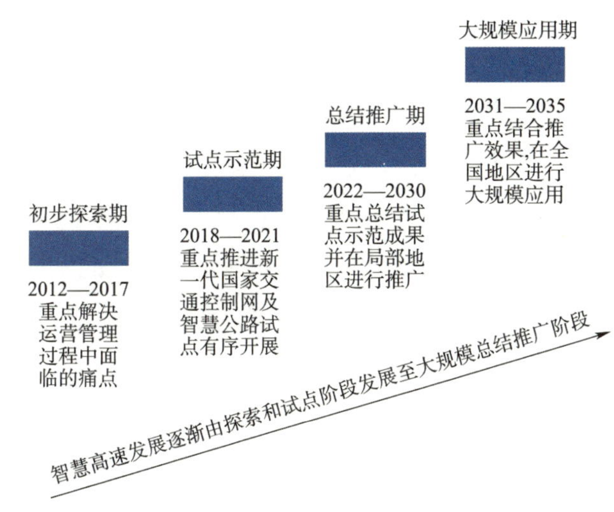

图9-1　智慧高速主要发展阶段

9.2 智慧高速的发展趋势

当前我国智慧高速公路建设已经步入新的发展阶段,对于智慧高速的认识与发展路径逐渐趋同,主要包括以下5个方面:

(1)智慧高速建设应以需求为牵引、问题为导向

各地道路智慧化提升着眼于统筹解决当前高速公路出行者和管理者反映的热点、难点问题,针对城市通道、绕城高速、物流通道、旅游高速和山区高速等,从业务需求、管理者和出行者需求角度出发,围绕通行效率、交通安全、服务水平等不同需求,针对性地搭建单一或组合式服务场景。部分试点针对性地考虑高速公路的交通运行特性,也有试点则专注建设运控中心,期望通过实时感知、数字化管理等提高道路运行服务水平与安全效益。

(2)智慧高速应以数字化建设为先决条件

智慧高速公路以技术创新为驱动,以数字化、网络化、智能化为主线,以促进交通运输提效能、扩功能、增动能为导向,必须在公路基础设施规划、设计、建造、养护、运营管理中落实公路数字化建设,各地均提出要重点实施高速公路多网融合通信、电子地图、数字孪生系统、定位系统及监测系统等支持和保障体系建设、为高速公路管理智能化、服务智慧化提供基础支撑。

(3)智慧高速发展路径呈现可拓展、可迭代、可升级的发展趋势

当前智慧高速建设仍处于探索实践阶段,尚未形成统一建设标准,各地积极开展研究把握其发展动向,交通运输部公路科学研究院根据信息化对公路建设、管理、养护、运营等业务的覆盖广度与融合深度,将公路信息化划分为4个等级。四川省基于服务能力和管理能力,将智慧高速分为5个等级。上海市嘉定区聚焦数字化环境建设将智慧道路分为基本智慧化、中级智慧化、高级智慧化3个等级。世界道路协会将智慧道路解剖为物理基础设施、数字基础设施、连通性、自动化、用户5大领域、并提出了各领域的关键影响因素。

(4)智慧高速推动实现先进性、实用性和经济性的动态平衡

各地结合建设阶段、路段特点、交通特性、服务水平,打造可迭代、可扩展、可闭环的技术提升路线。交通运输部公路科学研究院针对城市群区域内的重要高速公路通道、城市绕城高速公路、其他高速公路、一级公路、干线二级公路、二级公路、集散三级公路,分类研究明确信息化建设要点,云南省将高速公路细分为地方高速公路网、国家高速公路网、经过人口规模 30 万以上城市的高速公路、途经旅游区的高速公路、交通量不均匀系数较高的高速公路、建设条件复杂的高速公路及改扩建高速公路,分类提出智慧化提升方案。

(5)对外协同成为智慧高速建设重要外延

中国公路学会的智能网联道路系统分级,从交通基础设施系统的信息化、智能化、自动化角度出发,结合应用场景、混合交通、主动安全系统等情况,将道路基础设施系统划分为从无信息化/无智能化/无自动化(I0 级)到基于交通基础设施的完全自动驾驶(I5 级)。基于数字化基础设施支撑网联式协同自动驾驶维度,欧洲 INFRAMIX 工程道路基础设施划分为两类五等级,即传统基础设施、数字基础设施两大类,传统基础设施、静态数字信息、动态数字信息、合作感知、合作驾驶 5 个细分等级。

9.3 智慧高速绿色发展之路

截至 2023 年底,中国公路网里程已突破 543.7 万公里,高速公路里程突破 18.4 万公里。对于规模如此庞大的公路体系,其运行效率、服务水平、安全保障能力,包括其经济性,直接关系到国民经济和整个交通运输体系的可持续发展。因此,必须走智能、智慧发展道路。可以从智能建造、智慧运营、智慧养护、智慧服务、绿色低碳等几个方面进行探索。

(1)在智能建造方面。智能建造能奠定公路全生命周期数字化基础,提高公路工程建设效率、安全水平和质量,提升施工资源优化配置能力,降低

建设成本,降低工程建设能耗、碳排放。近年来,我国在公路重大基础设施智能建造方面已经有了许多成功的探索历史,为满足工程的功效、质量、经济性要求,我国的港珠澳大桥、深中通道、京哈高速改扩建、新疆天山胜利隧道、京秦高速滦河特大桥等工程都引入了智慧建造技术。

(2)在智慧运营方面。目前,我国运营管理主要着眼于三个方面:一是在通行效率提升方面,通过在一些省份大流量路段的实践,利用智慧运营和管控措施,通行效率提高了20%左右;二是在安全应急保障方面,由于中国每年道路死亡人数仍然占比较高,通过应用智慧管控技术,通过感知设施、管控策略、特定应用场景建设,可显著提升公路安全应急能力水平,降低事故发生率,特别是重特大二次事故的发生率;三是在调节交通流量、优化路网资源配置方面,目前中国公路有两个体系:一个是收费公路,将近20万公里;另一个是大量的不收费的公路。这两个公路体系在资源配置上很不均衡,过去我们更多关注如何利用收费来推动相关基础设施的建设,但在调节交通流量和减少拥堵方面还做得不够,因此,可以充分利用北斗卫星和现在收费技术结合,探索建设自由流收费系统,通过差异化的收费、拥堵收费等政策,调节路网拥堵路段交通流,优化高速公路网与普通公路网的资源配置。

(3)在智慧养护方面。我国每年在公路养护上的花费是巨大的。研究证明,以全生命周期理论分析为基础,对全长100km的某高速公路以30年为分析周期,智慧养护能降低36.5%~41.4%的成本。因此,提高公路养护科学决策水平,科学制定养护计划,可以有效降低养护资金成本,提高基础设施的使用寿命。例如,G1813威青高速公路烟台段成功开展基于5G技术的“集中养护+无人化施工+全过程智慧管控”示范应用;江苏沪宁高速公路苏州段首次使用路面摊铺“无人碾压”智慧养护施工技术,降低路网影响率36%,产生效益超2亿元。此外,智慧化养护也可以极大保证在役公路养护期间通行效率的提升。

(4)在智慧服务方面。面向交通参与者提供安全、高效、舒适、多样的出行服务,能够极大提升服务水平和人民群众出行的获得感、幸福感、安全感。

智慧服务关注全天候通行-车道级雾天行车诱导系统、伴随式出行信息服务、智慧服务区、车路云一体化自动驾驶等。自动驾驶技术在我国已发展多年,“车路云一体化”的方案可以通过较低成本更科学合理地推动自动驾驶快速发展,并推动智能网联汽车、智慧公路基础设施,以及相关服务、信息通信等产业体系发展。

(5)在绿色低碳方面。我国政府已明确提出要在2030年前实现碳达峰、2060年前实现碳中和的目标,这对我国经济与交通运输行业是一个巨大挑战。当前一方面需要推进近零碳智慧公路、智慧服务区、智慧收费站等基础设施的建设,包括将绿色低碳理念贯穿公路基础设施“建管养运服”全过程、推动绿色建养技术和节能环保新材料应用及固废材料再生利用、推动智能控制及数字化管理手段等新技术的应用等。另一方面,需要充分利用路域资源,大力发展新能源与清洁能源,进一步推动促进交通运输的降碳减排绿色发展,也可以降低交通运行成本。

9.4 智慧高速的未来发展建议

针对行业痛点,回归交通本质。高速公路智慧化提升应该回归公路交通运营的本质,服务于公路使用者和管理者,以运营管理、行业管理、对外服务为主线,重点围绕“安全、便捷、高效、绿色、创新”5个要素,针对公路行业的痛点堵点全力做好提升。

(1)结合数据定制,强化需求向导。要以提升改造的原因、痛点为重点,充分结合重要的历史数据,分析出目前迫切需要改造、迫切需要进行提升的目标。同时,充分考虑既有设施的利用和融合,避免造成资源浪费。

(2)发挥平台优势,强化技术融合。目前已经成功应用的新技术很多,例如5G、BIM、GIS、雷视融合、毫米波雷达、人工智能、大数据等。下一阶段,主要需要根据局部路段和区域路网的使用需求,对各种新技术进行有效融合,通过综合管控平台将各项技术和子系统的功能作用进行融合叠加,切实提升用户体验。

(3)打破数据壁垒,发挥路网优势。现阶段的智慧高速主要以局部场景、某条重点路段进行开展,尚未形成智慧路网能力。下一阶段的重点任务是将碎片化的场景和路段贯通联网,形成智慧路网服务能力,同时与其他行业、其他区域真正打破数据壁垒,充分挖掘大数据的价值,服务于各行各业以及全体民众。

(4)需要加强智慧高速领域的顶层设计和相关政策支持。加强车联网与智能交通领域顶层规划的制定、及时总结各地试点工作经验、建议推进智慧高速与机电工程的融合发展、鼓励相关领域的创新试点并建立容错纠错机制等。

(5)加强试点成果总结,并进一步优化创新。推进高速公路数字化转型,完善并深化"智慧大脑"应用。吸收总结智慧高速技术、应用成果,结合各路段运营要求和交通特点,推进成熟场景、技术的规模化、标准化应用。强化项目设计内容与实际业务的契合度,充分利用多源数据,实现新旧系统之间、传统机电与智能化设备之间的协同。

(6)推进既有运营高速公路的智慧化改造。智慧高速公路主要依托新建和改扩建建设工程,侧重于技术路线验证和小规模的试点示范,未来将在车流量更大、事故更易发的既有运营高速公路中推广应用。

(7)建立适应智慧高速项目特点的管理机制。加强技术方案把关,紧抓系统集成关键环节。

(8)加强智慧高速相关技术装备。加强方案及设备选型、测试验证等工作,依托智能网联测试基地开展新技术装备性能测试。

参考文献

[1] 徐志刚,李金龙,赵祥模,等,智能公路发展现状与关键技术[J]. 中国公路学报,2019,32(8):1-24.

[2] 岑晏青,宋向辉,王东柱,等. 智慧高速公路技术体系构建[J]. 公路交通科技,2020,37(7):111-121.

[3] 徐东彬,陈昕. 智慧高速公路演进及发展探究[J]. 中国交通信息化,2022(1):28-32,43.

[4] 姚文韬,沈春锋,董文生. 一种自适应摄像机与激光雷达联合标定算法[J]. 控制工程,2021,24(S0):75-79.

[5] 罗逍,姚远,张金换. 一种毫米波雷达和摄像头联合标定方法[J]. 清华大学学报,2014,54(3):289-293.

[6] 郭卿. 基于雷达与视频联合的交通车流检测方法研究[D]. 厦门:厦门大学,2019.

[7] 赵祥模,高赢,徐志刚. IntelliWay-变耦合模块化智慧高速公路系统一体化架构及测评体系[J]. 中国公路学报,2022,35(7).

[8] WANG B,CHEN C,ZHANG T. Commercial Vehicle Road Collaborative System Based on 5G-V2X and Satellite Navigation Technologies [J]. 2021,772:274-282.

[9] 王建伟,高超,董是,等. 道路基础设施数字化研究进展与展望[J]. 中国公路学报,2020,33(11):101-124.

[10] 张毅,姚丹亚,李力,等. 智能车路协同系统关键技术与应用[J]. 交通运输系统工程与信息,2021,21(5):40-51.

[11] 孙玲,张静,周瀛,等. 车路协同环境下自动驾驶专用车道入口区域设

计[J]. 公路交通科技,2020,37(S1):122-129.

[12] 章锡俏,毛伟,洛玉乐,等. 车路协同系统接受度建模及性别差异分析[J]. 中国公路学报,2021,34(7):177-187.

[13] 戴荣健,丁川,鹿应荣,等. 自动驾驶环境下车辆轨迹及交通信号协同控制[J]. 汽车安全与节能学报,2019,10(4):531-539.

[14] ZHOU S, CHANG Z, SONG H, et al. Optimal resource management and allocation for autonomous-vehicle-infrastructure cooperation under mobile edge computing [J]. Assembly Automation,2021.

[15] TAKEFUJI Y. Illogical smart highway management policy in Japan [J]. Transportation Engineering,2021,3(4):1-2.

[16] 高晓波,丛侃. 智慧高速公路建设研究探析[J]. 公路,2021,66(7):209-213.

[17] 郭红领,潘在怡. BIM 辅助施工管理的模式及流程[J]. 清华大学学报(自然科学版). 2017(10):1076-1082.

[18] 宋战平,史贵林. 基于 BIM 技术的隧道协同管理平台架构研究[J]. 岩土工程学报,2018(10):117-121.

[19] 张贵忠. 沪通长江大桥 BIM 建设管理平台研发及应用[J]. 桥梁建设,2018(10)6-10.

[20] GHAFFARANHOSENI A, ZHANG T, NWADIGO O, et al. Application of nD BIM Integrated Knowledge-based Building Management System(BIM-IKBMS) for inspecting post-construction energy efficiency [J]. Renewable & Sustainable Energy Reviews,2017(72):935-949.

[21] 王同军. 基于 BIM 技术的铁路工程建设管理创新与实践[J]. 铁道学报,2019(1):1-9.

[22] 黄晋,苏昊. BIM 在工程造价全过程精益化管理中的应用[J]. 中国有色金属,2018,(S1):154-157.

[23] 黄宏伟,张东明. 长大隧道工程结构安全风险精细化感控研究进展[J]. 中国公路学报,20(12):46-61.

[24] 邵旭东,邱明红. 超高性能混凝土在国内外桥梁工程中的研究与应用进展[J]. 材料导报,20(12):33-43.

[25] WANG L B,王含笑. 智能路面发展与展望[J]. 中国公路学报,2019(4):50-72.

[26] 崔优凯. 智慧高速公路建设的浙江方案——《智慧高速公路建设指南(暂行)》解读[J]. 中国公路,2020(20):22-25.

[27] 祁伟,陈忱. 各省智慧高速公路建设(技术)指南比较[J]. 中国交通信息化,2023(S01):108-111.

[28] 岑晏青,宋向辉,王东柱,等. 智慧高速公路技术体系应用[Z]. 2021.

[29] 高奎刚,张艳,王骋程. 智慧高速的"山东模式"[J]. 中国公路,2022(12):76-79.

[30] 胡静,张广浩,冀金科,等. "智慧高速公路"管理平台建设研究[J]. 物流科技,2019,42(9):3.

[31] 巴怀强. 基于 BIM 技术的大型转体桥梁施工安全管理应用研究[J]. 公路,2023(11):86-92.

[32] 杨森顺,杨虹. BIM 技术在高速公路施工预算中的应用[J]. 中国招标,2023(11):153-155.

[33] 李德旭,王元戎. BIM 技术在道路与桥梁工程设计中的应用综述[J]. 科技资讯,2023(21):157-161.

[34] 穆建鹏. BIM 技术在建筑机电安装工程施工质量控制中的应用[J]. 石材,2023(11):80-82.

[35] 杨志锋. BIM 技术在建筑电气设计中的应用[J]. 工程建设与设计,2023(20):114-116.

[36] 刘超超. BIM 技术在公路桥梁设计中的应用[J]. 工程建设与设计,2023(20):117-119.

[37] 张毅,姚丹亚,李力,等. 智能车路协同系统关键技术与应用[J]. 交通运输系统工程与信息,2021,21(5):40-51.

[38] 王翔,段晶. 基于车路协同技术的城市交通状态评价分析[J]. 智能建

筑与智慧城市,2023(9):160-163.

[39] 方富辰,宋璐璐,杨军志.基于智慧综合灯杆的车路协同技术的智慧交通应用[C]//中国智能交通协会.第十七届中国智能交通年会科技论文集.机械工业出版社,2022:62.

[40] 李佳晨,雷斌,张鹏.车路协同技术在智慧高速中的应用[C]//中国科学技术协会,交通运输部,中国工程院,湖北省人民政府.2022世界交通运输大会(WTC2022)论文集(交通工程与航空运输篇).北京:人民交通出版社股份有限公司,2022:572-580.

[41] 荣洋.车路协同技术在智慧高速领域的应用探索[J].交通世界,2021(34):131-132+134.

[42] 王伟力,石胜华,张恒博,等,面向车路协同关键通信技术的研究[J].公路交通科技(应用技术版),2020,16(3):311-315.

[43] 徐响语,张袭婷.准全天候辅助通行系统设计[J].中国交通信息化,2023(S1):383-384.

[44] 秦志斌,王慧娟.智慧高速毫米波雷达应用浅析[J].中国交通信息化,2021(3):130-131.

[45] 宋建洋,李怡,张恒通,等.恶劣天气对高速公路交通阻断影响分析[J].公路,2021(6):248-255.

[46] 潘进军,柳艳香,田华,等.高速公路交通气象灾害风险评估、区划与预警[M].北京:科学出版社,2019.

[47] 李蔼恂,吴昊,柳艳香,等.我国公路低能见度灾害风险评估与区划研究[J].气象,2018,44(5):676-683.

[48] 王小军,王少飞,涂耘.智慧高速公路总体设计[J].公路,2016,61(4),137-142.

[49] 刘刚,吴宏伊,蒋贵川.智慧高速指标评价体系研究[J].中国交通信息化,2021,260(8):91-97.

[50] 张纪升,李斌,王笑京,等.智慧高速公路架构与发展路径设计[J].公路交通科技,2018,35(1):88-94.

[51] 陈忱,于丽丽,贾彦党.智慧公路评价指标体系及评价方法研究[J].中国交通信息化,2022(S1):12-14.

[52] 杨燕,智慧公路评价体系研究[J],交通世界,2020(25):3.